孝와 관련된

격언속담
고사성어
명언명구

효(孝)와 관련된 격언속담·고사성어·명언명구

초판 1쇄 발행 2024년 12월 20일

지은이 고영기
펴낸이 장길수
펴낸곳 지식과감성#
출판등록 제2012-000081호

교정 주경민
디자인 정윤솔
편집 서혜인
검수 정은솔, 이현
마케팅 김윤길, 정은혜

주소 서울시 금천구 벚꽃로298 대륭포스트타워6차 1212호
전화 070-4651-3730~4
팩스 070-4325-7006
이메일 ksbookup@naver.com
홈페이지 www.knsbookup.com

ISBN 979-11-392-2325-5(03380)
값 28,000원

• 이 책의 판권은 지은이에게 있습니다.
• 이 책 내용의 전부 또는 일부를 재사용하려면 반드시 지은이의 서면 동의를 받아야 합니다.
• 잘못된 책은 구입하신 곳에서 바꾸어 드립니다.

지식과감성#
홈페이지 바로가기

孝와 관련된
격언속담
고사성어
명언명구

일효 고영기 박사 編著

머리말

효(孝)는 사람됨의 뿌리입니다. 이 뿌리가 깊게 자리 잡아야 나무가 튼튼하게 자라듯, 효는 개인과 가정, 나아가 사회를 지탱하는 근본입니다. 그러나 현대를 살아가는 우리는 효의 가치를 자주 잊고 살아갑니다. 삶의 속도가 빨라질수록 부모와 자식 간의 정은 멀어지고, 이기적인 삶의 태도가 만연해지며, 전통의 지혜는 뒷전으로 밀려납니다.

이런 현실 속에서, 저는 잊혀 가는 효의 가치를 되살리고 싶었습니다. 효를 단순히 부모를 공경하는 도덕적 의무로 한정 짓는 것이 아니라, 인간관계의 기본이자 사랑과 존경의 실천으로 이해시키고 싶었습니다.

이 책은 효를 되돌아보게 하는 작은 등불이 되고자 하는 마음에서 시작되었습니다. 수년간 200권 이상의 효에 관한 책을 읽으며, 시대와 문화를 초월한 효의 가르침을 찾았습니다. 격언과 속담 속에 깃든 효의 실천, 고사성어에서 배어 나오는 효의 지혜, 그리고 세계 곳곳에서 울림을 주는 명언과 명구들을 하나씩 정리하면서 효의 보편적 가치를 다시 확인할 수 있었습니다.

이 과정에서 놀라웠던 것은, 시대와 국경을 초월해 효를 강조한 수많은 가르침이 있었다는 사실입니다. 효는 한 가정의 문제가 아니라 인류의 보편적 가치를 담고 있는 주제였던 것입니다.

책을 엮어 가는 과정은 단순한 자료 정리가 아니라, 제 자신의 삶과 철학을 돌아보는 시간이었습니다. 효의 가르침이 과거에만 머무는 것이 아니라, 오늘날 우리에게 어떤 교훈을 주는지에 대한 탐구이기도 했습니다.

독자 여러분께서 이 책을 통해 효의 가치를 새롭게 발견하시고, 삶 속에서 효를 실천할 작은 실마리를 얻으시길 바랍니다. 효는 거창한 것이 아닙니다. 지금, 이 순간, 부모님께 한 번 더 따뜻한 미소를 보이고, 자식에게 더 나은 가르침을 주는 것, 가족을 이해하고 서로를 배려하는 마음을 품는 것, 그것이 곧 효의 실천입니다.

이 책은 다음과 같이 구성되었습니다.
    1부 효(孝)와 관련된 격언속담 〈한국·외국〉
    2부 효(孝)와 관련된 고사성어 〈한국·중국〉
    3부 효(孝)와 관련된 명언명구 〈동양·서양〉

이 책이 여러분의 가정과 삶에 사랑과 화합을 선사하는 작은 씨앗이 되기를 바랍니다. 끝으로, 이 책을 엮는 동안 저의 여정을 응원해 주시고 도움을 주신 모든 분께 깊은 감사의 인사를 드립니다.

2024년 11월
一孝 고영기 박사

추천사

사단법인 한국효도회
이사장 이태성

일효 고영기 박사님의 권고에 힘입어 소중한 원고를 펼치던 순간 오래전 우리 사단법인 한국효도회를 창설하신 배갑제 이사장님께서 팔순(八旬)의 사업으로 발간하신 《효도대사전》의 발문(跋文)을 올리며 받은 깊은 감동을 지금 이 시간 다시 한번 느껴보고 있습니다.

한국과 중국을 망라한 고사성어(故事成語)의 수집 발간도 쉽지 않은 작업인데 한국·외국의 격언속담(格言俗談)에 동·서양의 명언명구(名言名句)까지 수집 정리하신 웅장(雄壯)하고도 방대한 작업 규모는 가히 시대와 국경을 초월한 대작으로 우리 가까이 두고 싶은 필독서임에 손색이 없습니다.

효(孝)는 백행(百行)의 근본(根本)으로서 천자(天子)의 도(道)라는 말씀과 같이 우리 한민족 고유의 홍익인간(弘益人間) 정신(情神)의 전통(傳統) 사상(思想)으로 부모(父母)

공경(恭敬)으로부터 시작되는 인간 본연의 도리(道理)로서 모든 덕(德)의 근본이 되고 있습니다.

  일효 고영기 박사님의 장기간에 걸친 웅장하고 방대한 작업의 결과로 탄생한 《효(孝)와 관련된 격언속담·고사성어·명언명구》는 세계 각처에서 모두들의 일상생활에 편리하고 유용한 자료집으로 사랑을 받으며 효의 보편적 가치를 다시 확인할 수 있는 필독서로서 자리매김하리라 굳게 믿으면서 자신 있게 일독(一讀)을 추천드립니다.

  감사합니다.

2024년 12월

源齋 李 泰 成 謹拜

목차

머리말   4
추천사   6

격언속담

I. 한국

(가)   15
(나)   30
(다)   40
(마)   48
(바)   56
(사)   68
(아)   80
(자)   102
(차)   122
(카)   125
(타)·(파)   127
(하)   129

II. 외국

(1) 그리스	137		(16) 아일랜드	165
(2) 네덜란드	139		(17) 아프리카	166
(3) 덴마크	140		(18) 에티오피아	173
(4) 독일	141		(19) 영국	174
(5) 라틴어	145		(20) ㈜유고슬라비아	183
(6) 러시아	149		(21) 이스라엘·유대교	184
(7) 모로코	151		(22) 이집트	188
(8) 몽골	152		(23) 이탈리아	189
(9) 미국	153		(24) 인도	191
(10) 서양	154		(25) 인디언	193
(11) 수단	157		(26) 일본	198
(12) 스웨덴	158		(27) 중국	199
(13) 스코틀랜드	160		(28) 탈무드	207
(14) 스페인	161		(29) 튀르키예	215
(15) 아라비아	163		(30) 프랑스	216
			(31) 기타	217

고사성어

(가)	220
(나)	248
(다)	257
(마)	266
(바)	279
(사)	300
(아)	323
(자)	352
(차)	368
(카)	379
(타)	381
(파)	383
(하)	388

명언명구

(가)	402
(나)	418
(다)	436
(마)	444
(바)	451
(사)	476
(아)	487
(자)	533
(차)	562
(카)	566
(타)·(파)	568
(하)	569

孝와 관련된

격언속담

― 한국·외국 ―

I. 한국

(가)

001 가까운 이웃이 먼 친척보다 낫다
친한 이웃은 먼 곳에 사는 일가친척보다 더 도움이 된다는 말.

> **비슷한 속담**
>
> 가까운 남이 먼 일가보다 낫다
> 먼 삼촌보다 가까운 이웃사촌이 낫다

002 가까이 앉아야 정이 두터워진다
가까이 있으면서 자주 시간을 같이해야 서로 정이 더 두터워진다는 뜻.

003 가깝던 사람이 원수 된다
가까웠던 사람이 사이가 나빠지면 가깝지 않았던 사람들보다 더 좋지 않은 관계가 된다는 말.

004 가난도 스승이다
가난하면 이를 극복하려는 의지와 노력이 생기므로 가난이 주는 가르침도 스승과 같은 역할을 한다는 의미.

005 가난뱅이 조상 안 둔 부자 없고, 부자 조상 안 둔 가난뱅이 없다
가난한 사람도 부자가 될 수 있고 부자도 가난해질 수 있다는 뜻.

006 가난이 죄다
가난으로 인해 불행이나 고통을 받게 되거나 어쩔 수 없는 상황에서 여러 범죄를 저지를 수 있다는 뜻.

007 가난하면 마음에 도둑이 든다
가난하면 옳지 못한 생각이 싹트게 되고 다른 사람의 것을 탐하게 된다는 뜻.

008 가난하면 친척도 멀어진다
아무리 가까운 일가친척 사이일지라도 경제적으로 차이가 나면 사이가 멀어진다는 뜻.

009 가난한 놈 소인 된다
가난하면 늘 기가 죽어 살 수밖에 없기에 옹졸한 사람이 된다는 뜻.

010 가난한 집 밥 굶듯 한다
가난한 집에서는 밥을 자주 굶는 것처럼 괴로운 일이 자주 닥친다는 뜻.

011 가난한 집에서 효자 난다
가난한 집의 자식들은 부모가 고생하는 것을 잘 알기 때문에 효자가 많이 나온다는 말.

012 가난한 집 제사 돌아오듯 한다
살아가기도 어려운 가난한 집에 제삿날이 자꾸 돌아와서 그것을 치르느라 매우 어려움을 겪는다는 뜻으로, 힘든 일이 자주 닥쳐옴을 비유적으로 이르는 말.

013 가는 말이 고와야 오는 말이 곱다
자신이 먼저 예의를 지키며 상대방에게 말과 행동을 곱게 해야 상대방도 자신에게 말과 행동을 곱게 해 준다는 뜻.

> **비슷한 속담**
> 가는 떡이 커야 오는 떡이 크다

014 가는 세월에 오는 백발이다
세월이 가면 사람은 늙게 마련이라는 뜻.

015 가는 정이 있어야 오는 정이 있다
상대방이 잘해 주기를 바란다면 먼저 상대방에게 잘해 주어야 한다는 뜻.

016 가마 타고 시집가기는 다 틀렸다
일이 제대로 되지 않아 격식과 채비를 갖추기 어려움을 말함.

017 가을 식은 밥이 봄 양식이라
곡식이 흔한 가을에 곡식을 절약해야 이것이 봄 양식이 된다는 뜻으로, 넉넉하다고 함부로 낭비하지 말고 절약하면 뒤에 궁함을 면할 수 있다는 의미.

018 가을 아욱국은 사위만 준다
영양 많고 특별한 맛을 가진 가을 아욱국을 사위에게 줘 딸이 건강한 사위와 행복하길 바라는 친정 부모님의 마음이 담겨 있는 말.

019 가을에 친아비 제사도 못 지냈는데 봄에 의붓아비 제사 지낼까
형편이 넉넉할 때 꼭 치러야 할 일도 못 하는 처지인데 어려운 때에 체면을 차리려고 억지로 힘든 일을 할 수 없다는 말.

020 가재는 게 편
"가재는 서로 비슷한 종인 게를 편든다."라는 것으로, 즉 자신과 동일하거나 비슷한 선상에 있는 사람끼리 서로 편드는 것을 의미한다.

021 가지 많은 나무 바람 잘 날 없다
자식을 많이 둔 어버이에게는 근심, 걱정이 끊이지 않는다는 말로, 가지가 많고 잎이 무성한 나무는 살랑거리는 바람에도 잎이 흔들려서 잠시도 조용한 날이 없다는 말.

> **비슷한 속담**
> 새끼 많이 둔 소 길마 벗을 날 없다
> 가지 많은 나무가 잠잠할 적 없다
> 나무는 바람 때문에 못 잔다
> 새끼 아홉 둔 소 길마 벗을 날 없다
> 자식 많은 어미 허리 펼 날 없다

022 가화만사성
집안이 화목하면 모든 일이 잘되어 간다는 뜻으로, 집안이 편해야 만사가 편하다는 말.

023 간에 기별도 안 간다
음식을 조금밖에 먹지 못해 성에 차지 않았을 때 흔히 쓰는 말로, 먹은 것이 너무 적어 먹으나 마나 하다는 말.

024 갈모 형제라
갈모의 모양이 위는 뾰족하고 아래는 넓은 데서 유래되어, 아우가 형보다 나은 경우를 비유적으로 이르는 말.

025 감나무 밑에서 홍시 떨어지기 기다린다
아무런 노력도 아니 하면서 좋은 결과가 이루어지기만 바람을 비유적으로 이르는 말.

026 감자 씨와 자식 씨는 못 속인다
자식은 어딘가 모르게 부모를 닮게 마련이란 말.

027 값나가는 말 팔지 말고 입 하나를 덜어라
경제적인 이익을 위해 소중한 자원을 포기하지 말고, 불필요한 소비나 부담을 줄이라는 의미.

028 강물도 쓰면 준다
굉장히 많은 강물도 쓰면 줄어든다는 뜻으로, 무엇이든지 많다고 마구 쓰지 말고 아껴 써야 한다는 말.

029 강아지 어미 따르듯 한다
강아지가 본능적으로 어미를 따르는 모습을 비유하여, 어떤 사람이 다른 사람을 매우 신뢰하고 따르거나 의지하며 따라다니는 모습을 말함.

030 개가 개를 낳지
개가 개 새끼를 낳는다는 뜻으로, 못난 어버이에게서 못난 자식이 나지 별수 없음을 비유적으로 이르는 말.

031 개가 주인보고 짖는다
원래 복종하고 따라야 할 대상에게 오히려 반항하거나 대들 때 사용하는 말.

032 개같이 벌어서 정승같이 쓴다
아무리 천하고 힘든 일을 해서 돈을 벌어도 알차고 보람 있는 일에 쓴다는 뜻.

033 개구리 올챙이 적 생각 못 한다
개구리가 꼬리 달린 올챙이였던 어린 시절을 까맣게 잊었다는 뜻으로, 형편이 나아진 사람이 옛날 일들은 생각하지 않고 원래부터 잘난 듯이 우쭐대는 것을 말함.

034 개도 먹을 때는 안 때린다
아무리 잘못한 일이 있다고 하더라도 음식을 먹을 때는 사람을 꾸짖거나 때려서는 안 된다는 뜻.

035 개도 제 주인은 알아본다
개도 자기에게 은혜를 베푼 주인은 바로 알아보는데, 하물며 사람이 은혜를 잊은 배은망덕한 사람이 되어서는 안 된다는 말.

> **비슷한 속담**
> 개도 은혜를 안다
> 개도 제 주인은 물지 않는다
> 사나운 개도 먹이 주는 사람을 안다

036 개 따라가면 똥간 간다
어리석거나 무분별한 사람을 따라가면 좋지 않은 결과나 상황에 빠지게 된다는 의미.

037 개똥밭에 굴러도 이승이 낫다
아무리 고통스럽고 비천하게 생활할지라도 죽는 것보다는 사는 것이 낫다는 말.

038 개똥밭에 인물 난다
미천한 집안이나 변변하지 못한 부모에게서 훌륭한 인물이 나는 경우를 이르는 말.

비슷한 속담
개천에서 용 난다

039 개똥이 무서워서 피하나 더러워서 피하지
성질이 못되고 눈 뜨고 보지 못할 짓을 일삼는 사람을 상대하지 않고 피하는 것은 그가 무서워서가 아니라 상대할 가치가 없어서 피하는 것이라는 말.

040 개똥참외도 가꾸기 나름이다
아무리 평범한 가정에서 태어난 사람이라 할지라도 교육만 잘 받으면 훌륭한 인물이 될 수 있다는 뜻.

041 개 보름 쇠듯
여러 끼를 굶어 배가 무척 고픈 처지나 명절이나 잔칫날에 제대로 먹지 못하는 것을 빗대어 하는 말.

042 개천아 네 그르냐 눈먼 봉사 내 그르냐
자기가 잘못한 것을 가지고 남을 원망하거나 탓하여도 소용없다는 말.

043 개천에 내다 버릴 종 없다
아무리 하찮아 보이는 사람이나 물건이라 할지라도 어딘가 쓰일 곳이 분명히 있다는 뜻.

044 개천에서 용 난다
주어진 환경이나 조건이 매우 열악하거나 변변찮은 부모에게서 위대한 업적을 이루거나 매우 높은 지위에 올라 성공한 인물이 나옴을 이르는 말.

045 개 팔자가 상팔자다
힘겨운 인간의 삶보다는 한가롭게 귀여움을 받으면서 먹고 노는 개들의 생활이 오히려 더 자유롭고 편할 것이라는 뜻.

046 개하고 똥 다투랴
쓸모없거나 가치 없는 일에 굳이 시간을 낭비하지 말라는 의미.

047 거문고 인 놈 춤을 추면 칼 쓴 놈도 춤을 춘다
어떤 사람이 특정한 행동이나 분위기를 주도하면, 그 주변 사람들도 그에 맞춰 자연스럽게 동화되거나 따라 하게 된다는 뜻.

048 거지 자식은 거지가 된다
아들은 자신의 아버지를 닮는다는 뜻.

049 검은 똥 누고 나면 부모 은공을 알게 된다
애를 낳아 보면 부모 귀한 줄 알게 된다는 말.

050 게도 제 새끼 보고는 바로 걸으라고 한다
아무리 나쁜 짓을 하는 부모도 제 자식에게는 나쁜 짓을 못 하게 한다는 뜻.

051 겨울 화롯불은 어머니보다 낫다
추운 겨울에는 따뜻한 것이 제일 좋음을 이르는 말.

052 계집은 남의 것이 곱고 자식은 제 새끼가 곱다

자식에 대한 부모의 정은 더할 나위가 없음을 이르는 말로, 부모는 자기 자식이 다른 사람의 자식보다 더 잘생겨 보이고 남편은 다른 사람의 부인이 자기 부인보다 더 예뻐 보인다는 뜻.

비슷한 속담

남편은 남의 남편 잘났고 자식은 제 새끼 잘났다

053 고삐가 길면 밟힌다

통제력이 느슨해지면 문제가 생길 수 있다는 뜻으로, 사람이 너무 자유롭게 행동하거나, 규율이나 통제를 너무 느슨하게 하면 예상치 못한 문제가 생길 수 있다는 경고의 의미.

054 고생 끝에 낙이 온다

어려운 일이나 힘든 일을 참고 견디고 나면 반드시 즐겁고 좋은 일이 찾아오니 희망을 갖고 살라는 뜻.

055 고슴도치도 제 새끼가 함함하다고 한다

아무리 흉한 자식이라도 부모의 눈에는 잘나고 귀엽게만 보인다는 말.

비슷한 속담

고슴도치도 제 새끼만은 곱다고 쓰다듬는다
고슴도치도 제 새끼가 제일 곱다고 한다
고슴도치도 제 새끼 털은 부드럽다고 한다

056 고양이 덕과 며느리 덕은 알지 못한다

자신에게 도움이 되는 일이 있어도 그 가치를 모른 채 지나가는 경우를 뜻함.

057 고양이에게 밴댕이 달란다
아무리 애써도 불가능한 일을 시도하는 상황을 비유적으로 표현한 뜻으로, 본능적으로 불가능한 상황에서 무리하게 뭔가를 기대하거나 요구하는 것을 의미하는 말.

058 고운 자식 매로 키운다
사랑하는 자식일수록 매를 대어 엄하게 키워야 한다는 말.

059 고추장이 아무리 맵다 해도 시집살이만 하랴
시집살이가 몹시 힘들고 고단하다는 말.

060 곡식 될 것은 떡잎부터 알아본다
장래 훌륭하게 될 아이는 어려서부터 남다른 데가 있다는 말.

061 곡식은 남의 곡식이 좋고 자식은 내 자식이 좋다
부모 된 사람은 누구나 제 자식을 좋게만 본다는 말.

> **비슷한 속담**
> 벼는 남의 벼가 크게 보이고 자식은 내 자식이 커 보인다
> 부모는 자식이 한 자만 하면 두 자로 보이고 두 자만 하면 석 자로 보인다

062 곡식 이삭은 익을수록 고개를 숙인다
훌륭한 사람일수록 겸손하다는 뜻.

063 곳간에서 인심 난다
곳간(창름, 倉廩)이 가득 차야 예절도 알고, 먹고 입는 것이 풍족해야 명예도 부끄러움도 알고 남을 도울 수 있다는 말.

> **비슷한 속담**
> 광에서 인심 난다

064 과부 사정은 홀아비가 안다
처해 있는 처지가 비슷한 사람들끼리 서로의 사정을 더 잘 알며 서로의 심중을 헤아려 줄 수 있다는 뜻.

065 굳은 땅에 물이 고인다
절약하고 아끼는 사람이 많은 재산을 모을 수 있다는 말.

066 굶기를 밥 먹듯 한다
가난하여 자주 굶는다는 뜻.

067 굶어도 이승이 낫다
아무리 어렵고 힘들게 살더라도 죽어서 저승에 가는 것보다는 살아 있는 이승이 낫다는 말.

068 굶어 보아야 세상을 안다
굶주릴 정도로 고생을 겪어 보아야 세상을 아는 지혜를 터득하게 된다는 말.

069 굶으면 비단이 한 끼라
아무리 좋은 것이라도 배고플 때는 쓸모없다는 뜻.

070 굽은 나무가 선산을 지킨다
자손이 가난해지면 선산의 나무까지 팔아 버리나 줄기가 굽어 쓸모없는 것은 그대로 남게 된다는 뜻으로, 보잘것없는 사람이 오히려 사람 구실을 함을 비유적으로 이르는 말.

071 귀는 크게 열고, 입은 작게 열어라
남의 말은 많이 들어 옳게 가리고, 자신의 말은 적게 해서 실수를 줄이라는 말.

072 귀머거리 삼 년이요, 벙어리 삼 년이라
여자가 처음 결혼해서 시집살이하기가 매우 고달프고 어렵다는 말.

073 귀신도 빌면 듣는다
진심으로 빌면 용서받을 수 있다는 말.

074 귀여워하는 할미보다 미워하는 어미가 더 낫다
어머니의 사랑은 언제까지나 영원하니까 미움은 일시란 말.

075 귀엽게 기른 자식이 어미 꾸짖는다
집안의 자식은 어릴 때부터 미리 가르치지 않으면 자라서 반드시 방자해지고, 방자함이 지나치면 부모를 꾸짖으려 들기까지 한다는 말.

076 귀한 자식 매 한 대 더 때리고, 미운 자식 떡 한 개 더 준다
사랑하는 자식일수록 따끔히 훈계하고 엄하게 기를 것을 강조하는 말.

077 그 아버지에 그 아들
아버지가 못된 사람이면 그 아들도 못된 사람이 되고, 아버지가 착한 사람이면 그 아들도 착한 사람이 된다는 뜻이다. 다시 말하면 아들은 자신의 아버지를 닮는다는 뜻.

078 그 어머니에 그 아들딸
아들딸의 재능이나 행실이 자기 어머니를 닮았을 경우를 이르는 말.

079 금강산도 식후경이라
아주 아름다운 금강산의 경치를 구경하는 일도 배가 고프면 즐길 맛이 나지 않는 것과 마찬가지로, 아무리 재미있는 일이라도 배가 불러야 흥이 난다는 뜻.

080 금실지락이 없어진 슬픔
부부간의 사랑과 행복이 사라진 데서 오는 슬픔을 뜻함.

081 금이야 옥이야
무엇을 다루는 데 매우 소중하고 귀하게 한다는 뜻.

082 기러기가 가면 제비가 온다
새가 계절에 따라 서식지를 옮겨 다니듯 가는 사람이 있으면 오는 사람이 있기 마련이라는 뜻.

083 기르던 개에게 다리가 물렸다
은혜를 베푼 사람으로부터 갑자기 배신이나 큰 화를 입음을 비유적으로 표현하는 말.

084 긴 병에 효자 없다
아무리 효심이 두터워도 오랜 병구완을 하노라면 자연히 정성이 한결같지 않게 된다는 말로, 무슨 일이건 간에 한 가지 일만 오래 지속하게 되면, 그 일에 대한 성의가 소홀해짐을 비유적으로 이르는 말.

비슷한 속담
3년 구병(救病)에 불효(不孝) 난다

085 길이 아니거든 가지를 말고 말이 아니거든 듣지를 말라
정도에 어긋난 일이면 아예 시작하지도 말고 옳지 않은 말은 아예 듣지도 말라는 뜻.

086 깃 없는 어린 새 그 몸을 보전치 못한다
나이 어린 아이는 부모의 보호를 받지 않으면 자라나기 어려움을 비유적으로 이르는 말.

087 깊던 물이라도 얕아지면 오던 고기도 아니 온다
늙거나 힘이 없어지면 늘 찾아오던 사람도 오지 않는다는 말.

088 까마귀가 검기로 마음도 검겠나
겉모양이 허술하고 누추하여도 속까지 좋지 않을 것이라고 경솔하게 판단하지 말라는 뜻으로, 사람을 평할 때는 겉모양만 보고 할 것이 아니라는 말.

089 까마귀는 자라서 어미를 먹인다
'늙은 어미에게 먹이를 물어다 주는 까마귀의 효성'이란 의미로 자식이 자라서 어버이가 길러 준 은혜에 보답하는 효성을 이르는 말로, 까마귀도 효도를 하는데 사람으로서 효도하지 않으면 안 된다는 뜻.

090 까마귀도 고향 까마귀는 반갑다
아무리 하찮은 것이라 하더라도 자기 고향 것은 반갑고 낯설지 않게 여겨진다는 뜻.

091 까마귀도 반포의 효도가 있고 비둘기도 예절을 안다
까마귀는 자라서 어미에게 먹이를 물어다 먹인다는 반포의 효성이 있고, 비둘기도 어미와 새끼, 수컷과 암컷 사이에 엄격한 질서가 있어 예절을 지킨다고 하는데 하물며 사람으로서 어찌 은덕을 잊을 수 있겠는가 하고 이르는 말.

092 까마귀도 제 자식은 예쁘다고 한다
자기 자식이 가장 예뻐 보인다는 말.

> **비슷한 속담**
>
> 까마귀도 제 소리는 좋다고 한다

093 까마귀 안을 받아먹듯
까마귀가 안갚음을 받는다는 데서, 늙은 부모가 자식의 지극한 효양을 받게 됨을 비유적으로 이르는 말.

094 깨물어서 아프지 않은 손가락 없다
열 손가락 중 어느 하나도 깨물어서 아프지 않은 손가락이 없듯이, 자식이 아무리 많아도 부모에게는 모두 소중하다는 말.

095 꿀 먹은 벙어리
자기 생각을 제대로 말하지 못하거나 아무 말도 하지 않는다는 뜻.

096 꿩 새끼 제 길로 찾아든다
남의 자식을 애써 키워 봤자 끝내는 자기를 낳아 준 부모를 찾아감을 비유적으로 이르는 말.

(나)

097 나간 놈의 집구석
집 안이 어수선하고 정리가 안 되어 있음을 비유적으로 이르는 말.

098 나간 며느리가 효부였다
같이 있을 때는 깨닫지 못하지만 나가고 난 뒤에야 그 며느리가 효부인 줄 깨닫게 되듯이 무슨 일이든지 지내 놓고 봐야 그 진가를 깨달을 수 있다는 말.

099 나귀는 주인만 섬긴다
보잘것없는 미물도 제가 지닌 지조는 지킨다는 뜻.

100 나는 꿩도 제 산기슭을 지킨다
자기 집이나 고향은 누구나 소중히 여기며 지키려 한다는 뜻.

101 나라님이 약 없어 죽나
인간의 목숨은 사람의 힘으로 어찌할 수 없음을 이르는 말.

102 나라 상감님도 늙은이 대접은 한다
누구나 노인은 우대해야 함을 비유적으로 이르는 말.

103 나무가 커야 그늘도 크다
덕 있고 도량이 넓은 사람 밑에 있으면 배우고 얻는 것 또한 많다는 뜻.

104 나무는 자라서 열매를 맺고, 사람은 자라서 자식을 낳는다
자연의 이치와 인간의 삶이 흐르는 방향을 강조하며, 세대가 이어지고 생명이 순환하는 것이 당연하다는 것을 표현한 말.

105 나무는 큰 나무 덕을 못 보아도 사람은 큰사람의 덕을 본다
훌륭한 사람에게는 음으로나 양으로나 덕을 입게 됨을 비유적으로 이르는 뜻으로, 다른 사람의 혜택을 입어 성공함을 비유적으로 이르는 말.

106 나무도 고목이 되면 오던 새도 아니 온다
늙거나 권력이 사라지면 늘 찾아오던 사람들도 오지 않는다는 말.

107 나쁜 사람도 나이가 들면 좋아진다
나이가 많으면 많을수록 세월을 거치면서 보고 듣고 경험한 것이 많아지기 때문에 스스로 반성하여 나쁜 짓을 고치게 된다는 뜻.

108 나쁜 소도 좋은 송아지를 낳는다
아무리 못난 부모일지라도 훌륭한 자식이 나올 수 있다는 뜻.

109 나쁜 아비도 나쁜 자식은 원하지 않는다
제아무리 나쁜 부모일지라도 자식만큼은 자신의 나쁜 점을 닮지 말고 훌륭한 사람이 되길 바란다는 뜻.

110 나이 이길 장사 없다
아무리 기력이 왕성한 사람도 나이 들면 체력이 노쇠하는 것을 어찌할 수 없다는 말.

111 나이 적은 할아버지는 있어도 나이 적은 형은 없다
촌수로 따져서 나이 어린 할아버지는 있을 수 있지만 형제는 나이순으로 태어나므로 나이 적은 형은 있을 수 없다는 뜻.

112 나중 꿀 한 그릇보다 당장 엿 한 가락이 더 달다
장래의 큰 이득보다도 당장의 적은 이익이 더 필요하다는 뜻.

113 낙락장송도 근본은 종자
아무리 큰 소나무도 조그만 씨가 자라서 된 것과 같이 아무리 훌륭한 인물도 처음에는 다 평범한 사람이었다는 말.

114 낙숫물이 바위를 뚫는다
별로 대단하지 않은 일도 오래 지속되면 큰일을 이룰 수 있다는 뜻.

115 날로 새롭고 또 날로 새롭다
날로 새로워지려거든 하루하루를 새롭게 하고 또 매일매일을 새롭게 하라는 뜻.

116 날 받아 놓고 죽는 사람 없다
그 누구도 자기가 죽을 날짜를 알고 죽는 사람은 없다는 말.

117 남의 눈에 눈물 내면 제 눈에서는 피눈물이 난다
남에게 모질고 악한 짓을 하면 자기는 반드시 그보다 더한 일을 당한다는 말.

118 남의 돈 천 냥이 내 돈 한 푼만 못하다
아무리 적더라도 내 물건이 최고라는 뜻.

119 남의 밥을 먹어 봐야 부모 은덕을 안다
집을 떠나 객지에 가서 고생을 해 봐야 부모의 고마움을 알게 된다는 뜻.

120 남의 부모 공경이 제 부모 공경이다
남의 부모를 위하고 존경하는 것은 곧 제 부모를 존경하고 위하는 일이 된다는 뜻으로, 남의 부모도 잘 위하고 존경하라는 말.

121 남의 빚보증 서는 자식은 낳지도 마라
남이 빚을 얻는 데 보증을 서는 일은 매우 위험하니 보증을 서면 안 된다는 말.

122 남의 상(喪)에 있는 힘을 다해 도와주어야 할 처지다
다른 사람이 고통이나 슬픔의 상황에 처해 있을 때 그들을 돕기 위해 자신의 모든 역량을 발휘해야 함을 강조한 말.

123 남의 열 아들 부럽지 않다
자기 자식이 다른 사람의 많은 아들에 못지않거나 그보다 낫다는 뜻으로 자기 자식을 자랑하여 이르는 말.

124 남의 자식 고운 데 없고 내 자식 미운 데 없다
자기 자식은 못생겨도 잘나 보이는 부모의 애정을 이르는 말.

125 남의 자식 흉보지 말고 내 자식 가르쳐라
다른 사람 자식의 잘못에 대하여 말하기 전에 자기 자식에게 그런 흉허물이 없는가를 살펴보고 잘 가르치라는 뜻.

126 남의 집 금송아지가 내 집 송아지만 못하다
아무리 적고 보잘것없는 것이라도 자기가 직접 가진 것이 더 나음을 비유적으로 이르는 말.

127 남의 친환(초상)에 단지
남의 부모 병을 고치겠다고 손가락을 끊어 피를 내어 먹인다는 뜻으로, 남의 일에 쓸데없이 애를 태우거나 힘씀을 비유적으로 이르는 말.

128 남편 공경하지 않는 시어머니는 며느리가 남편 공경하는 것을 믿지 않는다
자기의 행실이 바르지 못한 사람은 남이 옳은 일을 하여도 잘 믿지 못함을 비유하여 이르는 말.

129 남편 덕을 못 보면 자식 덕도 못 본다
남편 복 없는 여자는 자식 복도 없다는 말로, 시집을 잘못 가서 평생 고생만 하는 신세를 한탄하여 이르는 말.

130 남편은 두레박이요 아내는 항아리라
두레박으로 물을 길어다 항아리에 채우듯이 남편이 밖에서 돈을 벌어 집에 가져오면 아내는 그것을 잘 모으고 간직함을 비유하여 이르는 말.

131 남편을 잘못 만나면 당대 원수, 아내를 잘못 만나도 당대 원수
결혼을 잘못하면 일평생 불행하다는 말.

132 남편 죽었다고 섧게 울던 년이 시집은 먼저 간다
남편이 죽자 서럽게 울며 정절을 지킬 듯이 굴던 아내가 남보다 먼저 재가한다는 뜻으로, 남들 앞에서는 끝까지 지조를 지킬 듯이 하다가 먼저 변절함을 비유하여 이르는 말.

133 낮말은 새가 듣고 밤말은 쥐가 듣는다
주위에 아무도 없다고 말을 함부로 하면 그 말이 불행의 씨가 될 수 있다는 깊은 뜻으로, 모든 비밀스러운 이야기도 언젠가 남이 알게 되어서 세상에는 비밀이란 없다는 말.

134 내가 할 말을 사돈이 한다
자기가 해야 할 말을 상대방이 먼저 하여 어이없다는 뜻.

135 내 딸이 고와야 사위 고른다
자기 조건이 좋아야 선택의 범위가 넓다는 말.

136 내리사랑은 있어도 치사랑은 없다
내리사랑(자식에 대한 부모의 사랑, 손자에 대한 조부모의 사랑)은 자연스러운 일이지만 치사랑(손윗사람에 대한 사랑)은 어려운 일이라는 말.

137 내 몸에 붙은 배를 더럽다고 버릴까
사람은 자신과 가까운 사람이나 관계에 대해 애정을 가지고 인내하며 포기하지 않아야 한다는 교훈을 주는 말.

138 내 발등의 불을 꺼야 아비 발등의 불을 끈다
매우 급한 일을 당하면 아무리 친한 사이라도 자기에게 닥친 위급함을 먼저 면하려 한다는 뜻.

139 내 배가 부르면 남 배고픈 줄 모른다
자기만 만족하면 남의 곤란함을 모르고 돌보아 주지 아니함을 비유적으로 이르는 말.

140 내 코가 석 자
자신의 처지가 곤란해서 남의 사정을 들어 주고 돌볼 겨를이 없다는 말.

141 냉수 한 그릇 떠 놓고 제사를 지내도 제 정성
형식은 어떻든 성의만 있으면 그만이라는 뜻.

142 네 아들 형제가 내 아들 하나만 못하다
남의 아들 둘을 데려와도 내 아들 하나만 못하게 여긴다는 뜻으로, 자기 아들이 잘났다고 여기는 부모의 심정을 비유적으로 이르는 말.

143 노병엔 약도 없다
나이가 들어 생기는 노병에는 이미 신체가 허약해진 터라 약도 제대로 쓸 수 없다는 뜻.

144 노인 말 그른 데 없고 어린아이 말 거짓 없다
노인의 말은 경험이 풍부한 데서 나오는 말이기 때문에 그른 데가 없고, 어린아이의 말은 순진함에서 나오기 때문에 거짓이 없다는 뜻.

145 노인 말을 잘 들으면 자다가도 떡이 생긴다
노인들은 오랜 경험과 교훈을 잘 알고 있기 때문에 그의 말을 들으면 유리하다는 뜻.

146 노인 박대는 나라도 못 한다
노인들이 젊었을 때 피땀 흘려 노력하여 일구어 온 나라이므로 오히려 그들을 더욱더 공경하고 대접해 드려야 한다는 뜻.

147 놓친 고기가 더 크다
사람은 무엇이나 지나간 것을 더 아쉽게 여긴다는 뜻.

148 누이 좋고 매부 좋다
이쪽저쪽 모두에게 이익이 있다는 말.

149 누이 찌꺼기 뒤처리는 오빠가 한다
부모가 세상을 떠나면서 남기고 간 누이동생을 시집보내는 일을 오빠가 부모 대신 맡아서 한다는 뜻으로, 무슨 일을 물려받아 하게 됨을 비유적으로 이르는 말.

150 눈먼 자식이 효자 노릇한다
① 보기에 신통치 않았던 자식이 매우 소용 있는 인물이라고 느꼈을 때 쓰는 말.
② 못나서 내쳐 버렸던 자식이 가장 효도를 하니 겉모습만으로 함부로 사람을 평가하지 말라는 뜻.
③ 대단치 않게 여기던 사람이 도리어 기특한 일을 한다는 말.

> **비슷한 속담**
> 병신자식 효도한다

151 눈이 빠지게 기다리다
무언가를 몹시 기다린다는 뜻.

152 늙으면 아이가 된다
나이를 많이 먹으면 아이와 같은 어리석은 언동을 하게 된다는 말.

153 늙은 개는 함부로 짖지 않는다
오랜 세월을 두고 풍부한 경험을 가진 노인은 경솔한 짓을 하지 않는다는 말.

154 늙은 고양이가 아랫목을 찾는다
늙은 고양이가 쥐 잡을 생각을 하지 않고 따스한 방 아랫목을 찾는다는 뜻으로, 나이 먹어 늙으면 게을러져서 일에 앞장서기를 꺼리고 편안한 것을 좋아한다는 뜻.

155 늙은 말이 길을 안다
사람의 연륜은 그냥 얻어지는 것이 아니듯 연륜이 있고 경험이 많으면 그만큼 일에 대한 묘한 이치를 많이 안다는 뜻.

156 늙은 말이 햇콩을 마다하랴
나이가 많거나 노련한 사람도 좋은 기회나 이득이 되는 상황을 마다하지 않고 적극적으로 받아들인다는 의미로, 나이가 들었어도 여전히 좋은 것을 원하고 누릴 수 있는 마음이 있다는 것을 비유적으로 표현한 말.

157 늙은 아이어미 석 자 가시 목구멍에 안 걸린다
늙도록 아이를 많이 낳은 어미는 가시를 먹어도 목에 걸리지 않고 넘어갈 만큼 속이 비고 궁하게 지냄을 비유적으로 이르는 말.

158 늙은이가 하는 일 없이 나쁜 일만 하고 다닌다
경험과 연륜을 바탕으로 모범이 되어야 할 사람이 그렇지 못할 때 쓰이며, 나이와 관계없이 올바른 행동을 해야 한다는 교훈을 담고 있다.

159 늙은이 건강은 장담할 수 없다
나이가 들수록 신체 기능이 자연스럽게 약해지며, 건강에 대해 자신하거나 확신할 수 없다는 것을 표현한 말로, 노화에 따른 신체적 변화를 인정하고 건강을 소중히 여기며 잘 관리해야 한다는 경각심을 일깨우는 의미.

160 늙은이도 세 살 먹은 아이 말을 귀담아들어라
나이가 많다 해서 모든 면에서 지식과 지혜가 뛰어난 것은 아니란 말.

161 늙은이 보리 쓰러지듯 한다
나이가 들어서 몸이 약해지고 힘이 없어지며 쉽게 지치거나 쓰러질 수 있는 상태를 비유적으로 표현한 말.

162 늙은이치고 젊어서 호랑이 안 잡은 사람 없다
늙으면 누구나 젊은 시절 자랑을 부풀려서 하게 된다는 말로, 누구나 지난 시절의 자기 자랑을 할 때에는 과장을 한다는 뜻.

(다)

163 다섯 손가락 깨물어서 아프지 않은 손가락이 없다
혈육은 다 귀하고 소중함을 비유적으로 이르는 말.

164 단단한 땅에 물이 고인다
아끼고 쓰지 않는 사람에게 재물이 모인다는 말.

165 달도 차면 기운다
세상 만물에는 잘될 때와 안될 때가 있다는 말.

166 달면 삼키고 쓰면 뱉는다
옳고 그름을 자기 기준으로 판단하여 자기 입맛에 맞는 것만 선택하여 받아들인다는 뜻.

167 달 밝은 밤이 흐린 낮만 못하다
달이 아무리 밝다고 해도 흐린 낮보다 밝지는 못하다는 뜻으로 자식의 효도가 남편이나 아내의 사랑보다 못함을 비유적으로 이르는 말.

168 달팽이도 집이 있는데 하물며 사람이 집이 없으랴
모든 존재가 자신만의 보금자리를 가져야 하며, 특히 사람은 더더욱 집이 있어야 한다는 의미.

169 닭도 제각기 보금자리 만든다
모든 사람은 자신의 삶의 방식과 환경에 맞는 자리나 공간을 찾아야 하며, 각자의 상황에 맞는 안정된 거처를 만드는 것이 중요하다는 말.

170 닭의 볏이 될지언정 소의 꼬리는 되지 마라
크고 훌륭한 자의 뒤를 쫓아다니는 것보다는 차라리 작고 보잘것없는 데서 남의 우두머리가 되는 것이 낫다는 말.

171 당나귀가 늙으면 꾀만 남는다
어리석은 사람은 늙어서도 요령이 많아지고 잔꾀만 부리게 된다는 뜻.

172 덕금어미 잠
모성애와 사랑의 깊이를 상징하며, 따뜻하고 안전한 환경에서 자라는 어린 것의 모습이나 관계를 나타낸 말로, 주로 가족, 사랑, 보호의 중요성을 강조하는 표현.

173 덕은 외롭지 않고 반드시 이웃이 있다
평소 덕을 베푼 사람은 어려움에 처하더라도 이웃들의 도움과 성원으로 결코 외롭지 않다는 뜻.

174 도둑놈도 제 자식은 착하게 되라고 한다
자기는 악행을 일삼는 파렴치한일지라도 자기 자식에게만큼은 착한 사람이 되라고 가르친다는 뜻.

175 도둑맞으면 어미 품도 들춰 본다
물건을 잃게 되면 누구나 다 의심스럽게 여겨짐을 비유적으로 이르는 말.

176 도둑의 때는 벗어도 자식의 때는 못 벗는다
도둑의 허물은 바로잡을 수 있으나 자식을 잘못 키운 것은 영영 되돌릴 수 없다는 말. 곧, 자식의 잘못은 부모가 어쩔 수 없이 책임져야 한다는 뜻.

177 도둑 집 개는 짖지 않는다
윗사람이 나쁜 짓을 하면 아랫사람도 자기 할 일을 잊어버리고 태만하게 있다는 뜻.

178 도령 상에 아홉 방상
아주 젊고 유능한 사람이나 대단한 인물에 대한 비유로, 주로 미래가 기대되는 인물이나 젊은이의 가능성을 칭찬하는 의미.

179 독불장군
무슨 일이든지 자기 혼자서 처리하는 사람을 이르는 말.

180 돈 놓고는 못 웃어도 아이 놓고는 웃는다
돈이 아무리 많아도 돈 자체는 삶의 기쁨이나 활력소가 되지 못하지만, 자식은 부모에게 큰 기쁨과 활력소가 된다는 뜻.

181 돈만 있으면 가는 곳마다 상전 노릇한다
돈이 많이 있는 사람은 어디를 가든지 큰소리치고 후한 대접을 받을 수 있을 정도로 돈의 위력은 크다는 뜻.

> **비슷한 속담**
> 돈만 있으면 귀신도 부린다
> 돈만 있으면 범눈썹도 산다

182 돈 모아 줄 생각 말고 자식 글 가르쳐라
자식을 위하는 가장 좋은 유산은 교육을 잘 시키는 일임을 강조하는 말.

> **비슷한 속담**
>
> 황금 천 냥이 자식 교육만 못하다
> 뒤에 볼 나무는 그루를 돋우어라
> 귀한 자식 매 한 대 더 때려라
> 물고기를 잡아 주는 대신 물고기 잡는 법을 가르쳐라

183 돌다리도 두들겨 보고 건너라
돌다리가 아무리 튼튼하고 안전하다고 하여도 그 다리를 건널 때에는 조심하라는 말로, 매사에 서두르지 말고 확실한 일이라도 다시 한번 확인하고 조심하라는 뜻.

184 동네마다 후레자식 하나씩 있다
사람 사는 곳에는 반드시 못된 사람도 섞여 있다는 말로, 많은 물건 중에는 나쁜 것도 섞여 있다는 뜻.

185 동네 어른도 찾아본다
손위 어른께 인사를 잘해야 한다는 뜻.

186 동생 줄 것은 없어도 도둑 줄 것은 있다
인색하여 응당 돌보아야 할 근친자조차 동정하지 아니한 사람도 도둑이 빼앗아 가는 것을 막을 수 없다는 말.

187 동쪽 집에서 밥을 먹고, 서쪽 집에서 잠잔다
일정한 거처가 없이 떠도는 사람을 뜻함.

188 되는 집에는 가지나무에 수박이 열린다
잘되어 가는 집은 모든 일이 순조롭고 좋게 풀린다는 말.

189 될성부른 나무는 떡잎부터 알아본다
장래에 크게 될 사람은 이미 어려서부터 다른 아이들과 비교하여 남달리 뛰어난 경우가 많다는 말.

190 뒤에 난 뿔이 우뚝하다
어린 사람이 나이 많은 사람보다 훌륭한 경우를 이르는 말.

191 뒤웅박 차고 바람 잡는다
주둥이가 좁은 뒤웅박을 가지고 바람을 잡는다는 뜻으로 허무맹랑한 짓을 하며 돌아다니는 사람을 두고 이르는 말.

192 뒤웅박 팔자
한번 신세를 망치면 다시 회복하기가 어렵다는 뜻으로 주로 여자의 팔자는 어떤 남편을 얻느냐에 달려 있다는 뜻.

193 뒷구멍으로 호박씨 깐다
겉으로는 얌전한 척하면서 뒤에서는 온갖 짓을 다 한다는 말.

194 드는 정은 몰라도 나는 정은 안다
정이 들 때는 드는 줄 모르고 들지만, 정이 떨어져 싫어지면 역력히 드러난다는 뜻.

195 등걸이 없는 휘추리가 있나
부모가 있어야 자식이 있는 것이니 부모에게 효도하라는 말.

196 등잔 밑이 어둡다
① 가까이에 있는 어떤 것은 흔히 눈에 잘 띄지 않는다는 말로, 너무 가까운 곳에서 생긴 일은 먼 곳에서 벌어진 일보다 더 알기 어렵다는 뜻.
② 다른 사람의 일은 잘 알 수 있으나 정작 자기의 일은 자신이 알지 못한다는 뜻.

197 딸 삼 형제 시집보내면 고무 도둑도 안 든다
딸을 길러 시집보내기까진 큰 비용이 들어 집안 살림이 아주 기울게 된다는 말.

> **비슷한 속담**
> 딸 다섯 치운 집엔 도둑도 안 들어간다
> 딸 다섯이면 문 열어 놓고 잔다
> 딸 다섯 치우면 기둥뿌리 남는 것이 없다

198 딸 셋을 키우면 기둥뿌리가 파인다
딸을 길러 시집을 보내기까지는 많은 비용이 들어 집안 살림이 아주 기울게 된다는 뜻.

199 딸 없는 사위
인연이 끊어져서 정이 멀어졌다는 뜻, 또는 쓸모없이 된 물건을 이르는 말.

200 딸은 두 번 서운하다
딸은 태어났을 때 서운하고 시집보낼 때 서운하다는 말.

201 딸은 부잣집으로 보내고 며느리는 가난한 집에서 데려와야 한다
딸은 부잣집으로 출가시켜 호강하며 살게 하고 며느리는 가난한 집에서 데려와 알뜰하게 살림을 잘하게 하는 것이 부모의 욕심이라는 뜻.

202 딸을 보지 말고 그 어미를 먼저 보아라
딸은 보통 어머니의 영향을 많이 받으므로 그 어머니의 품행을 보면 딸의 품성도 가늠할 수 있다는 뜻.

203 딸을 잘 두면 한 집이 잘 되고 잘못 두면 두 집이 망한다
딸을 잘못 교육시키면 친정은 물론 시댁까지 망하게 되므로 딸자식의 교육이 중요하다는 뜻.

204 딸의 차반 재 넘어가고 며느리 차반 농 위에 둔다
딸은 차반을 재를 넘어 시집으로 가져가고 며느리는 남편에게 주려고 차반을 제 방 농 위에 둔다는 뜻으로, 딸이나 며느리나 부모보다는 제 남편을 더 위하고 생각한다는 말.

205 딸이 셋이면 문 열어 놓고 잔다
딸이 셋이면 시집보내는 준비로 가산이 바닥난다는 말.

206 딸이 여럿이면 어미 속곳 벗는다
딸을 시집보내는 부담이 매우 큼을 비유적으로 이르는 말.

207 딸이 하나면 과하고 반이면 모자란다
딸은 하나만 되어도 과하다고 여길 만큼 부모의 부담이 크다는 말.

> **비슷한 속담**
> 딸 반은 적고 딸 하나는 많다

208 땅에서 솟았나 하늘에서 떨어졌나
① 전혀 예상치 않던 일이 갑자기 일어났을 경우를 뜻하는 말.

② 자신을 이 세상에 나오게 해 준 부모와 조상을 몰라보는 사람을 이르는 말.

209 때가 지난 뒤의 탄식
시기를 놓쳤거나 잃어버린 것을 한탄하는 감정을 의미하며, 이는 과거의 기회를 돌이키지 못해 안타까워하는 마음을 나타내거나, 때로는 늦게 느끼는 한탄의 감정을 표현하는 말.

210 때리는 시어미보다 말리는 시누이가 더 밉다
자신을 직접 괴롭히는 사람보다 겉으로는 자기를 위해 주는 척하면서 속으로는 해하거나 헐뜯는 사람이 더 밉다는 뜻.

211 떡 본 김에 제사 지낸다
우연히 운 좋은 기회가 생겨 그동안 하려던 일을 해치운다는 말.

212 떡 줄 사람은 생각도 안 하는데 김칫국부터 마신다
해 줄 사람은 생각지도 않는데 미리부터 다 된 일로 알고 행동한다는 말로 즉, 상대는 생각도 하지 않는데 가능성도 없는 일에 혼자 기대감을 품는 것을 비꼬는 뜻.

213 떡 해 먹을 집안
떡을 하여 고사를 지내야 할 집안이라는 뜻으로, 화합하지 못하고 어려운 일만 계속해서 일어나는 집안을 이르는 말.

214 똥 묻은 개가 겨 묻은 개 나무란다
자신의 큰 잘못은 보지 못하고 남의 작은 잘못을 지적하는 사람을 뜻하는 말.

(마)

215 마누라 자랑은 말아도 병 자랑은 해라
병은 사람들에게 많이 알릴수록 치료 가능성이 높다는 말.

216 마른나무 좀먹듯 한다
병으로 인해 몸이 점점 쇠약해 가거나, 자신도 모르는 사이에 재산이 줄어드는 것을 이르는 말.

217 마파람에 게 눈 감추듯
남쪽에서 불어오는 마파람이 불면 대개 비가 오기 마련이어서 게가 겁을 먹고 눈을 급히 감는 데에서, 언제 먹었는지 모를 만큼 음식을 빨리 먹어 버리는 모습을 일컫는 말.

218 막내둥이 응석받듯 한다
어떤 일을 하여도 하는 대로 그냥 내버려둔다는 말.

219 맏딸은 세간 밑천이다
맏딸은 시집가기 전까지 집안 살림을 맡아 하게 되므로 큰 밑천이나 다름없다는 말.

220 말 많은 집은 장맛도 쓰다
말 많은 집안은 살림도 잘 풀리지 않는다는 뜻.

221 말 안 하면 귀신도 모른다
마음속으로만 애태울 것이 아니라 시원스럽게 말을 하여야 한다는 말.

222 말은 나면 제주로 보내고, 사람은 나면 서울로 보낸다
말은 말의 고장인 제주도에서 길러야 하고, 사람은 어릴 때부터 서울로 보내어 공부를 하게 하여야 잘될 수 있다는 말.

223 말을 낳거든 시골로 보내고 아이를 낳거든 공자의 문으로 보내라
자식을 낳으면 자식의 교육에 힘을 쓰라는 뜻.

224 말이 씨가 된다
가볍게 한 말이 실제로 이루어질 수 있으므로 말조심해야 한다는 말.

225 말 타면 경마 잡히고 싶다
말 타고 편히 가더라도 말을 모는 하인을 부리고 싶어 한다는 뜻으로 사람의 욕심이란 채워도 채워도 끝이 없다는 뜻.

226 말 한마디에 천 냥 빚도 갚는다
말만 잘해도 어려운 일이나 불가능해 보이는 일도 해결할 수 있고, 있던 빚도 사라지는 등 이득을 볼 수 있다는 뜻으로, 말의 소중함을 일깨워 주는 말.

227 맑은 샘에서 맑은 물이 난다
좋은 부모나 좋은 가문에서 훌륭한 자식이 나온다는 뜻.

228 맛있는 음식도 늘 먹으면 싫다
아무리 좋은 일이라도 여러 번 되풀이하여 대하게 되면 싫어진다는 말.

229 망신하려면 아버지 이름자도 안 나온다
망신을 당하려면 내내 잘되던 일도 비뚤어진다는 뜻으로, 평소에 잘 알고도 남음이 있는 일까지 잊어버리고 생각나지 아니하여 실수를 하게 됨을 이르는 말.

230 망치가 가벼우면 못이 솟는다
윗사람이 너무 무르면 밑에 사람이 순종을 하지 않고 도리어 반항한다는 뜻.

231 맞는 자식보다 때리는 부모의 마음이 더 아프다
자식을 올바른 길로 인도하기 위해 매를 때리는 부모의 마음은 매를 맞는 자식의 마음보다 훨씬 아프기 마련이라는 말.

232 매로 키운 자식이 효성 있다
잘되라고 매로 때리고 꾸짖어 키우면 그 자식도 커서 그 공을 알아 효도를 하게 된다는 말.

233 머리가 검은 짐승은 남의 공 모른다
사람을 도와주지 말라는 뜻으로, 사람이 은혜를 갚지 않음을 핀잔하는 말.

234 머리털을 베어 신발을 삼는다
무슨 짓을 해서든지 부모님이나 은인의 은혜에 잊지 않고 보답하려는 심성을 이르는 말.

235 머슴살이 삼 년에 주인 성도 모른다
마땅히 알고 있어야 할 것을 모르고 있다는 말.

236 머슴을 살아도 부잣집이 낫다
같은 머슴살이라도 부잣집에서 하면 사정이 낫다는 뜻.

237 먹다 죽은 귀신은 때깔도 좋다
무엇보다도 사람에 있어서 먹는 것이 중요하다는 말.

238 며느리가 미우면 발뒤축이 달걀 같다고 나무란다
미운 사람에 대해서 공연히 트집을 잡아 억지로 허물을 지어낸다는 말.

239 며느리가 미우면 손자까지 밉다
한 사람이 미우면 그에 딸린 사람까지 밉게 보인다는 말.

240 며느리는 데리고 살아도 딸은 데리고 못 산다
부모는 한번 출가한 딸과 한집에서 같이 사는 것을 몹시 꺼린다는 말.

241 며느리들 싸움이 형제 싸움이 된다
며느리들 사이가 나쁘면 형제들 사이도 나빠지게 된다는 말.

242 며느리 사랑은 시아버지, 사위 사랑은 장모
며느리는 보통 시아버지에게 귀염을 받고, 사위는 장모의 위함을 받는다는 말.

243 며느리 자라 시어미 되니, 시어미 티를 더 잘 낸다
윗사람 밑에서 고생을 많이 한 사람이 윗사람이 되면, 자기가 겪던 고생은 생각지도 않고 아랫사람에게 더 심하게 한다는 말.

244 모난 돌이 정 맞는다
모나게 굴면 당연히 남의 욕을 받게 된다는 뜻으로, 두각을 나타내는 사람은 남에게 미움을 받기 쉽다는 말.

245 목구멍이 포도청
먹고 살기 위해서라면 체면에 어긋나는 일이나 범죄까지 저지르게 된다는 뜻으로, 배고픔이 극에 달하면 포도청에 잡혀가 고초를 당하더라도 어떤 일이든 못 할 게 없다는 말에서 유래.

246 몸에 좋은 약은 입에 쓰다
먹기 힘들거나 쓰지만 몸에는 좋은 약이 된다는 말.

247 못난 일가 항렬만 높다
변변찮은 주제에 친족상의 등급이 높다고 거드름만 피우는 일을 빗대는 말.

248 못난 자식이 조상 탓한다
자기가 노력을 하지 않아 가난하게 사는 것을 조상 탓으로 돌리는 어리석고 못남을 비웃는 말.

249 못된 나무에 열매만 많다
가난한 사람일수록 자식이 많다는 비유.

250 못된 송아지 엉덩이에 뿔이 난다
되지 못한 것이 엇나가는 짓을 한다는 뜻.

251 무덤 앞에 가서야 지난 일을 말할 수 있다
어떤 사람에게 직접 말하지 못했던 이야기나 감정을 그 사람이 세상을 떠난 후에야 비로소 표현하게 되는 상황을 의미하며, 살아 있을 때 서로의 마음을 잘 전하고 소통하는 것이 얼마나 중요한지를 강조하는 표현.

252 무덤 앞을 지나더라도 입 놀리지 마라
언제 어디서나 말과 행동을 조심해야 한다는 말.

253 무쇠도 갈면 바늘 된다
아무리 어렵고 불가능할 것 같은 일도 꾸준히 노력하면 언젠가 이룰 수 있음을 뜻함.

254 무자식 상팔자
자식이 없는 것이 도리어 걱정이 없이 행복하다는 말.

255 물건이 오래되면 신령이 붙는다
한국 무속에서 자주 언급되며, 이는 오래된 물건이 시간이 지남에 따라 영적인 존재가 된다는 의미로 해석된다. 한국 무속에서는 물건이 오래되면 그 안에 살아 있는 정신이나 영혼이 생길 수 있다고 믿는다.

256 물고기는 물을 떠나 살 수 없다
서로 떠나서는 살 수가 없을 정도로 밀접한 관계를 가지고 있는 경우를 이르는 말.

257 물고기 한 마리가 온 강물을 흐려 놓는다
한 사람의 좋지 않은 행동이 그 집단 전체나 여러 사람에게 나쁜 영향을 미침을 비유적으로 이르는 말.

> **비슷한 속담**
>
> 송사리 한 마리가 온 강물을 흐린다
> 미꾸라지 한 마리가 온 웅덩이를 흐린다

258 물려받은 재산은 지키기가 더 어렵다
부모로부터 물려받은 재산을 잘 관리하는 것이 아주 힘들다는 뜻.

259 물에 빠진 놈 건져 놓으니까 내 봇짐 내라 한다
남에게 은혜를 입고도 고마움을 모르고 도리어 생트집을 잡음을 이르는 말.

260 물은 건너 보아야 알고 사람은 지내 보아야 안다
직접 겪어 보아야 참모습을 알 수 있다는 말.

261 물을 긷고 절구질하는 일
살림살이의 수고로움을 이르는 말.

262 미꾸라지 한 마리가 온 웅덩이를 흐린다
한 사람의 잘못된 행동이 가족이나 집단에 영향을 미친다는 뜻.

263 미운 며느리가 금슬은 좋다
며느리가 미운데 저희 부부간에는 정이 좋기 때문에 아들까지 미워진다는 뜻.

264 미운 아이 떡 하나 더 주고, 고운 자식 매 한 대 더 때린다
자식을 진실로 사랑한다면 배불리 먹이려는 생각보다, 바르게 기르기 위해 엄격함으로 자식을 다스려야 한다는 말.

265 미운 아이 먼저 품어라
미운 사람일수록 잘해 주고 감정을 쌓지 않아야 한다는 말.

266 미운 정 고운 정
서로의 좋은 모습과 나쁜 모습을 다 보며 깊게 든 정을 이르는 말.

267 믿는 도끼에 발등 찍힌다
잘되리라고 믿고 있던 일이 어긋나거나, 믿고 있던 사람이 배반하여 오히려 해를 입는다는 말.

268 밑 빠진 독에 물 붓기
아무리 애써서 하더라도 보람 없이 헛된 일이 되는 상태를 말함.

(바)

269 바가지를 긁는다
아내가 남편에게 불평 어린 잔소리를 늘어놓는 것을 이르는 말.

270 바늘 가는 데 실 간다
바늘과 실이 서로 함께 따라다니는 것과 같이, 긴밀한 관계를 비유하는 말.

271 바늘방석에 앉은 것 같다
어떤 자리에 앉아 있기가 몹시 부담스럽고 불편하다는 말.

272 바다는 메워도 사람 욕심은 못 메운다
아무리 넓고 깊은 바다라도 메울 수는 있지만, 사람의 욕심은 끝이 없어 메울 수 없다는 뜻으로, 사람의 욕심이 한이 없음을 비유적으로 이르는 말.

273 바람을 피우다
허황된 일을 하며 돌아다닌다는 말로, 혹은 부부가 아닌 이성에게 마음이 끌리어 일시적으로 애정 관계를 가짐을 이르는 말.

274 박달나무 그루에 싸리나무 가지가 돋아날 수 없다
박달나무의 그루터기에서 싸리나무가 돋아날 수 없다는 뜻으로, 건강하고 튼튼한 부모에게서 연약한 자식이 태어날 수 없음을 비유적으로 이르는 말.

275 반달 같은 딸 있으면 온달 같은 사위 삼는다
고운 딸이 있어야 잘난 사위를 맞을 수 있다는 뜻으로, 내가 가진 것이 좋아야 맞먹는 좋은 것을 요구할 수 있음을 비유적으로 이르는 말.

276 발이 맏아들보다 낫다
성한 발이 있으면 여기저기 돌아다니며 구경도 할 수 있고 맛있는 음식도 먹을 수 있다는 말.

> **비슷한 속담**
> 발이 의붓자식보다 낫다
> 발이 효도 자식보다 낫다

277 밤 잔 원수 없고 날 샌 은혜 없다
원한이나 은혜는 시일이 지나면 잊게 된다는 말.

278 밥은 굶어도 속이 편해야 산다
배고픈 고통이 차라리 마음의 고통보다 낫다는 뜻.

279 방에 가면 시어머니 말이 옳고 부엌에 가면 며느리 말이 옳다
누구나 자기 입장에서만 말을 하므로 한쪽의 말만 일방적으로 듣지 말고 양쪽의 말을 다 들은 다음 정확하고 객관적인 판단을 해야 한다는 뜻.

280 배 썩은 것은 딸을 주고 밤 썩은 것은 며느리 준다
그래도 얼마간 먹을 수 있는 썩은 배는 딸을 주고 전혀 먹을 것이 없는 썩은 밤은 며느리를 준다는 뜻으로, 며느리보다는 자기가 낳은 딸을 더 아낌을 비유적으로 이르는 말.

281 백 년을 다 살아도 삼만 육천오백 일
인간의 수명은 제한되어 있는 것이니 살아 있는 동안 인생을 허비하지 말고 보람 있고 값지게 살라는 뜻.

> **비슷한 속담**
> 인생은 다만 백 년이다

282 백 마디 말보다 실천이 귀중하다
말을 많이 하는 것보다 자신이 한 말을 실제로 행동으로 옮기는 것이 더욱 중요하다는 뜻.

283 백지장도 맞들면 낫다
종이 한 장이라도 여러 사람이 마주 들면 가볍다는 말로, 무슨 일이든지 서로 힘을 합하면 더 쉽게 이루어진다는 뜻.

284 뱁새가 황새 쫓아가면 가랑이가 찢어진다
자기 능력이나 분수에 맞지 않게 남을 따라 힘에 겨운 일을 억지로 하면 도리어 해만 입는다는 말.

285 버릇 사나운 막냇자식
흔히 막냇자식은 부모들이 귀엽다고 받자를 해서 키우기 때문에 버릇이 나빠지기 쉽다는 말.

286 범의 애비에 개 새끼
아비는 용맹으로 이름을 떨치는 범인데 새끼는 보잘것없는 개 새끼에 지나지 않는다는 뜻으로, 부모들에 비하여 자식이 보잘것없음을 비유적으로 이르는 말.

287 벙어리 냉가슴 앓듯
벙어리가 안타까운 마음을 하소연할 길이 없어 속만 썩인다는 뜻으로, 답답한 사정이 있어도 자신의 속마음이나 사정을 말하지 못하고 혼자 애태우고 걱정하는 경우를 뜻하는 말.

288 벙어리도 아이어미 되면 말한다
어린아이를 키우는 어머니의 고생이 많다는 말.

289 벙어리 속은 그 어미도 모른다
말하지 않으면 그 누구도 알 수 없다는 말.

290 벼는 익을수록 고개를 숙인다
벼는 속이 꽉 찬 사람을 말하며, 지식이 많고 인격이 높은 사람을 뜻한다. 이런 훌륭한 사람일수록 남 앞에서 함부로 자신을 내세우지 않고 겸손하다는 말.

291 벼룩의 간을 내어 먹는다
경제적으로 매우 어려운 처지에 있는 사람의 것을 빼앗는다는 말.

292 벼슬은 높이고 뜻은 낮추어라
지위가 높을수록 겸손하여야 한다는 말.

293 병신자식이 더 귀엽다
불구가 된 자식일수록 더욱더 부모의 사랑이 쏠리게 된다는 말.

294 병신자식이 효자 노릇 한다
병신이라고 기대하지 않았던 자식이 도리어 효도를 한다는 말로, 대수롭지 않아 기대하지 않았던 것이 제구실을 잘할 때 하는 말.

295 병 주고 약 준다
다른 사람에게 피해를 준 후 도와주는 척한다는 말.

296 보금자리 사랑할 줄 모르는 새는 없다
새조차도 제 보금자리를 극진히 사랑한다는 뜻으로, 사람은 누구나 자신의 가족과 가정을 사랑하고 소중히 여겨야 함을 이르는 말.

297 보채는 아이 밥 한 술 더 준다
무슨 일이든 가만히 있지 않고 조르며 서두르는 사람에게 더 잘해 주게 된다는 뜻.

> **비슷한 속담**
> 우는 아이 젖 준다

298 복이 지나면 재앙이 온다
길흉은 기복이 있어서 기쁜 날이 다하고 나면 고달픈 날도 오게 마련이라는 말.

299 봄볕은 며느리를 쬐이고 가을볕은 딸에게 쬐인다
봄볕은 날씨도 건조하고 일사량이 많아 살갗이 더 잘 타고 거칠어지는 반면 가을볕은 살균과 심신에 긍정적인 작용을 하기 때문에 며느리와 친딸을 차별하는 시어머니의 마음을 풍자하는 말.

300 봄에 씨 뿌려야 가을에 거둔다
어떤 일이든 제때에 대책을 세우고 노력해야 후에 그만큼 성과를 거두게 된다는 뜻.

301 봉이 봉 새끼를 낳는다
훌륭한 부모 밑에서 자란 아이는 부모에게서 좋은 영향을 받아서 부모와 같이 위대한 사람이 된다는 뜻.

302 부모가 반팔자
어떤 부모 밑에서 태어났느냐 하는 것이 사람의 운명을 결정하는 중요한 요소임을 비유적으로 이르는 말.

303 부모가 온효자가 되어야, 자식이 반효자 된다
부모가 착하여야 자식도 부모를 따라 착한 사람이 된다는 뜻으로, 윗사람이 잘하여야 아랫사람도 잘함을 이르는 말.

304 부모가 자식을 겉 낳았지 속 낳았나
부모는 자식의 육체를 낳은 것이지 그의 사상이나 속마음을 낳은 것은 아니라는 뜻으로, 자기의 자식이라도 그 속에 품은 생각은 알 수 없음을 비유적으로 이르는 말. 자식이 좋지 못한 생각을 품는다 하더라도 그것은 부모의 책임이 아님을 이르는 말.

> **비슷한 속담**
> 자식은 겉 낳지 속은 못 낳는다
> 부모는 자식의 육체를 낳았을 뿐이다

305 부모가 착해야 효자가 난다
부모의 성품과 행실이 좋아야 자식도 부모를 따라 착한 사람이 된다는 뜻으로, 윗사람이 잘하여야 아랫사람도 잘함을 비유적으로 이르는 말.

306 부모가 효자가 되어야 자식이 효자 된다
자기 부모를 예의를 갖추어 잘 대해야 그 본을 따라서 자식들도 자기를 잘 대한다는 뜻을 이르는 말.

307 부모는 먹지 않고 자식에게 주고, 자식은 먹고 남아야 부모에게 준다
자식이 부모 생각하는 마음은 부모가 자식 생각하는 마음에 도저히 미칠 수 없다는 말.

308 부모는 문서(文書) 없는 종이다
부모는 자식을 위해 한평생 희생함을 비유하여 이르는 말

309 부모는 자식을 주고 남는 돈을 쓰고, 자식은 쓰고 남는 돈이 있어야 부모를 준다
부모는 자식을 제 몸 이상으로 아끼지만 자식은 부모보다 제 몸을 더 아낀다는 말.

310 부모는 자식이 한 자만 하면 두 자로 보이고, 두 자만 하면 석 자로 보인다
부모는 자기 자식이 한 자만큼 자라면 두 자로 커 보이고, 두 자만큼 자라면 석 자로 커 보인다는 뜻으로, 부모 된 사람에게는 제 자식이 항상 좋게만 보임을 비유적으로 이르는 말.

311 부모는 차례 걸음이라
부모의 죽음을 슬퍼하는 자식에게, 나이 많은 부모가 으레 먼저 돌아가시는 법이라고 위로하는 말.

312 부모도 자식 촌수보다 돈 촌수가 가깝고 자식도 부모 촌수보다 돈 촌수가 가깝다
아무리 가까운 부모와 자식 간이라도 때에 따라서는 돈이 더 소중하게 느껴질 때가 있다는 말.

313 부모를 공경하는 사람은 남에게 거만하지 않는다
부모를 공경할 줄 아는 사람은 그 밖의 다른 사람들에게도 겸손하게 대한다는 말.

314 부모를 모시는 것보다 큰 것이 없다
사람의 행위 가운데 효도보다 큰 것이 없고, 어버이를 공경하는 것은 그를 하느님 옆에 모시는 것보다 큰 것이 없다.

315 부모 마음을 십분의 일만 알아줘도 효자다
자식에 대한 부모의 마음을 조금만 헤아릴 수 있어도 효자라는 말을 들을 수 있다는 뜻.

316 부모 말을 들으면 자다가도 떡이 생긴다
부모의 말을 잘 듣고 순종하면 좋은 일이 생긴다는 말.

317 부모 명 잘 받드는 사람이 나라도 잘 받든다
부모를 위하고 가족과 고향을 사랑할 줄 아는 사람이라야 나라에도 충성을 할 수 있다는 말.

318 부모 뱃속에는 부처가 들어 있고 자식 뱃속에는 범이 들어 있다
부모는 누구나 다 제 자식을 한없이 사랑하지만 자식들 가운데는 부모의 은덕을 저버리는 경우가 없지 아니함을 비유적으로 이르는 말.

> **비슷한 속담**
> 부모 속에는 부처가 들어 있고 자식 속에는 앙칼이 들어 있다

319 부모 상고에는 먼 산이 안 보이더니, 자식이 죽으니 앞뒤가 다 안 보인다

부모가 돌아가셨을 때보다도 자식이 죽었을 때에 슬픔이 훨씬 더 큼을 비유적으로 이르는 말.

320 부모 속이지 않는 자식 없다

대부분의 사람들은 정도의 차이는 있을 뿐 부모에게 거짓말을 하게 마련이라는 말.

321 부모 수치가 자식 수치다

자식은 부모를 욕되게 해서는 안 된다는 말.

322 부모 없는 후레자식이다

가정교육이 엉망인 버릇없는 사람을 두고 하는 말.

323 부모와 자식 간에도 일이 사랑이다

아무리 귀한 자식일지라도 일을 잘해야 곱게 보인다는 뜻으로, 일을 잘해야 사랑을 받는다는 것을 강조하여 이르는 말.

> **비슷한 속담**
> 삼대독자 외아들도 일해야 곱다(북한어)

324 부모의 덕과 하늘의 덕은 모른다

너무나 엄청난 은혜는 당연한 것으로 받아들여 오히려 알기가 어렵다는 말.

325 부모의 은덕은 낳아서 기른 은덕이요, 스승의 은덕은 가르쳐 사람 만든 은덕이라

훌륭한 사람이 되라고 가르치고 교양해 준 스승의 은덕도 친부모의 은덕에 못지아니하게 귀중하다는 말.

326 부모의 은혜를 알지 못하는 까닭에 불효한다

제 스스로 부모가 되어서야 부모님의 은혜를 안다는 말을 우회적으로 비꼬는 말.

327 부모의 정은 자식에게 약이다

아무리 못된 사람이라도 부모의 한없는 정에는 마음이 움직여 개과천선하게 된다는 말.

328 부부가 참지 않으면 자식들을 외롭게 만든다

부부가 서로를 이해하지 못해 싸움을 자주 하게 되면 결국 아이들이 불행하게 될 수밖에 없다는 뜻.

329 부부간에도 담은 있어야 한다

아무리 가까운 부부 사이라고 하더라도 서로 지켜야 할 예의는 지켜야 한다는 뜻.

330 부부 싸움은 개도 안 말린다

부부 싸움은 섣불리 제삼자가 개입할 일이 아니라는 말.

331 부부 싸움은 칼로 물 베기

부부의 싸움은 오래 가지 않고, 곧 화합한다는 말.

> **비슷한 속담**
> 내외간 싸움은 개싸움
> 내외간 싸움은 칼로 물 베기라
> 양주 싸움은 칼로 물 베기

332 부자간에도 돈을 세어 주고받는다
돈거래를 할 때에는 상대가 누구든 정확히 해야 함을 비유하여 이르는 말.

333 부자는 망해도 삼 년 먹을 것이 있다
본래 부자이던 사람은 다 망했다 하더라도 얼마 동안은 그럭저럭 살아 나갈 수가 있다는 말.

334 불귀의 객이 되다
한번 가서 영영 돌아오지 않는다는 말로 죽어서 다시는 이 세상에 돌아올 수 없는 사람을 이르는 말.

335 불면 꺼질까 쥐면 터질까
어린 자녀를 애지중지하여 기르는 부모의 사랑을 비유적으로 이르는 말.

> **비슷한 속담**
> 쥐면 꺼질까 불면 날까

336 뿌린 놈이 거둔다
스스로 말하고 행동한 것으로 인해 자신이 어려움에 처하게 됨을 뜻함.

337 비가 오면 모종하듯 조상의 무덤을 이장해라
못난 짓을 많이 하는 사람에게, 부모의 산소를 비 오는 날 모종하듯 다른 곳으로 옮겨 앞으로는 조상의 산소를 잘못 써서 못난 자식이 나는 일이 없도록 하라고 핀잔하는 말.

> **비슷한 속담**
> 비 오거든 산소 모종을 내어라

338 비단이 한 끼라
집안이 망하여 식량이 떨어졌을 때 깊이 간직했던 비단을 팔아도 겨우 한 끼밖에 안 되니, 한번 망하기 시작하면 걷잡을 수 없다는 말.

339 비 온 뒤에 땅이 굳어진다
비에 젖어 질척거리던 흙도 마르고 나면 더욱 단단하게 굳어진다는 뜻으로, 어떤 시련을 겪은 뒤에 더 강해짐을 비유적으로 이르는 말.

340 비옷 입고 제사를 지내도 제 정성이다
몸에 걸칠 것이 없어서 비옷을 입고 제사를 지내도 정성만 지극하면 된다는 뜻으로, 중요한 것은 형식이 아니라 정성스러운 마음임을 이르는 말.

341 빈 수레가 요란하다
실속 없는 사람이 더 떠든다는 의미를 지닌 말로, 아무것도 모르는 무식한 이가 아는 체, 혹은 없는 자가 있는 체 더 떠벌린다는 의미로 사용되는 말.

342 빚 물어 달라는 자식은 낳지도 마라
자식을 낳아서 기르는 것만 하여도 큰일인데 그 위에 빚까지 물어 달라는 것은 큰 불효일 뿐 아니라 사람 노릇도 제대로 하지 못하는 자라는 말을 비유적으로 이르는 말.

(사)

343 사내 등골을 빼먹는다
아내가 알뜰하지 못하고 씀씀이가 헤프면 남편이 돈을 많이 벌기 위해 고생하게 된다는 뜻.

344 사내아이 열다섯이면 호패를 찬다
남자가 열다섯 살이 되면 한 사람의 남자 자격이 있는 것이니, 제구실을 당당하게 하라고 하여 이르는 말.

345 사돈네 남의 말 한다
제 일은 제쳐 놓고 공연히 남의 일에 참견할 때 쓰는 말.

> **비슷한 속담**
> 사돈 남 나무란다

346 사돈네 안방 같다
어렵고 자유롭지 못해 몹시 불편한 곳이라는 뜻.

347 사돈의 팔촌
남이나 다름없는 먼 친척이라는 뜻.

348 사돈집과 뒷간은 멀수록 좋다
사돈 사이는 말이 많아 불편하고, 뒷간은 고약한 냄새가 나므로 멀리 떨어져 있을수록 좋다는 말.

349 사람 마음은 하루에도 열두 번씩 변한다
사람의 마음은 쉽게 변한다는 뜻.

350 사람 살 곳은 골골이 있다
아무리 어려운 환경에서도 도와주는 사람은 다 있다는 것을 비유적으로 이르는 말.

351 사람 위에 사람 없고 사람 밑에 사람 없다
사람은 본래 태어날 때부터 평등하게 태어났으며 누가 잘나고 못난 것 없이 모두 똑같다는 말. 사람이라면 누구나 천부인권(天賦人權)을 가졌다는 뜻.

352 사람은 열 번 다시 된다
사람의 개성이나 신세란 고정되어 있는 것이 아니고, 평생 동안에 여러 번 바뀔 수 있고 얼마든지 고칠 수 있으며 사람은 자라면서 계속 변한다는 말.

353 사람은 착하지 않거든 사귀지 말고 물건은 옳지 않거든 취하지 말라
품위 없고 바르지 못한 사람과 사귀게 되면 좋지 않은 영향을 받기 쉬우므로 나쁜 사람과는 아예 상종도 하지 않는 것이 좋다는 뜻.

354 사람이면 다 사람인가 사람다워야 사람이지
사람이라면 사람의 도리를 다해야 진정한 사람이라고 할 수 있다는 뜻.

355 사람이 죽을 때면 옳은 말을 하고 죽는다
살면서 아무리 악행을 많이 했던 사람이라도 죽을 때가 되면 지나간 세월 저지른 잘못을 회개하고 옳은 말을 하고 죽는다는 뜻.

356 사람처럼 간사한 것은 없다
사람은 변덕스럽고 음흉하고 간사하다는 뜻.

357 사랑은 내리사랑
부모가 자식을 사랑하는 마음이, 자식이 부모를 사랑하는 마음보다 항상 크다는 말.

358 사위는 백년손이오, 며느리는 종신 식구라
며느리는 시집오면 자기 자식이나 마찬가지가 되나, 사위는 끝끝내 남의 집 식구라서 항상 어렵다는 말.

359 사위도 반자식이라
사위도 때로는 친자식 못지않게 자식 노릇을 할 때가 있다는 뜻.

360 사위 선을 보려면 그 아버지를 먼저 보아라
사위 아버지의 인품을 보면 사위의 사람 됨됨이를 알 수 있다는 말.

361 사위 자식 개자식
사위는 결국 장인, 장모에게 효도하지 아니함을 이르는 말.

362 사촌이 땅을 사면 배가 아프다
남이 잘되는 것을 못마땅해하며 질투하고 시기하며 헐뜯는 사람의 못된 습성을 두고 이르는 말.

363 사흘에 한 끼 입에 풀칠하기도 어렵다
늘 굶고 살 정도로 살림이 매우 가난함을 비유적으로 이르는 말.

364 산 개새끼가 죽은 정승보다 낫다
아무리 천하더라도 살아 있는 것이 죽은 것보다는 낫다는 뜻으로, 세상을 비관하지 말고 살아가라는 말.

365 산 넘고 물을 건너간다
많은 어려움을 겪는 것을 비유하는 말.

366 산 사람 입에 거미줄 치랴
아무리 살림이 어려워 식량이 떨어져도 사람은 그럭저럭 죽지 않고 먹고 살아가기 마련임을 비유적으로 이르는 말.

367 산속 싸움과 물속 싸움
세상의 온갖 고생과 어려움을 다 겪어 봤다는 말.

368 산에 가야 꿩을 잡고 바다에 가야 고기를 잡는다
특정한 목표를 성공적으로 달성하기 위해서는 그에 알맞은 환경이나 조건을 찾아서 선택해야 한다는 의미. 여기서 '산'과 '바다'는 각각 꿩과 고기를 잡기에 적합한 환경을 상징함.

369 산토끼를 잡으려다 집토끼 놓친다
지나치게 욕심을 부리다가는 이미 차지한 것까지 잃어버리게 된다는 말.

370 살가죽과 뼈가 서로 닿았다
극심한 굶주림이나 고된 노동, 또는 심각한 병으로 인해 몸이 매우 수척해진

상태를 비유적으로 나타낸 말.

371 살기를 좋아하고 죽기를 싫어하다
인간의 본능적인 생명에 대한 집착과 죽음에 대한 두려움을 나타내는 표현으로, 이는 대부분의 사람들이 삶을 유지하고자 하며, 죽음을 피하고자 하는 자연스러운 본성을 강조하는 말.

372 살아서는 부귀요 죽어서는 이름이다
살아 있는 동안에는 부귀를 누리는 것이 영광이고, 죽은 후에는 이 세상에 자기 이름 석 자를 남기는 것이 영광이라는 뜻.

373 살이 살을 먹고 쇠가 쇠를 먹는다
같은 종류끼리 경쟁하거나 싸우는 상황을 비유적으로 묘사하는 말로, 사람들끼리 서로 다투거나 경쟁하고 심지어 같은 편이나 같은 부류끼리 서로 해를 끼치는 상황을 의미.

374 삵이 호랑이를 낳는다
변변치 못한 부모에게서나 평범한 집안에서 뛰어난 인물이 나옴을 비유적으로 이르는 의미로, 아이가 부모보다 훨씬 잘났음을 놀림조로 이르는 말.

375 삼경에 당한 재앙이라
예상치 못한 시간에 갑작스럽게 닥친 큰 재앙이나 불행을 의미하는 말로, 아무런 준비도 하지 못한 채로 갑작스러운 불행이나 사고를 겪는 상황을 비유.

376 삼 년 구병(救病)에 불효 난다
병으로 여러 해 누워 앓는 어버이를 보살피고 돌보다 보면 불효하는 경우가 생기게 된다는 뜻으로, 무슨 일이나 오랜 시일이 걸리거나 자꾸 되풀이되면 한결같이 정성을 다할 수는 없게 된다는 말.

> **비슷한 속담**
> 삼 년 간병에 효자 없다

377 삼 년 먹여 기른 개가 주인 발등을 문다
오랫동안 공을 들여 보살펴 준 사람이, 훗날 은혜를 저버리고 배신한다는 뜻.

378 삼대독자 외아들도 일해야 곱다
아무리 귀한 자식일지라도 일을 잘해야 곱게 보인다는 뜻으로, 일을 잘해야 사랑을 받는다는 것을 강조하여 이르는 말.

379 삼밭의 쑥대
주변 환경에 따라 사람이 변화하거나 영향을 받는 상황을 비유적으로 표현한 말로, 주변 환경이 좋으면 그 속에서 자란 존재도 그 영향을 받아 좋은 방향으로 성장하거나 변화하게 된다는 뜻.

380 삼천갑자 동방삭이도 저 죽을 날은 몰랐다
오래오래 살았다는 동방삭이도 저 죽을 날은 몰랐다는 뜻으로, 아무리 현명하다고 해도 사람은 누구나 자기에게 닥쳐올 운명에 대해서는 잘 알지 못함을 비유적으로 이르는 말.

381 상감님도 늙은이 대접은 한다
임금님처럼 가장 높은 사람도 노인은 잘 대접한다는 말로서, 누구나 노인을 잘 공경해야 한다는 말.

382 새가 알 둔 둥지 보듯 한다
아주 소중히 여기거나 애지중지하는 것을 신경 쓰는 모습을 비유적으로 표현한 말로, 새가 자기 알을 낳은 둥지를 항상 지켜보고 보호하려는 것처럼, 사람도 매우 소중한 것을 항상 주의 깊게 돌보고 염려하는 상황을 나타내는 말.

383 새끼 많이 둔 소 길마 벗을 날 없다
새끼 많은 소는 일에서 벗어나 편히 쉴 사이가 없다는 뜻으로, 자식이 많은 부모는 자식을 먹여 키우기 위하여 쉴 새 없이 고생만 하게 됨을 비유적으로 이르는 말.

384 새도 가지를 가려서 앉는다
새조차도 앉을 때 가지를 고르고 가려서 앉는다는 뜻으로, 친구를 사귀거나 직업을 택하는 데에도 신중하게 잘 가려서 택해야 한다는 말.

385 새도 앉는 데마다 깃이 떨어진다
새가 앉았다 날 때마다 깃이 떨어지듯이 사람의 살림도 이사를 자주 다닐수록 세간이 줄어듦을 비유적으로 이르는 말.

386 새도 저물면 제집으로 간다
하찮은 날짐승들도 날이 어두워지면 제집을 찾아가는데 하물며 사람이 집에 들어가지 않고 늦게까지 떠돌아다녀서는 안 된다는 뜻.

387 새도 제 보금자리를 사랑한다
제가 사는 집이나 가정을 사랑하지 아니하는 사람은 아무도 없음을 비유적으로 이르는 말.

388 생가시아비 묶듯
살아 있는 사람을 억압하거나 강제로 통제하려는 부당한 상황을 비유적으로 표현한 말로, 친족 관계 속에서 억지로 구속하거나 강제하는 부당한 대우를 의미하며, 실제로는 그럴 필요가 없는데도 지나치게 엄격하게 다루거나, 자유를 제한하려는 상황을 풍자적으로 나타내는 말.

389 성인도 하루에 죽을 말을 세 번 한다
아무리 훌륭한 사람도 실수는 하기 마련이라는 뜻.

390 세 살 먹은 아이도 제 손의 것 안 내놓는다
인간은 누구라도 자기가 가진 것을 내놓기 싫어한다는 말.

391 세 살 적 버릇 여든까지 간다
어릴 때 나쁜 버릇은 나이가 들어도 고치기 어렵다는 말.

> **비슷한 속담**
> 세 살 적 마음이 여든까지 간다

392 세상에서 가장 강한 사람은 자기 자신을 이기는 사람이다
자기 자신과의 싸움에서 이기는 것이 다른 사람과 싸워서 이기는 것보다도 훨씬 더 어렵다는 뜻.

393 셈 센 아버지가 참는다
사물을 분별하는 슬기가 더 많은 아버지가 어리석은 자식의 말에 참는다는 뜻으로, 사리를 모르고 떠드는 사람에게 점잖은 이가 도리어 참는다는 말.

394 소도 언덕이 있어야 비빈다
언덕이 있어야 소도 가려운 곳을 비빌 수 있다는 말로, 누구나 의지할 곳이 있어야 무슨 일이든지 이룰 수 있다는 뜻.

395 소 앞에서 한 말은 안 나도 어미(아버지) 귀에 한 말은 난다
소에게는 무슨 말을 하여도 절대로 다시 옮기는 일이 없어 새어 나가지 아니하지만, 처나 가까운 가족에게 한 말은 어김없이 새어 나가기 마련이다. 아무리 다정한 사이라도 말을 조심하고 가려해야 한다는 말.

396 소 잃고 외양간 고친다
일이 잘못된 후에 후회해도 소용없다는 말.

397 소 제 새끼 핥아 주듯 한다
하찮은 짐승도 제 새끼는 애지중지 보호하듯이 부모가 자식을 귀여워하고 애지중지 생각하는 것은 당연하다는 뜻.

398 손이 들이굽지 내 굽나
팔은 안으로 굽듯이 사람의 마음도 모르는 사람보다는 가까운 사람에게 가게 마련이라는 뜻.

399 솔 심어 정자라고 얼마 살 인생인가
인생이 유한하므로, 너무 먼 미래의 성과나 결과에 집착하기보다는 지금 당장의 현실적이고 중요한 것에 집중하라는 말.

400 수양산 그늘이 강동 팔십 리
수양산 그늘진 곳에 아름답기로 유명한 강동 땅 팔십 리가 펼쳐졌다는 뜻으로, 어떤 한 사람이 크게 되면 친척이나 친구들까지 그 덕을 입게 됨을 비유적으로 이르는 말.

401 수염이 석 자라도 먹어야 양반
수염이 석 자나 되는 당당한 양반이라도 배가 불러야 체면도 차릴 수 있다는 뜻으로, 먹는 것이 중요함을 비유적으로 이르는 말.

402 순리대로 살아라
내가 이 세상에 태어나서 할 일을 안다는 것이 천명(天命)을 아는 것이다. 사람으로 태어나서 인간의 도리도 모르고, 자신의 진정한 사명도 모르고 죽는다면 그 사람의 일생은 허무하기 그지없다는 말.

403 술과 계집과 노름은 패가의 원인이다
남자가 술과 계집과 도박에 빠지게 되면 집안을 망치게 되므로 이를 항상 경계해야 한다는 뜻.

404 시간이 약이다
시간이 지나면 괴로웠던 일과 아픔이 무뎌지고 잊힌다는 뜻.

405 시궁창에서 용이 났다
미천한 집안이나 변변하지 못한 부모에게서 훌륭한 인물이 나는 경우를 이르는 말.

406 시부모에게 역정 나서 개의 옆구리 찬다
엉뚱한 데 가서 노여움이나 분을 푸는 경우를 비유적으로 이르는 말.

407 시아버지 죽으라고 축수했더니 동지섣달 맨발 벗고 물 길을 때 생각난다

미워하고 싫어하던 사람이나 물건이 막상 없어지고 나면 아쉬울 때가 있다는 말.

408 시어미가 미워서 개 옆구리 찬다

꾸중은 딴 데서 듣고 화풀이는 만만한 데에 한다는 뜻.

409 시작이 반이다

모든 일은 시작이 중요하다는 말로, 일을 시작하는 것은 어렵지만 일단 시작하면 이미 반은 한 것과 같다는 말.

410 시집간 딸치고 도둑 아닌 딸 없다

딸을 길러 시집보낼 때도 많은 혼수를 해 가지고 가며, 출가한 후에도 친정에 오기만 하면 무엇이든지 가지고 가려고만 한다는 말.

> **비슷한 속담**
> 딸자식은 도둑이다

411 시집도 가기 전에 기저귀 마련한다

어떤 일이 생기기도 전에 너무 일찍 서둔다는 말.

412 시집을 가야 효도도 된다

자식은 누구나 제가 부모의 입장이 되어 봐야 비로소 제 부모의 은공을 헤아릴 수 있다는 말.

413 식음을 전폐하다

어떤 목적을 이루려고 음식을 전혀 먹지 아니한다는 말.

414 신주 모시듯
몹시 소중히 정성스럽게 다루는 태도를 이르는 말.

415 신체의 일부가 잘려 나가는 듯한 고통
극심한 육체적 또는 정신적 고통을 나타낸 말로, 주로 가족이나 사랑하는 사람을 잃는 상실감, 큰 실패나 좌절을 경험할 때 또는 극심한 신체적 고통을 받을 때 사용하는 표현.

416 십 년을 같이 산 시어머니 성도 모른다
사람은 흔히 가까운 일에 관심을 두지 않아 모르고 지내는 수가 많다는 말.

417 십 년이면 강산도 변한다
세월이 흐르면 변하지 않는 것이 없다는 말.

418 쌀독에서 인심 난다
자기가 넉넉해야 남도 도울 수 있다는 말.

419 씨도둑은 못 한다
아비와 자식은 용모나 성질이 비슷하여 속일 수 없다는 말로, 핏줄은 못 속인다는 말.

420 씨암탉 잡은 듯하다
소중히 키우던 암탉까지 잡은 듯하다는 뜻으로, 대접이 극진하고 단정함을 비유적으로 이르는 말.

(아)

421 아기 버릇 임의 버릇
부모가 아기를 돌보아 주듯이 아내가 남편을 돌보아 주어야 남편이 좋아함을 이르는 말.

422 아기 엄마 똥칠한다
아기와 함께 생활하면 깨끗하게 있을 수 없다는 말.

423 아내가 귀여우면 처갓집 말뚝 보고도 절한다
아내가 사랑스러우면 아내 주위의 모든 것이 좋게 보이고 고맙게 생각된다는 뜻으로, 한 가지가 좋아 보이면 모든 것이 좋아 보인다는 말.

> **비슷한 속담**
> 아내가 귀여우면 처갓집 문설주도 귀엽다

424 아내 나쁜 것은 백 년 원수, 된장 신 것은 일 년 원수
아내를 잘못 맞으면 일생의 불운이라는 뜻.

425 아내를 고르려면 그 어머니를 보고 고르라 했다
딸은 그 어머니를 닮게 마련이므로 아내감을 고르려면 그 장모의 됨됨이를 보라는 말.

426 아내 행실은 다홍치마 적부터 그루를 앉힌다
아내의 좋은 행실이나 성품은 어렸을 때부터 이미 드러난다는 뜻으로, 사람의 성품이나 행동은 시간이 지나면서 형성되는 것이 아니라, 어린 시절부터 그 본성이 드러나므로 어릴 때부터 바른 성품을 기르는 것이 중요하다는 교훈.

427 아는 길도 물어 가라
제아무리 잘 아는 일이라도 잘 생각하여 실패가 없도록 단단히 잘해야 한다는 뜻.

428 아니되면 조상 탓
자기가 저지른 잘못을 반성하고 스스로 노력할 생각은 하지 않고, 자기 잘못의 책임을 남에게 미룬다는 뜻.

429 아니 밴 아이를 자꾸 낳으라고 한다
아직 이루어질 시기도 아니 되었는데 무리하게 재촉한다는 뜻.

430 아들네 집 가 밥 먹고 딸네 집 가 물 마신다
흔히 딸의 살림살이를 더 아끼고 생각해 주는 부모의 심정을 비유적으로 이르는 말.

431 아들 많이 낳은 집 고추값이다
아들만 많이 낳은 집 고추를 사다가 금줄에 꽂으면 아들을 많이 낳는다는 설 때문에 비싼 값으로 사 간다는 말.

432 아들 못난 건 제집만 망하고, 딸 못난 건 양 사돈이 망한다
여자가 못되어 먹으면 시집에도 화를 미치고 친가에도 폐를 끼치게 됨을 이르는 말.

433 아들 밥은 앉아서 먹고 딸 밥은 서서 먹고 남편 밥은 누워 먹는다
여자는 남편이 벌어다 주는 돈으로 살아가는 것이 제일 좋다는 말.

> **비슷한 속담**
> 영감 밥은 아랫목에서 먹고 아들 밥은 윗목에서 먹고 딸 밥은 부엌에서 먹는다

434 아들 셋 기르면 눈알이 변한다
장난이 유독 심한 아이들을 가르치자면 감시를 잘해야 한다는 뜻으로 아들 키우기가 매우 힘들다는 말.

435 아들은 말 태워 놓으면 사촌 되고, 딸은 시집보내면 육촌 된다
딸과 아들을 혼인시키고 나면 관계가 멀어진다는 말.

436 아들은 장가를 가면 반 남이 되고, 딸은 시집을 가면 온 남이 된다
아들은 장가를 가면 부모보다 아내를 더 위하게 되고, 딸은 시집을 가면 부모보다 남편을 더 위하게 되며 시집 사람이 되어 버린다는 말.

437 아들을 잘 두면 한 집이 잘되고, 딸을 잘 두면 두 집이 잘된다
아들을 잘 두면 자기네 집 하나가 잘되고, 딸을 잘 두면 시집과 친정 모두가 잘된다는 말.

438 아들을 잘못 두면 한 집이 망하고, 딸을 잘못 두면 두 집이 망한다
아들이 잘못되면 자기네 집 하나가 망하고, 딸이 잘못되면 시집과 친정이 모두 망한다는 말.

439 아들 자랑은 반 미친놈이 하고, 계집 자랑은 온 미친놈이 한다
지나치게 사랑하여 눈이 어두워지는 경우를 경계하는 말.

> **비슷한 속담**
>
> 온통으로 생긴 놈 계집 자랑, 반편으로 생긴 놈 자식 자랑

440 아무리 없어도 딸 먹일 것과 쥐 먹일 것은 있다
시집간 딸에 대한 부모의 사랑이 매우 극진함을 이르는 말.

441 아버지는 똑똑한 자식을 더 사랑하고, 어머니는 못난 자식을 더 사랑한다
아버지는 자식에 대한 기대가 크고, 어머니는 자식에 대하여 자애롭다는 뜻.

442 아버지는 아들이 더 잘났다고 하면 기뻐하고, 형은 아우가 더 낫다고 하면 화를 낸다
형제간의 우애가 부모의 사랑을 따를 수 없음을 이르는 말.

443 아버지 뼈 어머니 살
아버지 집안에서는 혈통과 가풍을 이어받고, 어머니 집안에서는 사랑과 영양을 공급받음을 비유적으로 이르는 말.

444 아버지 종도 내 종만 못하다
보잘것없는 것이라도 제가 가지고 있는 것이 남의 것보다 좋다.

445 아버지 주머니의 돈도 내 주머니의 돈만 못하다
아무리 가까운 부자간에도 자식이 아버지 돈을 함부로 쓸 수 없다는 뜻으로, 가까운 사이에도 계산은 정확해야 함을 비유적으로 이르는 말.

446 아비가 고생하여 모으면, 아들은 배부르게 먹고, 손자는 거지가 된다
아버지가 고생하여 돈을 많이 벌어도, 아들이 헤프게 마구 써 버려 손자들은 거지 신세로 고생을 하게 된다는 뜻.

447 아비만 한 자식 없고, 형만 한 아우 없다
아무리 똑똑한 사람이라도 손윗사람의 경륜은 따를 수가 없다는 뜻으로 경험은 지식을 앞선다는 뜻.

448 아비 아들 범벅 금 그어 먹어라
아무리 가까운 사이라도 한계를 분명히 해야 함을 이르는 말.

449 아비 없는 후레자식
아버지가 없이 제멋대로 자라서 버릇이 없다며 욕하는 말.

450 아비 죽은 지 나흘 후에 약을 구한다
매우 행동이 느리고 뜨다는 말.

451 아이가 셋이면 석 자 가시가 걸리지 않는다
가난하고 아이가 많은 집에서는 먹을 것이 없기 때문에 어머니는 가시조차 먹을 것이 없다는 말.

452 아이 곱다니까 종자 닭을 잡는다
부모는 자신의 아이를 칭찬하여 주는 것을 더없이 좋아한다는 말.

453 아이는 사랑하는 데로 붙는다
아이들이란 순진하기 때문에 자기를 사랑해 주고 잘해 주는 사람을 더 잘 따르게 된다는 뜻.

454 아이는 흉년이 없다
아무리 흉년이 들어 양식이 바닥난다 해도 부모는 자신은 굶더라도 어린 자식만큼은 굶지 않게 하려고 애쓴다는 뜻.

> **비슷한 속담**
>
> 흉년에 어미는 굶어 죽고 아이는 배 터져 죽는다

455 아이도 관심 주는 사람에게 붙는다
아이는 자신을 사랑해 주고 관심을 가져 주는 사람에게 더 가까워진다는 의미로, 사람은 누구나 자신에게 애정과 관심을 주는 사람에게 마음이 가게 마련이라는 말로 사랑과 관심의 중요성을 강조한 표현.

456 아이를 가지려면 세 아이를 가져라
자녀의 수는 셋이 가장 좋다는 말.

457 아이를 기르려면 무당 반에 어사 반이 되어야 한다
아이를 기르려면 부모가 여러 가지 것을 다 알아야 함을 비유적으로 이르는 말.

458 아이 말도 귀담아들어라
어린아이의 말일지라도 남이 하는 말은 헛되이 듣지 말고 주의하여 들어야 한다는 뜻.

459 아이 말 듣고 배 딴다
무슨 일을 할 때 내용을 잘 모르는 사람의 말대로 하다가 실패를 보는 어리석음을 비웃는 말.

460 아이 보는 데서는 찬물도 못 마신다
아이들이 보는 데서는 행동을 조심해야 한다는 뜻.

461 아이 보채듯 한다
어떤 일을 몹시 졸라 댄다는 말.

462 아이 손님이 더 어렵다
철없는 어린아이라고 조금이라도 섭섭하게 하면, 남의 사정을 이해 못 하고 나쁘다 할 것이니 아이 손님을 더 조심하라는 말.

463 아이 싸움이 어른 싸움이 된다
처음에는 아이들끼리 싸우다가 이 일로 결국 어른들까지 시비를 하게 된다는 말.

464 아이 자라 어른 된다
작은 것이 차차 발전하여 크게 되는 것이지 처음부터 크고 훌륭한 것은 없다는 뜻.

465 아저씨 못난 것 조카 장짐 지운다
조금 높은 자리에 있다고 아랫사람을 마구 부린다는 말.

> **비슷한 속담**
> 아저씨 아저씨 하면서 떡짐만 지운다

466 아주머니 떡도 싸야 사 먹지
아무리 가까운 사이라도 사람은 자기에게 돌아올 이익을 먼저 생각한다는 뜻.

467 악으로 모은 살림 악으로 망한다
나쁜 짓을 하여 모은 재산은 오래 가지 못하고, 오히려 자기에게 해가 된다는 말.

468 알 품은 닭이 삵을 친다
① 부모가 자식을 위하여 감히 대적할 수 없는 상대에게도 대듦을 비유적으로 이르는 말.
② 자기 힘으로는 도저히 감당할 수 없는 일에 어리석게 손을 댐을 비유적으로 이르는 말.

469 앓느니 죽는 것이 낫다
고통을 받으며 사는 것보다 죽어 버리는 것이 차라리 속 편할 것이라고 푸념하며 이르는 말.

470 암탉이 울면 집안이 망한다
집안에서 아내가 남편을 제쳐 놓고 모든 일에 나서서 설치면 집안일이 잘되지 않는다는 뜻으로 하는 말.

471 앞집 처녀 믿다가 장가 못 간다
남은 생각지도 않는 일을 자기 혼자만이 지레짐작으로 믿고만 있다가 난처하게 된다는 뜻.

472 양지가 음지 되고 음지가 양지 된다
운이 나쁜 사람도 좋은 수를 만날 수 있고 운이 좋은 사람도 늘 좋기만 한 것이 아니라 어려운 시기가 온다는 말로, 세상사는 늘 돌고 돈다는 뜻.

> **비슷한 속담**
> 양지가 있으면 음지도 있다

473 애어미 삼사월에 돌이라도 이 안 들어가 못 먹는다
젖을 먹이는 아이어머니는 식성이 좋아 닥치는 대로 잘 먹는데 더군다나 해가

긴 음력 삼사월에는 이만 들어가면 돌이라도 먹을 형편이라는 뜻으로, 젖을 먹이는 어머니들이 무엇이나 가리지 아니하고 다 잘 먹음을 비유적으로 이르는 말.

474 어른 그림자는 밟지 않는다
어른 대하기를 늘 존경과 사랑으로 대하라는 말.

475 어른 말을 들으면 자다가도 떡이 생긴다
지혜가 풍부한 어른의 말을 귀담아들으면 이익을 얻을 수 있다는 말.

476 어린 아들 굿에 간 어미 기다리듯
떡을 가지고 올까 하고 굿에 간 어미를 기다리는 아이처럼, 어떤 일에 희망이 있을 때 몹시 초조하게 기다림을 비유적으로 이르는 말.

477 어린아이 말도 귀담아들어라
아이들의 말 중에도 이치에 옳은 말이 많이 있음으로 항상 귀담아들어야 한다는 뜻.

478 어린아이 병엔 어미만 한 의사 없다
① 앓는 아이에 대한 어머니 정성은 아무리 이름난 의사의 의술도 당할 수 없을 만큼 극진하고 신통함을 이르는 말.
② 앓는 아이들에 대한 어머니의 정성은 그 무엇에도 비길 수 없이 극진함을 이르는 말.

479 어린아이 보는 데서는 물도 못 마신다
어린아이들은 어른이 하는 대로 따라 하기 때문에 아이들 앞에서는 행동을 조심해야 한다는 뜻

480 어머니가 의붓어머니면 친아버지도 의붓아버지가 된다
어머니가 계모이면 자연히 아버지는 자식보다 계모를 더 위하여 주기 때문에 아버지와 자식의 사이가 멀어진다는 말.

481 어머니 다음에 형수
형수는 그 집안 살림을 꾸려 나가는 데 있어서 어머니 다음의 위치를 차지한다는 말.

482 어머니 뱃속에서 배워 가지고 나오다
태어날 때부터 이미 알고 있다는 말.

483 어머니 손은 약손
어지간한 어린아이의 병은 어머니의 자애로운 간호만으로도 낫는다는 말.

484 어미 모르는 병 열두 가지를 앓는다
자식을 키우는 어머니라도 그 자식의 속마음은 다 알기 어렵다는 말.

485 어미 본 아기, 물 본 기러기
언제 만나더라도 좋은 사람을 만나 기뻐하는 사람을 비유하여 이르는 말.

486 어미 속 알아주는 자식 없다
자식에 대한 어머니의 지극한 정성이나 고생을 자식들이 잘 알지 못함을 이르는 말.

487 어미 잃은 송아지
의지할 곳이 없어진 어린아이를 비유적으로 이르는 말.

488 어미 팔아 동무 산다
부모도 소중하지만 친구 사귀기도 무척 소중하다는 말.

489 어미한테 한 말은 나고 소한테 한 말은 안 난다
소에게는 무슨 말을 하여도 절대로 다시 옮기는 일이 없어 새어 나가지 아니하지만, 처나 가까운 가족에게 한 말은 어김없이 새어 나가기 마련이라는 뜻으로, 아무리 다정한 사이라도 말을 조심하여서 가려 하여야 함을 비유적으로 이르는 말.

> **비슷한 속담**
> 소더러 한 말은 안 나도 처더러 한 말은 난다

490 어버이가 생각하듯 어버이를 생각하는 자식 없다
제 아무리 효자라도 자식이 부모 생각하는 마음은 부모가 자식 생각하는 마음에는 어림도 없다는 뜻.

491 억장이 무너지다
몹시 분하거나 슬픈 일이 있어 가슴이 무너지는 듯하다는 말.

492 얼러 키운 효자 없다
너무 오냐오냐하며 키우면 자식이 버릇이 없어져 불효를 하게 된다는 말.

493 얼러 키운 후레자식
부모가 응석을 받아 주기만 하면서 키운 자식이라는 뜻으로, 버릇없이 제 욕심만 내세우고 아무 데도 쓸모없는 사람을 비유적으로 이르는 말.

494 업은 손자 환갑 닥치겠다
꾸물거리고 있어 일이 진척되지 않는다는 뜻.

495 업은 자식에게 배운다
어린아이가 하는 말이라도 일리가 있을 수 있으므로 소홀히 여기지 말고 귀담아들어야 한다는 뜻으로, 남이 하는 말을 신중하게 잘 들어야 함을 비유적으로 이르는 말.

496 없으면 제 아비 제사도 못 지낸다
아무것도 없어 마땅히 지켜야 할 예의도 지키지 못하게 된 경우를 비유적으로 이르는 말.

497 여든에 이 앓는 소리 한다
알아듣지도 못할 말을 혼자서 중얼거리는 사람을 비꼬아 이르는 말.

498 여색과 욕심은 죽어야 떨어진다
대개의 남자들에게 있는 여색과 재물을 탐하는 안 좋은 버릇은 여간해서 고칠 수 없다는 뜻.

499 여우도 죽을 때는 제 살던 산 쪽으로 머리를 둔다
누구에게나 고향을 그리워하는 애틋한 향수가 있다는 뜻.

500 여자가 약해도 어머니 되는 데는 강하다
여자가 몸은 연약하여도 자식을 낳아 기르는 데는 매우 강한 힘을 가지고 있다는 말.

501 여자가 한을 품으면 오뉴월에도 서리가 내린다
여자라는 이유로 함부로 대하지 말아야 하고 원한 사는 일도 하지 말아야 한다는 뜻.

502 여자는 젊어서는 여우가 되고 늙어서는 호랑이가 된다
여자는 젊을 때는 남편에게 순종하며 따르는 척하지만, 늙어서는 남편에게 젊어서 섭섭했던 것을 갚으며 산다는 뜻.

503 여자 셋이 모이면 접시가 깨진다
여자들이 모이면 말이 많고 떠들썩하다는 말.

> **비슷한 속담**
> 여자 셋만 모이면 놋양푼도 남아나지 않는다

504 열 길 물속은 알아도 한 길 사람 속은 모른다
아무리 깊은 물이라도 그 깊이를 헤아릴 수 있지만, 사람의 속마음은 겉으로만 봐서는 알기 힘들다는 뜻으로, 겉으로는 꿀맛같이 절친한 척하지만 내심으로는 음해할 생각을 하거나, 돌아서서 헐뜯는 것을 비유한 말.

505 열 번 찍어 안 넘어가는 나무 없다
아무리 어려운 일이라도 노력하면 못 이룰 게 없다는 뜻. 어려운 일이라고 회피하거나 두려워하지 말고 끝까지 노력하라는 걸 강조하는 말.

506 열 사람의 작은어머니보다 한 사람의 어머니가 더 크다
작은어머니보다 어머니에 대한 자식의 깊은 정은 크고 각별하다는 말.

507 열 손가락 깨물어 다 아픈 중 새끼손가락이 제일 아프다
막냇자식에 대한 부모의 사랑이 각별함을 비유적으로 이르는 말.

508 열 손가락 깨물어 안 아픈 손가락 없다
아무리 자녀가 많다 하더라도 그중 어느 하나 귀엽지 않은 자녀가 없다는 말로, 자기가 지니고 있는 물건은 어느 하나 소중하지 않은 것이 없다는 뜻으로도 사용됨.

509 열 손가락을 어느 건 물면 아프고 어느 건 물면 안 아프랴
부모에게는 모든 자식이 다 사랑스럽고 귀하다는 말.

510 열 자식이 한 부모 못 모신다
자식이 아무리 많다 하더라도 서로 부모 모시기를 꺼려 하고 다른 형제들에게 서로 미루기 때문에 정작 부모는 의지할 곳이 없게 되어 말년이 외롭게 된다는 뜻.

511 예쁜 자식 매로 키운다
사랑하는 자식일수록 바르게 키우려면 매를 대어 엄하게 가르쳐야 한다는 뜻.

512 옛날은 옛날이고 지금은 지금이다
과거의 일과 현재의 일은 엄연히 사정이 다르므로 비교할 수 없다는 뜻.

513 오는 정이 있어야 가는 정이 있다
상대방이 자기에게 잘해 주어야, 자기도 상대방에게 잘해 준다는 뜻.

514 오래 가는 거짓말 없다
거짓말로 잠시 위기를 모면하게 되었다고 해도 모든 거짓말은 결국 나중에 가서는 탄로가 나게 마련이라는 뜻.

515 오르막이 있으면 내리막도 있다
좋은 일이 있으면 나쁜 일도 생긴다는 의미.

516 오르지 못할 나무는 쳐다보지도 마라
자신의 능력으로 불가능해 보이는 일에 대해서는 처음부터 욕심내지 않는 것이 좋다는 말.

517 오리 새끼는 길러 놓으면 물로 가고 꿩 새끼는 산으로 간다
자식은 다 크면 제 갈 길을 택하여 부모 곁을 떠난다는 말.

518 오이는 씨가 있어도 도둑은 씨가 따로 없다
아버지가 나쁜 짓을 한다고 하더라도 반드시 그 자식도 아버지를 따라서 나쁜 짓을 하는 것은 아니라는 뜻.

519 오이 덩굴에서 가지 열리는 법은 없다
그 아버지에 그 아들밖에 날 수 없음을 비유적으로 이르는 말.

520 온통으로 생긴 놈 계집 자랑 반편으로 생긴 놈 자식 자랑
큰 천치는 아내 자랑하는 사람이고 반 천치는 자식 자랑하는 사람이라는 뜻으로, 지나치게 사랑하는 것을 비웃는 말.

521 옳은 일을 하면 죽어도 옳은 귀신이 된다
사람이 살아 있을 때 인간의 도리를 다해야 죽더라도 한이 없다는 뜻.

522 옷이 날개다
좋은 옷을 입으면 사람이 한층 돋보인다는 말.

523 왕대밭에 왕대 난다
① 모든 일은 근본에 따라 거기에 걸맞은 결과가 나타나는 것임을 비유적으로 이르는 말.
② 어버이와 아주 딴판인 자식은 있을 수 없음을 이르는 말.

524 외삼촌 산소에 벌초하듯
정성 들이지 않고 마지못해 형식적으로 흉내만 낸다는 말.

525 외손뼉은 울지 못하고 외다리는 걷지 못한다
어려운 일이든 쉬운 일이든 혼자서 하는 것보다는 서로 도우며 하는 것이 더욱 수월하고 인간적이라는 뜻.

526 외손자를 귀여워하느니 절굿공이를 귀여워하지
외손자는 아무리 귀애해도 별 보람이 없다는 말.

527 외아들에 효자 없다
흔히 외아들은 귀엽게만 키우기에 저만 알고 남을 위할 줄 모르는 경우가 많다는 말.

528 요람에서 무덤까지
태어나서 죽을 때까지 평생토록.

529 용모는 마음의 거울이다
사람의 겉모습이나 행동을 보면 그 사람의 성품까지도 대충 짐작할 수 있다는 말.

530 우는 아이 젖 준다
가만히 있으면 얻는 것이 없으니, 무엇이든지 자기가 간절히 요구해야 구할 수 있다는 말.

531 우물가에 애 보낸 것 같다
도무지 마음이 놓이지 않고 몹시 걱정이 된다는 뜻.

532 우물 안 개구리
넓은 세상의 형편을 알지 못하거나, 보는 눈이 좁아서 자기만 잘난 줄 아는 사람을 이르는 말.

533 우물을 파도 한 우물만 파라
한 가지 일을 끝까지 해야 성공할 수 있다는 말.

534 웃는 낯에 침 못 뱉는다
좋게 대하는 사람에게는 잘못을 했더라도 나쁘게 대할 수 없다는 말.

535 원인이 좋아야 결과도 좋다
모든 일의 결과는 원인에 따라 결정되므로 원인이 좋으면 결과도 자연히 좋게 된다는 뜻.

536 윗물이 맑아야 아랫물도 맑다
윗사람이 바른 행동을 해야 아랫사람도 바르게 행동한다는 뜻으로, 부모는 자식의 모범이 되어야 한다는 말.

537 육친이 불화하면 집안이 망한다
가정이 화목하지 않으면 밖에서 하는 일도 뜻대로 되지 않아 가세가 기울 수밖에 없다는 뜻.

538 은혜를 원수로 갚는다
은혜에 보답하지는 못할망정 도리어 해를 끼친다는 말.

539 음덕이 있으면 양보가 있다
남모르게 선행을 많이 하는 사람은 뒤에 그 대가로 반드시 복을 받게 된다는 뜻.

540 음식으로 하늘을 삼는다
먹는 것으로 하늘을 삼는다는 것은 제대로 먹어야 사람답게 이 세상을 떠받치는 사람 구실을 할 수 있다는 말.

541 응석으로 자란 자식
부모가 응석을 받아 주기만 하면서 키운 자식이라는 뜻으로, 버릇없이 제 욕심만 내세우고 아무 데도 쓸모없는 사람을 비유적으로 이르는 말.

542 의붓아비 떡 치는 데는 가도 친아비 도끼질하는 데는 가지 마라
자신에게 조금이라도 해가 미칠 것 같은 곳에는 가지 말라는 말.

543 의붓아비 아비라 하랴
아무리 어렵고 궁하더라도 의리에 닿지 않는 일은 할 수 없다는 말.

544 의붓어미가 티를 내는 것이 아니라 의붓자식이 티를 낸다
새어머니가 남편의 자식을 구박하는 것이 아니라 도리어 자식들이 새어머니를 구박한다는 뜻.

545 의붓자식 다루듯
남의 것처럼 하찮게 다루거나 차별 대우를 한다는 말.

546 의붓자식 옷 해 준 셈
해 주어서 별 보람 없고 보답받지 못할 일을 남을 위하여 함을 비유적으로 이르는 말.

547 의식이 풍족한 다음에야 예절을 차리게 된다
살림이 넉넉해야만 예절을 차리고 사람 사는 도리를 다할 수 있다는 말.

548 의좋으면 삼 모녀가 도토리 한 알만 먹어도 산다
가정이 화목하면 그것이 힘이 되어 어떠한 고난도 능히 견뎌 낼 수 있다는 뜻.

549 이 덕 저 덕 다 하늘 덕이다
사람이 살아가는 데 있어서는 뭐니 뭐니 해도 하늘이 주는 은덕이 가장 크다는 뜻.

550 이래도 인생 저래도 인생
사람의 한평생이란 허무한 것이요, 한 번 살다 죽으면 그만이니 너무 욕심을 내거나 악하게 살지 말고 둥글둥글 살아가자는 뜻.

551 이름을 남기다
후세에까지 이름이 전해질 만큼 공적을 세우거나 훌륭한 일을 한다는 말.

552 이모는 품속 아주머니
이모가 어머니 다음가는 가까운 사이임을 이르는 말.

553 이불깃 봐 가며 발 편다
처지와 형편을 보아 그에 따른 행동을 한다는 말.

554 이불 속에서 하는 일도 안다
세상에서 남모르게 하는 비밀스러운 일도 다 알려지게 되므로 행동을 조심해야 한다는 뜻.

555 이웃사촌이다
서로 이웃해서 살면 사촌보다도 더 가까운 사이가 되어 친하게 지낸다는 뜻.

556 이웃집 며느리는 흠도 많다
가까이 있는 사람의 결점은 더 많이 눈에 띈다는 말.

557 이웃집 색시도 내 며느리를 삼아 봐야 안다
항상 대하던 것도 직접 손안에 넣고 보아야 올바르게 알 수 있다는 뜻.

558 이 효자 저 효자 해도 늙은 홀아비 중신하는 자식이 효자다
아무리 효자라고 해도 이미 홀로된 나이 든 아버지를 장가들여 보내 주는 자식이 효자 중에 가장 큰 효자라고 이르는 말.

559 인간 만사 새옹지마
인생의 길흉화복은 항상 바뀌므로 예측할 수 없다는 뜻.

560 인간 탈을 쓴 짐승이다
모습만 사람이지 하는 행동, 마음 씀씀이는 짐승과 같다는 뜻.

561 인생은 바람 앞의 등불과 같다
인간이 살아간다는 것은 항상 불안하여 언제 어떻게 될지 모른다는 뜻.

562 인생은 뿌리 없는 부평초다
인간은 부평초처럼 뿌리 없이 정처 없이 떠다니다가 결국은 죽게 된다는 뜻.

563 인생은 일장춘몽이다
사람의 삶이란 한바탕 꿈과 같이 몹시도 짧고 허무하다는 뜻.

비슷한 속담
인생 만사가 꿈속이다

564 인재는 나이 먹은 사람을 써라
연장자는 그냥 나이를 먹은 것이 아니라 삶의 경험을 통해 아는 것이 많으므로 사람을 쓸 때에는 나이 많은 사람을 고르라는 말.

565 일가 못된 것이 촌수만 높다
못된 일가가 항렬이 높은 것으로 친척의 아랫사람에게 못살게 군다는 뜻.

566 일가 싸움은 개싸움
① 같은 일가끼리 싸우는 것은 짐승 같은 일이라는 뜻.
② 일가끼리의 싸움은 그때뿐이고 원한을 품지 않는다는 뜻.

567 일은 한 가지 일에만 전념해야 한다
여러 가지를 한꺼번에 하지 말고 한 가지 일에만 주력하여야 제대로 일을 잘 마칠 수 있다는 말.

568 일 잘하는 아들 낳지 말고, 말 잘하는 아들을 낳아라
열심히 일 잘하는 사람보다도 말 잘하고 총명한 사람이 출세가 빠르다는 뜻.

569 입에 쓴 약이 몸에 좋다
입에는 쓰지만 먹으면 몸에 좋다는 뜻으로, 충고는 듣기 싫지만 도움이 된다는 말.

570 입이 여럿이면 금도 녹인다
많은 사람이 힘을 합치면 무엇이든지 할 수 있다는 뜻.

(자)

571 자던 아이 가지 따러 갔다
아이를 재우려고 아이와 같이 누운 어머니가 잠든 사이에 아이는 잠들지 아니하고 밭에 나가 가지를 땄다는 뜻으로, 아이를 재우려다 어머니가 먼저 잠든 경우를 이르는 말.

572 자식과 그릇은 있으면 쓰고 없으면 못 쓴다
자식과 그릇은 있으면 있는 대로 쓰고 없으면 없는 대로 지내기 마련이라는 뜻으로, 둘러맞춰 가며 씀을 비유하여 이르는 말.

573 자식 과년하면 부모가 반중매쟁이 된다
혼인할 시기를 놓친 자식을 둔 부모는 자식의 혼인을 위하여 이리저리 분주히 뛰어다니며 직접 짝을 찾게 된다는 말.
(* 과년: 결혼 적령기가 지난 상태)

574 자식과 불알은 짐스러운 줄 모른다
부모는 자식을 양육하는 데 수고는 많지만 귀여운 재미에 고달픈 줄 모른다는 뜻.

575 자식 기르는 법 배우고 시집가는 계집은 없다
상황에 맞닥뜨리게 되면 배우지 않고도 잘해 낼 수 있다는 말.

576 자식 낳아서 장모 준다
장가간 자식이 친어머니보다 장모에게 더 잘함을 이르는 말.

577 자식도 농사와 같다
농사짓는 일처럼 자식을 키우는 일도 제때에 자식을 낳고, 낳은 후에는 각 시기에 알맞게 돌보는 정성이 필요함을 비유하여 이르는 말.

578 자식도 많으면 천하다
무엇이나 흔하면 귀하게 여기지 않고 관심이 소홀하게 됨을 이르는 말.

579 자식도 크면 상전이다
자식도 다 성장하면 부모의 잘잘못을 따지기 때문에 부모 노릇을 하기가 힘듦을 이르는 말.

580 자식도 품 안에 들 때 내 자식이지
자식이 어렸을 때는 부모의 뜻을 따르지만, 자라서는 제 뜻대로 행동하려 함을 비유적으로 이르는 말.

비슷한 속담
자식도 어려서 제 자식이다

581 자식 둔 골은 호랑이도 돌아본다
짐승도 새끼를 사랑하는 정이 이와 같으니 사람은 더 말할 나위도 없다는 말로, 생명 있는 모든 존재의 자식 사랑은 본능이라는 말.

비슷한 속담
자식 둔 골에는 호랑이도 두남둔다

582 자식 둔 부모 근심 놓을 날 없다
자식에 대한 부모의 사랑과 걱정은 끝이 없음을 이르는 말.

583 자식 둔 부모는 알 둔 새 같다
부모는 항상 자식의 신변을 걱정함을 이르는 말.

584 자식 둔 사람은 입찬소리를 못 한다
자식을 둔 사람은 자기 자식의 장래를 예측할 수 없기 때문에 남의 자식에 대한 흉을 보아서는 안 된다는 말.

585 자식들은 평생 부모 앞에 죄짓고 산다
자식에 대한 부모의 사랑은 끝이 없고 지극하여 자식들이 그 은혜를 다 갚을 수 없음을 이르는 말.

586 자식 떼고 돌아서는 어미는 발자국마다 피가 고인다
자식을 떼어 버리고 돌아서는 어머니는 걸음마다 피를 쏟으며 걷는다는 뜻으로, 어머니가 자식을 떼어 놓는 일이 매우 괴롭고 고통스러운 일임을 비유적으로 이르는 말.

587 자식 많은 어미 허리 펼 날 없다
자식을 많이 둔 부모는 그 많은 자식들을 돌보느라 한평생 허리 펼 날 없이 고생만 하게 된다는 뜻.

588 자식 물려줄 것은 고양이밖에 없다
자기 땅 없이 남의 땅만 부치는 영세 농민은 자식에게 물려줄 것이 고양이밖에 없다는 말.

589 자식 살리는 게 부모 구실에서 제일 큰 구실이다
아들딸 잘 키워 시집·장가보내는 것이 부모의 가장 중요한 일임을 이르는 말.
(*살리다: '시집보내다'의 평안도 방언)

590 자식 수치가 부모 수치다
자식이 잘못을 하면 곧 부모에게 그 영향이 오기 때문에 몸가짐을 잘하라는 말.

591 자식 씨와 감자 씨는 못 속인다
좋은 감자 종자에서 좋은 감자가 나올 수 있듯이 좋은 부모 밑에서 훌륭한 자식이 나오게 된다는 뜻.

592 자식 없는 것이 상팔자
자식이 없는 것이 도리어 걱정이 없이 편하다는 말.

593 자식 없는 과부
마음 붙이고 의지할 곳이 없어 매우 외로운 신세임을 이르는 말.

594 자식 없는 사람은 울지 않아도 자식 있는 사람은 운다
자식이 없는 사람은 자식 때문에 속을 썩이는 일이 없지만 자식이 있는 부모는 자식 때문에 속을 많이 썩인다는 말.

595 자식 웃기기는 어려워도 부모 웃기기는 쉽다
부모의 자식 사랑은 무조건적이어서 자식이 하는 하찮은 일에도 부모는 즐거워한다는 의미.

596 자식은 낳기보다 키우기가 더 어렵다
부모가 자식을 낳는 일보다 자식을 키우고 훌륭한 사람이 되도록 하는 것이 더 힘들고 어렵다는 말.

597 자식은 낳은 자랑 말고 키운 자랑해라
자식을 키울 때는 잘 가르치며 길러야 함을 이르는 말.

598 자식은 내 자식이 커 보이고, 벼는 남의 벼가 커 보인다
자식은 자기 자식이 잘나 보이고 재물은 남의 것이 더 좋아 보여 탐난다는 말.

> **비슷한 속담**
> 아이는 제 자식이 잘나 보이고 곡식은 남의 곡식이 좋아 보인다

599 자식은 두엄 우에 버섯과 한가지다
두엄 위에 난 버섯은 많기는 하지만 볼품없고 쓸모없다는 뜻으로, 단지 자식이 많은 것이 자랑은 아님을 이르는 말.

600 자식은 생물 장사
생선 장수나 과일 장수가 물건이 썩어 팔지 못하고 버리게 되는 것이 있을까 걱정하는 것처럼 자식으로 인하여 부모가 심하게 속을 썩는 경우를 이르는 말로, 생선 장수나 과일 장수가 물건이 썩어서 팔지 못하고 버리게 되는 경우가 있는 것처럼 자식 중에는 일찍 죽는 아이도 있고 제대로 못 자라는 아이도 있음을 비유적으로 이르는 뜻.

601 자식은 수염이 허얘도 첫걸음마 떼던 어린애 같다
부모에게는 자식이 아무리 나이를 많이 먹어도 늘 어린아이처럼 여겨진다는 뜻으로, 자식에 대하여 늘 마음을 놓지 못하고 걱정하는 부모의 심정을 이르는 말.

602 자식은 시집 장가 보내 봐야 안다
자식의 부모에 대한 효성은 자식이 출가한 연후에야 비로소 알게 됨을 이르는 말.

603 자식은 애물이라
사람이 자기가 소중하게 여기는 물건에 대하여 혹시 잘못되지 아니할까 하며 늘 걱정하는 것처럼, 자식은 언제나 부모에게 걱정만을 끼치는 존재라는 것을 비유적으로 이르는 말.

604 자식은 어려서 자식이다
자식은 순진하고 귀여운 어린이 시절에 부모에게 흡족한 느낌을 주지만 조금 자라면 부모의 뜻을 받들지 않으며 불효한 짓을 한다는 말.

> **비슷한 속담**
> 자식은 품 안에 들 때 내 자식이다
> 품 안에 있어야 자식이다

605 자식은 어머니가 키운다
자식을 키우는 데는 아버지보다 어머니의 공이 더 많이 들어감을 이르는 말.

606 자식은 오복(五福)이 아니라도 이(齒)는 오복에 든다
이가 좋은 것이 큰 복이라는 말.

607 자식은 있어도 걱정이요, 없어도 걱정이다
자식이 있으면 양육 문제로 걱정스럽고 자식이 없으면 없는 대로 가문의 대가 끊어질까 봐 걱정스럽다는 뜻.

608 자식은 잘 두면 보배요, 잘못 두면 원수다
훌륭한 자식은 부모에게 큰 기쁨이며 자랑이지만, 못된 자식은 부모에게 큰 슬픔이며 고통거리가 됨을 이르는 말.

609 자식은 장가들기 전까지가 제 자식이다
자식이 장가를 가게 되면 부모는 자식을 마음대로 다룰 수 없게 된다는 말.

610 자식은 쪽박에 밤 주워 담듯 하다
가난한 가정에서 자식이 많아 좁은 방에 들어앉은 꼴이 마치 쪽박에 밤을 담아 둔 것과 같다는 뜻으로, 가난한 집에 자식이 많음을 비유적으로 이르는 말.

611 자식은 키우는 재미다
부모는 나중에 자식에게서 덕을 보기 위해 자식을 키우는 것이 아니라 자식이 커 가는 것을 보는 재미로 키운다는 뜻.

612 자식을 가져 봐야 부모의 마음을 안다
부모가 실제로 되어야 부모의 마음을 이해할 수 있다.

613 자식을 길러 봐야 부모 은공(사랑·은덕)을 안다
① 자식은 누구나 제가 부모의 입장이 되어 봐야 비로소 제 부모의 은공을 헤아릴 수 있다는 말.
② 부모의 사랑은 그 끝을 다 알 수 없을 만큼 깊고 두터움을 이르는 말.
③ 무슨 일이든 직접 경험하지 아니하고서는 속까지 다 알기 어려움을 이르는 말.

614 자식을 낳기보다 부모 되기가 더 어렵다
자식을 잘 기르고 돌보는 것이 매우 어려운 일임을 비유적으로 이르는 말.

615 자식을 낳기보다 키우기가 더 어렵다
부모가 자식을 낳는 일보다 자식을 키우고 훌륭한 사람이 되도록 하는 것이 더 힘들고 어렵다는 말.

616 자식을 보기에 아버지만 한 눈 없고, 제자를 보기에 스승만 한 눈 없다
자식에 대해서는 부모가 가장 잘 알고 제자에 대해서는 스승이 가장 잘 알고 있다는 말.

617 자식을 보기 전에 어머니를 보아라
자식은 일반적으로 어머니 품에서 자라기 때문에 어머니의 품성을 닮으니, 어머니를 보고 자식을 평가할 수 있음을 이르는 말.

618 자식을 키우는 데 오만 자루의 품이 든다
자식을 키우는 데는 부모의 공력이 헤아릴 수 없이 많이 든다는 말.

619 자식 이기는 부모는 없다
부모가 자식을 이길 수 없는 이유는 간단하다. 부모가 자녀를 더 사랑하기 때문이다.

620 자식이 부모 사랑 절반만 해도 효자다
자식에 대한 부모의 사랑은 비할 수 없을 정도로 매우 크다는 말.

비슷한 속담
　자식이 부모의 맘 반이면 효자 된다

621 자식이 여든 살이라도 세 살 적 버릇만 생각난다
부모에게는 자식이 아무리 나이를 많이 먹어도 늘 어린아이처럼 여겨진다는 뜻으로, 자식에 대하여 늘 마음을 놓지 못하고 걱정하는 부모의 심정을 이르는 말.

622 자식이 자라면 상전 된다
① 자기 자식이라 하여도 다 자란 후에는 자기 뜻대로 하기 어려움을 비유적으로 이르는 말.
② 예전에, 여자가 늙어 과부가 되면 자식에게 의지해서 살게 마련임을 이르던 말.

623 자식 있는 사람은 울어도 자식 없는 사람은 울지 않는다
자식이 있는 사람은 그 자식 걱정 때문에 우는 일이 생기지만, 자식이 없는 사람은 자식으로 인하여 울 일이 없다는 말이니, 무자식이 상팔자일 수 있음을 이르는 말.

624 자식 자랑은 말아도 농사 잘된 자랑은 해라
자식 자랑하는 것은 수치스러운 일이지만, 농사 잘된 것은 얼마든지 자랑해도 된다는 말.

625 자식 잘못 기르면 호랑이만 못하다
자식을 올바르게 기르지 못하면 큰 후환을 입게 됨을 이르는 말.

626 자식 적은 사람은 근심도 적다
자식이 많을수록 걱정도 많음을 이르는 말.

627 자식 죽는 건 봐도 곡식 타는 건 못 본다
농부들이 농사일에 온 정성을 다함을 이르는 말

628 자식치고 부모 속 안 썩인 자식 없다
불효의 정도 차이는 있을 수 있으나 자식이라면 누구든지 부모 마음을 썩이지 않는 자식이 없다는 뜻.

629 자신을 아는 사람은 남을 원망하지 않는다
어떤 일이든지 상대방의 입장을 자신의 입장으로 바꿔 놓고 생각해 보면 상대방을 이해할 수 있어 원망하지 않게 된다는 뜻.

630 작은며느리 보고 나서 큰며느리 무던한 줄 안다
먼저 있던 사람의 좋은 점은 뒷사람을 겪어 보고 나서야 비로소 알게 된다는 말.

631 잔병에 효자 없다
부모가 늘 잔병을 앓고 있으면 자식이 변함없이 효도하기가 쉽지 않다는 말.

632 잘되면 제 탓, 못되면 조상 탓
잘된 일은 자신의 공로라 이야기하고, 잘못된 일은 남의 탓이라고 하거나 운명 때문이라고 하여 책임을 돌린다는 뜻.

633 잘살고 못사는 것은 다 팔자소관이다
사람이 이 세상에서 잘살고 못사는 것은 각자가 타고난 운명에 따른 것이라는 뜻.

> **비슷한 속담**
> 잘살아도 내 팔자요, 못살아도 내 팔자

634 장님 개천 나무란다
자기의 잘못은 생각하지도 않고 남의 탓만 한다는 뜻.

635 장모 될 여자는 사윗감 코부터 본다
장모는 자기의 딸이 좋아하게 될 사윗감을 고르려고 무척 애를 쓴다는 뜻.

636 장병(長病)에 효자 없다
무슨 일이거나 너무 오래 끌면 그 일에 대한 성의가 없어서 소홀해짐을 비유적으로 이르는 말.

637 장수 집안에서 장수가 나온다
좋은 결과를 기대하려면 그만큼 많은 노력을 기울여야 한다는 뜻으로, 자녀 교육이 중요하다는 말.

638 장인 장모는 반 부모다
부부는 한 몸과 같으므로 아내의 부모도 마땅히 남편의 부모와 똑같다는 말.

639 적선한 집 자식은 굶어 죽지 않는다
어려운 사람들을 돕는 데에 힘쓴 사람은 그 자손에 이르기까지 복을 받게 된다는 뜻.

> **비슷한 속담**
> 정직한 사람의 자식은 굶어 죽지 않는다

640 절약도 있어야 절약한다
쓸 것이 아주 없으면 아낄 수도 없으니 재산은 있을 때 아껴 써야 한다는 뜻.

641 절약만 하고 쓸 줄 모르면 친척도 배반한다
덕을 심는 근본은 선심 쓰기를 즐기는 데 있는 것이니, 가난한 친구나 곤궁한 친족들은 제 힘을 헤아려 두루 돌보아 주도록 하라는 말.

642 젊어 고생은 사서도 한다
젊었을 때 고생이 좀 되더라도 부지런히 노력하면 뒷날 큰 보람을 얻을 수 있다는 말.

643 젊은이 망령은 홍두깨로 고치고 늙은이 망령은 곰국으로 고친다
행실이 좋지 않은 젊은이는 매로 엄하게 다스려야 효과가 있고 나이 든 사람의 노망기는 영양가 있고 맛있는 음식으로 치유해야 효과가 있다는 뜻.

644 정성이 있으면 한식에도 세배 간다
정성만 있으면 아무리 때가 늦더라도 자신이 하려고 맘먹은 일을 이룬다는 말.

645 정승 되라 했더니 장승 된다
훌륭한 사람이 되기를 바랐는데 못난 놈이 되었다는 뜻.

646 정은 쏟을수록 붙는다
어떠한 일이든지 애착을 가지고 정성을 다해 노력하면 없던 정도 절로 생겨나게 된다는 뜻.

647 정직은 일생의 보배
사람에게 정직함이 매우 중요하며 언제나 정직하게만 일을 해 나가면 실패가 없다는 뜻.

648 젖 먹는 힘까지 다 낸다
자신이 발휘할 수 있는 모든 힘을 다 내는 모습을 이르는 말.

649 젖 먹던 힘이 다 든다
몹시 힘이 들 때 쓰는 말.

650 제가 기른 개에게 발꿈치 물린다
자기에게 은혜를 입은 자로부터 배신을 당하여 해를 입게 될 때 쓰는 말.

651 제 발등의 불 먼저 끄고 아비 발등의 불 끈다
매우 급한 일을 당하면 아무리 친하고 가까운 사이라 하더라도 자기의 위급함을 먼저 면하려 한다는 말.

652 제 발이 효자보다 낫다
자신의 발로 다니는 것이 효자의 부축보다 낫다는 말로, 남에게 의존하기보다 자기 자신의 힘으로 걸어 다녀야 한다는 말.

653 제 부모 나쁘다고 내버리고, 남의 부모 좋다고 내 부모라 할까
좋건 나쁘건 자기 부모가 남이 될 수 없고 남의 부모가 자기 부모가 될 수 없다는 뜻으로, 인륜 관계의 중대함을 이르는 말.

654 제 부모 위하려면 남의 부모를 위해야 한다
자기 부모를 잘 섬기고 위하려면 부모가 남의 공대를 받을 수 있도록 저도 남의 부모를 잘 섬겨야 한다는 말.

> **비슷한 속담**
> 제 부모를 섬길 줄 알면 남의 부모도 섬길 줄 안다

655 제사보다 젯밥에 정신이 있다
자손들이 제사에는 관심이 없고 젯밥에만 관심이 있다는 말로, 맡은 일에는 정성을 들이지 않으면서 잇속에만 마음을 두는 경우를 비유적으로 이르는 말.

> **비슷한 속담**
> 염불에는 맘이 없고 잿밥에만 관심이 간다

656 제 새끼 밉다는 사람 없다
자기 자식을 사랑하는 것은 인지상정임을 이르는 말.

657 제 새끼 잡아먹는 호랑이는 없다
아무리 무서운 사람이라도 자기 자식에게는 인정이 있음을 비유적으로 이르는 말.

658 제 어미 시집오는 것 보았다는 놈과 같다
자기가 태어나기 전에 일어난 일을 자기 눈으로 직접 보았다고 장담하는 사람과 같다는 뜻으로, 너무도 허황한 이야기를 장담함을 비유적으로 이르는 말.

659 제 자식 가려 보는 부모 없다
부모는 자식을 차별하지 않고 똑같이 사랑한다는 뜻으로, 무엇에 차별을 두지 않고 똑같이 대함을 이르는 말.

660 제 자식의 흉은 모른다
부모는 자식과 관련된 일은 무엇이나 다 좋게 보려 함을 비유적으로 이르는 말.

661 제 자식 잘못은 모른다
자기 자식의 결점은 눈에 잘 비치지 아니한다는 말.

662 제집 개도 밟으면 문다
손아랫사람도 지나치게 야단치면 반항한다는 뜻.

663 제집 어른 섬기면 남의 어른도 섬긴다
제집에서 잘하는 이는 밖에 나가서도 잘한다는 말.

664 제 팔자 개 못 준다
사람의 나쁜 버릇은 고치기 힘들다는 뜻으로, 타고난 운명은 버릴 수 없다는 말.

665 조는 집에 자는 며느리 온다
가문이 좋지 않은 집안에는 며느리 역시 품성이 바르지 못한 사람이 들어오게 된다는 뜻.

666 조상 신주 모시듯
매우 아끼고 조심스럽게 다룬다는 뜻.

667 조카 생각하는 것만큼 아재비 생각도 한다
남을 생각하여 주어야 남도 나를 생각하여 준다는 말.

(* 아재비: 숙부)

668 족보를 캐다
어떤 사람의 출신이나 성분, 경력 따위를 조목조목 따지다는 말로, 어떤 일의 근원을 역사적, 체계적으로 밝힌다는 뜻.

669 종갓집 망해도 향로와 촛대는 남는다
명문가는 비록 집안이 망할지라도 사람이 지켜야 할 예의와 범절은 꼭 지킨다는 뜻.

670 좋은 씨 심으면 좋은 열매 열린다
좋은 종자에서 좋은 열매가 열리듯이 사람이 좋은 일을 거듭하면 반드시 좋은 결과를 얻게 된다는 뜻.

671 좋은 일에는 남이요, 궂은 일에는 가족이다
먹을 일이 생겼을 때에는 남들이 먼저 찾아오고, 궂은 일이 생겼을 때에는 가족이 먼저 찾아온다는 말.

672 주머니가 가벼워지면 마음은 무거워진다
경제적인 상황이 안 좋아지면 없던 근심과 걱정이 저절로 생긴다는 뜻.

673 죽기는 그릇 죽어도 발인날은 택일 아니 할까
잘못된 일이라도 그 뒤처리만큼은 잘해야 한다는 말.

674 죽기는 섧지 않으나 늙기가 서럽다
사람이 죽는 것보다 늙는 것이 더 서럽고 괴롭다는 뜻.

675 죽는다 죽는다 하는 사람치고 죽는 사람 못 봤다
말로만 할 수 있다고 떠벌리는 사람이 오히려 그 실행은 더 못 한다는 말.

676 죽어 봐야 저승을 알지
모든 일은 실제로 겪어 봐야 안다는 뜻.

677 죽어서 상여(喪輿) 뒤에 따라와야 자식이다
친자식이라도 부모의 임종을 못하고 장례를 치르지 아니하면 자식이라 할 수 없다는 말.

678 죽어서 석 잔 술이 살아 한 잔 술만 못하다
죽은 다음에 제사상에 이것저것 차리지 말고 살아 있는 동안에 한 가지라도 더 대접하라는 말.

679 죽으려고 해도 죽을 겨를이 없다
잠시도 여유가 없이 매우 바쁘다는 뜻.

680 죽으려 해도 땅이 없다
죽으려 해도 죽을 곳이 없는 것처럼 아주 분하고 원통함을 이르는 말.

681 죽은 나무에 꽃이 핀다
보잘것없던 집안에 영화로운 일이 생겼을 때 쓰는 말.

682 죽은 뒤에 약방문
이미 때가 지난 뒤에는 무엇을 알아내도 아무 소용이 없다는 말.

683 죽은 사람만 불쌍하다
세상에 남겨진 사람이 아무리 슬프고 서러워도, 세상을 살지 못하고 죽은 사람이 더욱 가엾다는 뜻으로, 힘들게 살아도 살아 있는 것이 죽는 것보다 낫다는 말.

684 죽은 사람 소원도 풀어 주는데 산 사람 소원 못 풀어 주랴
죽은 사람의 소원도 풀어 주는데, 하물며 산 사람의 소원이야 못 풀어 주겠느냐는 말.

685 죽은 시어미도 방아 찧을 때는 생각난다
자기가 아쉬울 때는 미워하던 사람도 생각난다는 뜻.

686 죽은 자식 나이 세기
이미 망쳐서 소용없는 일에 미련을 두고 안타까워함을 이르는 말로, 지나간 일을 다시 생각하고 후회해도 소용없다는 말.

687 죽은 자식이야 다 잘났지
죽은 자식은 하나같이 잘난 것같이 여겨 섭섭해하는 부모의 심정을 비유적으로 이르는 말.

> **비슷한 속담**
> 죽은 아들치고 못난 아들 없다

688 죽자니 청춘이요, 살자니 고생이다
젊은 나이에 죽자니 억울하고 살자니 아직 많이 남은 인생을 꾸려 나가기가 너무 고통스럽고 힘들다는 뜻.

689 중매는 잘하면 술이 석 잔이고, 못하면 뺨이 세 대라
사람의 혼인 중매는 매우 어려운 일이니 신중히 해야 한다는 뜻.

690 쥐구멍에도 볕 들 날 있다
몹시 고생을 하는 삶도 좋은 운수가 터질 날이 있다는 말.

691 지네 발에 신 신긴다
발 많은 지네 발에 신을 신기려면 힘이 드는 것처럼, 자식을 많이 둔 사람이 여러 자식을 돌보려고 애를 쓴다는 말.

692 지성이면 감천이다
정성이 지극하면 하늘도 감동하게 된다는 의미로, 무슨 일에든 정성을 다하면 아주 어려운 일도 순조롭게 풀리어 좋은 결과를 맺는다는 말.

693 지혜는 늙은이에게서 힘은 젊은이에게서 빌려야 한다
나이 든 사람은 살면서 겪은 오랜 경험과 연륜으로 인해 삶의 지혜가 풍부하고 젊은 사람은 혈기가 왕성해서 힘쓰는 일에 도움이 된다는 뜻.

694 집구석이 망하려면 십 년 묵은 장맛이 변한다
가세가 기울려면 사전에 불길한 조짐이 미리부터 나타나게 된다는 뜻.

695 집도 절도 없다
가진 집이나 재산도 없이 여기저기 떠돌아다닌다는 말.

696 집안 귀신이 사람 잡아간다
가까운 사람에게 해를 입었을 경우를 이르는 말.

697 집안 귀염둥이가 밖에 가면 미움둥이가 된다
집안에서 너무 귀엽게만 키운 아이는 버릇이 없어서, 밖에 나가면 남들로부터 미움을 받게 된다는 뜻.

698 집안을 다스리려면 먼저 자신을 가다듬어야 한다
집안의 기강을 바로잡으려면 자신이 먼저 솔선수범을 하여 가족들에게 모범을 보여야 한다는 뜻.

699 집안이 망하면 집터 잡은 사람만 탓한다
일이 제대로 이루어지지 않았을 경우, 남을 원망한다는 말.

700 집안이 화합하려면 베개 밑 송사는 듣지 않아야 한다
집안 어른이 부녀의 잔소리를 듣고 그것을 믿어 그대로 행하면 집안에 불화가 있게 된다는 말.

701 집에는 호랑이가 있어야 잘 산다
집안의 기강을 바로 잡으려면 가장이 엄격해야 할 필요가 있다는 뜻.

702 집에서는 아이들 때문에 웃는다
귀엽게 노는 아이들의 모습이 가정에 웃음과 기쁨을 가져다준다는 말.

703 집이 가난하면 효자가 나고 나라가 어지러우면 충신이 난다
가난한 집에는 부모를 공손하게 잘 대접하는 효자가 나오고, 나라가 어지러워 반역의 무리가 날뛸 때에는 그를 반대하여 싸우는 충신이 나오게 된다는 말.

704 짚신도 짝이 있다
아무리 못난 사람일지라도 하늘이 맺어 준 인연이 어딘가에는 있다는 뜻.

(차)

705 찬물도 위아래가 있다
하잘것없는 찬물이라도 공경하는 마음을 담아 어른부터 대접해야 한다는 뜻.

706 처삼촌 묘에 벌초하듯 한다
어떤 일을 신중하게 정성껏 해야 됨에도 불구하고 되는 대로 아무렇게나 하는 것을 두고 하는 말.

707 천 리 길도 멀다 하지 않는다
반가운 사람을 찾아가게 되면 아무리 먼 거리라도 멀게 느껴지지 않고 가깝게 느껴진다는 뜻.

708 천 리 길도 한 걸음부터
무슨 일을 하든지 시작이 중요하다는 말.

709 첫딸은 세간 밑천이다
첫째 딸은 어머니를 도와 집안일을 잘한다는 뜻.

710 첫 부자 늦가난보다는 첫 가난 늦부자가 낫다
초년에 부자로 살다가 말년에 가서 가난하게 사는 것보다는 초년에 좀 고생을 하더라도 말년에 잘살게 되는 것이 훨씬 낫다는 뜻.

711 첫 사위가 오면 장모가 신을 거꾸로 신고 나간다
처갓집에서 사위가 크게 환영받는 것을 뜻함.

712 청운의 꿈
입신 출세하려는 희망이나 높은 명예나 벼슬을 얻으려는 포부.

713 초사흘 달은 잰 며느리가 본다
초사흘 달은 초저녁에 잠깐 돋았다가 곧 지므로, 행동이 민첩하고 섬세한 사람만이 보고 살필 수 있다는 말.

714 초상난 데 춤추기
인정 없고 심술궂은 짓을 하거나 때와 장소를 분별하지 못하고 행동함을 비웃는 말.

715 초상집 개 같다
의지할 데 없이 초췌한 모습으로 이 집 저 집 돌아다니며 빌어먹는다는 뜻.

716 충신을 구하려면 반드시 효자 문중에서 골라야 한다
자기 부모를 극진히 잘 섬길 줄 아는 효자는 나라에도 충성을 다할 수 있는 인물이므로 충신을 얻으려면 효자 문중에서 골라야 한다는 뜻.

717 충주 결은 고비
충주의 어느 부호가 돌아가신 부모의 제사 때에 쓴 지방(紙榜)을 때마다 불살라 버리기 아깝다 하여 기름으로 결어서 해마다 제사 때면 꺼내 썼다는 이야기에서 나온 말로, 매우 인색하고 이기적인 사람을 비유적으로 이르는 말.

비슷한 속담
충주 자린고비

718 치마 밑에 키운 자식
과부의 자식이라는 말.

719 치마폭이 넓다
자기와는 아무 상관도 없는 남의 일에 지나치게 참견하고 간섭하다는 뜻.

720 칠십에 자식을 낳아서도 효도를 본다
늘그막에 자식을 보고서도 그 덕을 입게 됨을 이르는 말.

(카)

721 칼로 두부모를 자르듯 하다
무슨 일을 하는 데 있어 맺고 끊는 것이 명확한 경우를 비유적으로 이르는 말.

722 칼로 입은 상처는 나아도 입으로 입은 상처는 낫기 어렵다
칼 때문에 몸에 난 상처는 시간이 지나면 아물기 마련이지만 말로 받은 자존심의 상처는 평생 지워지지 않는 것이므로 사람은 언제나 말을 조심해야 한다는 뜻.

723 콩 심은 데 콩 나고 팥 심은 데 팥 난다
모든 일에는 원인에 따라서 거기에 걸맞은 결과가 생긴다는 말.

724 큰 말이 나가면 작은 말이 큰 말 노릇한다
윗사람이 없으면 아랫사람이 윗사람 노릇을 한다는 말.

725 큰어머니 죽으면 풍년(豊年)이 든다
흔히 서출(庶出)인 자식을 박대한다는 뜻.

726 큰 효는 한평생 부모를 사모하는 것이다
이 세상에서 가장 큰 효는 부모에게 물질적으로만 잘해 드리는 것이 아니라 극진히 부모를 사랑하며 공경하는 것이라는 뜻.

727 키운 정이 낳은 정보다 낫다

맡아서 키운 사람에 대한 정이 낳기만 한 어머니에 대한 정보다 두텁고 깊다는 뜻으로, 자식에 대한 사랑은 공들여 키우는 속에 깊어지는 것이며, 사람을 맡아 가르치는 것이 힘이 들기는 하나 보람 있고 중요한 일임을 강조하여 이르는 말.

(타)·(파)

728 티끌 모아 태산
먼지처럼 작은 것이라도 계속해서 모으면 산처럼 커진다는 말.

729 팔불출
여덟 가지의 못난 사람이란 뜻이다. 어리석음과 바보란 뜻도 내포돼 있다. 흔히들 말하는 과거의 팔불출 중 첫 번째는 자기 잘난 체다. 자기가 자기 자랑을 늘어놓으면 팔불출이라 했다. 자기 자신은 낮추고 겸손해야 한다는 유교사상에서 나온 예의의 하나라고 하겠다. 자기를 낮추고 상대를 높임으로써 인간의 대인관계를 원만히 하겠다는 예의범절에 속한다. 두 번째는 자식 자랑이다. 제 자식 안 귀여운 사람 없겠지만 유난히 제 자식을 남에게 자랑하면 그것 또한 팔불출에 해당된다는 것이다. 다음 세 번째는 아내 자랑이고 네 번째는 조상 자랑, 다섯 번째는 처가 자랑, 여섯 번째는 돈 자랑, 일곱 번째는 고향 자랑, 여덟 번째가 학벌 자랑이다.

730 팔십 노인도 세 살 먹은 아이한테 배울 것이 있다
어린아이도 때로는 기발하고 사리에 맞는 말을 하니 덮어놓고 무시하지 말라는 말. 또는 다른 사람의 말을 무시하지 말고 귀담아들어야 한다는 뜻.

731 팔이 안으로 굽지 밖으로 굽나
머나먼 사람보단 혈연관계에 있거나 자신에게 가까운 사람에게 정이 쏠리는 것이 인지상정이란 뜻이다. 여기에서 멀고 가까움은 단순한 물리적 거리를 뜻하지는 않는다.

732 팔준마라도 주인을 못 만나면 삯말로 늙는다
힘이나 재능, 기술 따위가 있을지라도 그것을 발휘할 수 있게 이끌어 주는 사람을 만나지 못하면 아무런 쓸모도 없게 됨을 비유한 말.

733 푸줏간에 든 소
죽을 처지에 놓여 아무리 애를 써도 벗어나지 못하게 된 처지를 이르는 말.

734 품 안에 자식이다
자식이 어렸을 때는 부모의 뜻을 따르지만 자라서는 제 뜻대로 행동하려 함을 비유적으로 이르는 말.

735 피는 물보다 진하다
혈육으로 맺어진 관계는 남들보다 더 끈끈하고 깊다는 말.

736 핏줄은 못 속인다
그 집안이 지녀 온 내력은 아무도 없애지 못한다는 말로, 아버지와 자식은 모습이나 성격이 비슷한 데가 많아서 속일 수가 없다는 뜻.

(하)

737 하나는 열을 꾸려도 열은 하나를 못 꾸린다
자식이 많아도 부모는 잘 거느리고 살아가나 자식들은 그렇지 못하다는 말.

738 하나를 보면 열을 안다
어떤 한 가지 일을 보고 전체를 미루어 안다는 뜻.

739 하나만 알고 둘은 모른다
생각이 밝지 못하여 도무지 융통성이 없고 미련한 사람을 일컫는 말.

740 하늘은 스스로 돕는 자를 돕는다
스스로 선하고 착한 일을 하는 자에게는 하늘도 돕는다는 말.

741 하늘이 무너져도 솟아날 구멍이 있다
아무리 어려운 일이라도 해결할 방법이 있다는 말.

742 하룻강아지 범 무서운 줄 모른다
세상에 대해서 잘 모르는 사람이 겁 없이 행동한다는 말.

743 한 다리가 천 리(千里)
촌수가 가까울수록 정에 더 이끌린다는 말.

744 한번 엎지른 물은 다시 주워 담지 못한다
일단 저지른 일은 다시 고쳐 회복할 수 없다는 말.

745 한 부모는 열 자식 거느려도 열 자식은 한 부모 못 거느린다
부모는 자식이 많아도 거두어 키우지만 자식들은 한 부모도 잘 모시지 못한다는 말로, 한 사람이 잘되면 여러 사람을 도와 살릴 수 있지만 여러 사람이 힘을 합해서 한 사람을 잘 살게 하기는 어렵다는 뜻으로도 사용된다.

746 한 불당에서 내 사당 네 사당 하느냐
한집안에서 네 것 내 것을 가려서 시비하지 말라는 말.

747 한 사람 가는 길로 가지 말고 열 사람 가는 길로 가라
한두 사람의 의견보다는 대중의 의견을 따라야 어떤 일을 처리함에 실패와 위험 부담이 적다는 뜻.

748 한솥밥 먹고 송사한다
한집안 또는 아주 가까운 사람끼리 다투는 것을 비유하여 이르는 말

749 한 어미의 자식도 아롱이다롱이
한 어미에게서 난 자식도 모양과 성격이 각각 다르다는 뜻으로, 세상일은 무엇이나 똑같은 것이 없다는 말.

750 한 자식은 미워도 열 시앗은 밉지 않다
흔히 여자는 자기의 첩살이는 미워하지만 자식의 첩은 미워하지 않는다는 말.
(* 시앗: 자식의 첩)

비슷한 속담
한 아들에 열 며느리

751 할머니 손은 약손이다
옛날부터 민간에서 전해 오는 이야기로 배가 아프다가도 할머니가 따뜻한 손으로 배를 만져 주면 금방 낫는다는 뜻.

752 할아비 감투를 손자가 쓴 것 같다
보기에 어울리지 않는다는 말.

753 해산어미 같다
몸이 부석부석 부은 사람을 이르는 말.

754 행랑이 몸채 노릇 한다
신분이 낮은 밑에 딸린 사람이 일에 간섭하고 주인 노릇을 한다는 말.

755 형만 한 아우 없다
어떤 일에 있든 아우가 형보다 못하다는 뜻.

756 형 미칠 아우 없고 아비 미칠 아들 없다
아우가 아무리 잘났어도 형만 못하고, 아들이 아무리 잘났어도 아비만은 못하다는 말.

757 형 보니 아우
형의 됨됨이를 보면 그 아우의 사람됨도 짐작할 수 있다는 말.

758 형제간에는 콩도 반쪽씩 나눠 먹는다
형제간에는 우애가 좋아야 한다는 말.

759 형제는 손발과 같다
한 부모에게서 나온 형제는 마치 손과 발같이 따로 떨어질 수 없는 존재이므로 서로가 의지하고 도우며 살아야 한다는 뜻.

760 형제는 잘 두면 보배, 못 두면 원수
훌륭한 형제끼리는 서로를 도와주는 보배가 되나, 못난 형제는 서로에게 해를 끼치는 원수 사이가 된다는 말.

761 호랑이는 제 새끼를 벼랑에서 떨어뜨려 본다
자식을 훌륭하게 기르려면 어려서부터 엄하게 하여야 한다는 말.

762 호랑이는 죽어서 가죽을 남기고, 사람은 죽어서 이름을 남긴다
호랑이가 죽은 다음에 귀한 가죽을 남기듯이 사람은 죽은 다음에 생전에 쌓은 공적으로 명예를 남기게 된다는 뜻으로, 인생에서 가장 중요한 일은 생전에 보람 있는 일을 해서 후세에까지 이름을 남기는 일이라는 뜻.

763 호랑이 담배 피울 적
지금 형편과 아주 다른 아득한 옛날이라는 뜻.

764 호랑이도 새끼가 열이면 스라소니를 낳는다
자식이 많으면 그중에는 사람 구실을 못 하는 못난 자식도 있게 마련이라는 말.

765 호랑이도 제 새끼 귀여워할 줄 안다
아무리 사나운 사람도 자기 자식은 아낀다는 말로, 다른 사람에게는 사납게 보이는 사람도 자기 자식은 잘 챙긴다는 뜻.

766 호랑이도 제 새끼 안 잡아먹는다
사람이 제 자식을 사랑하는 것은 당연하다는 말.

767 호랑이도 죽을 때는 제집을 찾는다
자기가 살던 고향집에 대해서는 누구나 다 애향심과 향수를 갖고 있다는 뜻.

768 홀아비는 이가 서 말, 과부는 은이 서 말
과부는 알뜰하여 자기 손으로 벌어서도 살아갈 수 있으나, 홀아비는 헤퍼서 혼자 생활할 수 없다는 말.

769 화촉을 밝히다
혼례식을 올린다는 말.

770 환갑 진갑 다 지내다
어지간히 오래 살고 장수한다는 말.

771 황금 천 냥이 자식을 가르치는 것만 못하다
많은 재산을 남겨 주는 것보다 자녀 교육이 더 중요하다는 말.

772 횃대 밑에 더벅머리 셋이면 날고뛰는 놈도 별수가 없다
어린 자식이 많이 딸리면 그 치다꺼리에만 얽매여 꼼짝도 할 수 없음을 이르는 말.

773 효도로 효도를 해친다
효성이 지극한 나머지 부모의 죽음을 너무 슬퍼하여 병이 나거나 죽음에 이른다는 뜻.

774 효부(孝婦) 없는 효자(孝子) 없다
며느리가 착하고 시부모께 효성스러워야 아들도 효도하게 된다는 말.

> **비슷한 속담**
> 효자가 있어야 효부도 있다

775 효성(孝誠)이 지극하면 돌 위에 꽃이 핀다
효성이 극진하면 어떤 조건에서도 자식 된 도리를 다할 수 있다는 말로 어버이를 향한 효심을 강조하는 뜻이다. 효성이 지극하면 하늘도 감동해 기적이 일어난다는 의미이기도 하다.

비슷한 속담

효성이 지극하면 돌 위에 풀이 난다

776 효자 가문에 충신 난다
① 본보기가 되는 집안에 훌륭한 사람이 있다는 뜻.
② 충과 효는 하나이다.

777 효자가 악처만 못하다(孝子不如惡妻)
아무리 못된 아내라도 효자보다 낫다는 뜻으로, 세상을 살아감에 있어 남자에게는 자식보다 아내가 더 중요하다는 말.

778 효자 끝에 불효(不孝) 나고 불효 끝에 효자 난다
모든 집안에서 항상 효자나 불효자가 나는 것이 아니라 효자가 나면 불효자도 나고, 불효자가 나면 또 나중에는 효자가 나게 된다는 말이니 세상의 모든 일에는 흥망성쇠가 있다는 말.

779 효자 노릇을 하려고 해도 부모가 받아 줘야 한다
아무리 정성과 성의를 다하더라도 그것을 받아 주지 않으면 그 행동이 빛날 수 없다는 말.

780 효자는 앓지도 않는다
효성이 지극한 사람에게는 부모에게 걱정을 끼칠 일이 생기지 아니한다는 말.

781 효자의 집엔 방바닥에 대가 나온다
효성이 지극하면 하늘도 돕는다는 말.

782 효자의 집 우물에서 잉어 자란다
효자의 덕행을 비유적으로 강조한 속담이다. 즉 효자의 집안은 복을 받아 특별하고 기이한 일이 일어난다는 뜻으로, 효도를 하면 복이 따른다는 교훈을 담고 있다.

783 효자 집에 효자 난다
부모가 효자면 자녀들도 효자가 된다는 말.

784 효자 효녀가 나면 집안이 망한다
옛날에 친상를 당하면 오랫동안 거상을 했는데 효자 효녀가 이것을 꼬박 지키느라고 일을 못 하였으므로 생긴 말.

785 흉년에 어미는 굶어 죽고 아이는 배 터져 죽는다
① 흉년에 보채는 아이들은 지나치게 많이 먹고 어른들은 굶게 되는 데서 이르는 말.
② 가난한 살림에서는, 아이들은 많이 먹고 어른들은 못 먹는 것이 보통이라는 말.

786 흘러가는 물도 떠 주면 공덕이라
쉬운 일이라도 도와주면 은혜가 된다는 뜻.

787 흠이 없으면 며느리 다리가 희단다
시어머니는 생트집을 잡아서 며느리를 미워한다는 뜻.

Ⅱ. 외국

(1) 그리스

001 가난할 때 좋은 시간을 갖는 것이 중요하다.

002 그리스도도 돈 때문에 배반당했다.

003 백발은 늙었다는 증거일 뿐 지혜를 상징하는 것은 아니다.

004 세 번이나 같은 돌에 걸려 넘어지는 것은 치욕이다.

005 시기(猜忌)는 자신의 화살로 자신을 죽인다.

006 여자와 수박은 우연히 선택된다.

007 집안에 노인이 한 사람도 없거든, 한 사람 빌려 와라.

008 참으로 행복해지고 싶으면 집 안에 머물러라.

009 한 잔째는 건강을 위해, 두 잔째는 기쁨을 위해, 세 잔째는 광희(狂喜)를 위해.

010 한꺼번에 많은 토끼를 쫓는 자는 한 마리도 잡지 못한다.

011 행동은 재빠르게, 생각은 천천히.

012 형무소에서 태어난 자는 형무소를 사랑한다.

(2) 네덜란드

001 가난할 때 좋은 시간을 갖는 것이 중요하다.

002 남의 돈주머니를 베푸는 일은 쉽다.

003 병은 말을 타고 들어와서 거북이를 타고 나간다.

004 빨리 자란 것은 금방 시들고 조금씩 성장한 것은 오래간다.

005 아내는 세 가지 종류의 눈물을 지니고 있다. 괴로움의 눈물, 초조의 눈물, 그리고 체념의 눈물이다.

006 아내의 눈은 방 안을 청결하게 한다.

007 초혼은 의무, 재혼은 바보, 세 번째 결혼하는 자는 미치광이다.

(3) 덴마크

001 귀머거리 남편과 장님 아내는 행복한 부부라 할 것이다.

002 달걀을 갖고 싶으면 암탉이 시끄럽게 우는 소리를 참아야 한다.

003 만족은 여성의 얼굴에 최고의 화장이다.

004 모자는 재빨리 벗되 지갑은 천천히 열라.

005 사랑에 미치면 누구나 장님이 된다.

006 선한 벗의 노한 얼굴은 악한 벗의 웃는 얼굴보다 낫다.

007 어린이는 가난한 사람의 보화다.

008 적이 개미 크기밖에 안 되어도 코끼리라고 여겨라.

009 지킬 수 없는 약속보다는 당장의 거절이 낫다.

010 행운은 자주 문을 두드리나 미련한 자는 그것을 받아들이지 않는다.

(4) 독일

001 거짓말에는 세금이 붙지 않는다. 그러므로 온 나라에 거짓말이 넘쳐 나고 있다.

002 계모가 좋다는 것은 까마귀가 희다는 것과 같다.

003 고귀하게 해 주는 것은 정신이지 가문이 아니다.

004 고난은 기도를 가르쳐 준다.

005 구두 장수가 제일 나쁜 구두를 신는다.

006 귀여운 자식에게 여행을 시켜라.

007 근면은 돌에서 불을 얻게 한다.

008 나이 들어 따뜻하게 지내고 싶으면 젊은 시절에 난로를 만들어 놓아야 한다.

009 나쁜 아내를 가진 자는 재물 속에서도 가난하다.

010 눈은 자기를 믿고 귀는 남을 믿는다.

011 늙은 개가 짖을 때는 밖을 살펴라.
　　(* 노인이 하는 말에 귀를 기울이라는 뜻)

012 다른 사람의 물고기보다는 자기의 빵이 더 좋다.

013 도박은 악마의 일과다.

014 독수리는 결단코 비둘기 알을 품지 않는다.

015 돈이 있으면 재앙이 있다. 그러나 돈이 아주 없어지면 최대의 재앙이 온다.

016 명예욕과 재물욕은 모든 악의 원천이다.

017 모든 여성은 착하기보다 아름다움을 원한다.

018 무슨 일이 가장 신이 났을 때 그만두어라.

019 백발은 묘지의 꽃.

020 비둘기가 까마귀와 놀게 되면 그 날개는 여전히 희지만 그 마음은 검어진다.

021 사자라 할지라도 파리들로부터 자기 몸을 방어해야 한다.

022 세 사람의 적을 가진 사람은 두 사람의 적과는 화해해야 한다.

023 술이 만든 친구는 그 술처럼 하룻밤뿐이다.

024 스스로 행복하다고 생각하는 사람만큼 행복한 사람은 없다.

025 쓰는 호미는 빛이 나고 고여 있는 물은 썩는다.

026 알고 있는 모두를 말하지 말라. 들은 것 모두를 믿지 말라. 할 수 있는 모두를 하지 말라.

027 애가 없는 자는 살아갈 이유를 알지 못한다.

028 어떤 여자는 제 자식을 공작이라고 생각한다.

029 어린이는 가난한 사람의 보화다.

030 어머니의 사랑이 너무 지나치면 오히려 아이를 해친다.

031 여자는 구두이다. 오랫동안 신고 있으면 슬리퍼가 된다.

032 왕이든 농부이든 자기 집에서 평화를 찾는 자가 행복하다.

033 이 세상 도처에서 쉴 곳을 찾아보았으나, 책이 있는 구석방보다 더 나은 곳은 없다.

034 자식을 고귀하게 하는 것은 혈통이 아니라 정신이다.

035 조용한 개가 무는 데 으뜸이다.

036 죽음은 모든 부채를 갚는다.

037 죽음을 바라는 자는 가련하다. 그러나 죽음을 두려워하는 자는 더욱 가련하다.

038 청춘과 잃은 시간은, 영원히 되돌아오지 않는다.

039 한 번 실수하는 것보다 두 번 묻는 것이 더 낫다.

040 한 아버지는 열 아들을 기를 수 있으나, 열 아들은 한 아버지를 봉양키 어렵다.

(5) 라틴어

001 가난 앞에선 자식에 대한 부모의 애정도 힘을 잃는다.

002 갖고 있다고 믿어라, 그러면 갖게 될 것이다.

003 건전한 육체에 건전한 정신이 깃든다.

004 겁 많은 개들은 물기보다는 맹렬히 짖는다.

005 겁쟁이의 어머니는 울지 않는다.

006 고마움은 고마움을 낳는다.

007 고운 말은 선물을 대신한다.

008 급할수록 돌아가라.

009 눈에서 멀어지면, 마음에서도 멀어진다.

010 말은 날아가지만 글은 남는다.

011 말이 아니라 행동으로.

012 모든 사람은 자신의 운명을 만드는 장인이다.

013 무에서는 아무것도 생겨나지 않는다.

014 부자는 악한 자이거나, 악한 자의 노예다.

015 불명예보다는 차라리 죽는 게 낫다.

016 사람으로 한 번, 어린아이로 두 번 산다.

017 사랑하는 사람들은 미치광이들이다.

018 삶은 투쟁이다.

019 삶을 원하거든 죽음을 준비하라.

020 생명이 있는 한 희망이 있다.

021 선으로 악을 이겨라.

022 술 속에 진리가 있다.

023 습관의 위력은 대단하다.

024 시간은 흘러도 사랑은 남는다.

025 시작이 반이다.

026 안 하는 것보다는 늦게라도 하는 것이 낫다.

027 여기 지금.

028 예술은 길고 인생은 짧다.

029 올바로 판단하는 능력.

030 용감하다면 행동으로 증명하라. 실천이 곧 도전이다. 하면 된다.

031 의사는 치료하고, 자연은 치유한다.

032 이성은 힘보다 강하다.

033 인간이라면 실수도 할 수 있는 법이다.

034 자기 자신도 다스릴 줄 모르면서 다른 이를 다스린다는 것은 모순이다.

035 죽음이 삶을 가르친다.

036 즐거움은 일하는 것 자체에 있다.

037 지식은 그 자체가 힘이다.

038 진리는 모든 것을 정복한다.

039 최고의 스승은 책이다.

040 칼보다 펜이 더 강하다.

041 행운은 용감한 자에게 미소 짓는다.

042 행운은 유리와 같다. 밝게 반짝일수록 더 쉽게 깨진다.

043 행운이 한 사람에게 어머니라면, 다른 사람에게는 계모다.

044 홀로 태어나는 사람은 없다.

(6) 러시아

001 곰과 우정을 나누어라. 그러나 언제든지 곁에 손도끼를 준비해 두어라.

002 귀여움을 많이 받는 아이일수록 많은 이름을 가지고 있다.

003 남을 위해 구덩이를 파는 자는 자기 자신이 그 구덩이에 빠진다.

004 남자가 술을 마시면 집이 절반 불탄다. 여자가 술을 마시면 온 집이 불타 버린다.

005 남자는 누구나 여인의 아들이다.

006 너무 긁으면 피부가 상하는 것과 같이, 말이 너무 많으면 마음을 상하게 한다.

007 불행이 돕지 않는다면 행복은 없을 것이다.

008 아무것도 빌릴 수 없는 친구는 잘 들지 않는 장도칼과 같다.

009 아버지의 사랑은 무덤까지 이어지고, 어머니의 사랑은 영원까지 이어진다.

010 아침은 그 전날 밤보다 현명하다.

011 어제의 일로써 현명해지는 것은 쉽다.

012 자유롭게 놔두면, 좋은 아내도 못쓰게 되어 버린다.

013 창문이 많은 집에는 이웃이 많다.

014 친절한 말은 봄볕과 같이 따사롭다.

015 태양이 있는 곳은 언제나 따뜻하고 어머니가 있는 곳에서 자식은 행복하다.

(7) 모로코

001 말이 만든 상처는 칼로 입은 상처보다 깊고 심하다.

002 어미의 눈에는 모든 딱정벌레가 가재다.

003 학교 교육을 못 받은 자는 훈련을 받지 못한 사냥개와 같다.

(8) 몽골

001 나를 태워 주는 당나귀는 나를 뒷발로 차는 다른 말보다 더 가치가 있다.

002 나쁜 아들놈은 말라 버린 높은 나무와 같다. 좋은 며느리는 출입문에서 웃음 짓는 태양을 닮았다.

003 남에게 줘 버린 딸은 산을 향해 쏴 버린 화살 같은 것.

004 늙은 말은 길을 잃지 않는다.
   (* 길을 잃었을 때 늙은 말을 풀어 주어 그 뒤를 따라가면 길을 찾을 수 있다는 말로, 경험이 많은 사람은 나아갈 길을 다 알고 있다는 말)

005 여자의 입은 악담의 소굴이다.

006 은혜를 모르는 아들자식을 키우느니보다는 가축 떼를 모아 주는 수말을 키우는 편이 훨씬 낫다.

007 자비로운 사람은 부자가 될 수 없고, 부자는 자비로울 수 없다.

(9) 미국

001 가정을 평화롭게 하려면 아내의 말대로 하라.

002 돈은 영리하다.

003 믿음과 의지만 있다면 모든 것이 가능하다.

004 시간의 절약은 생명의 연장이다.

005 충실한 벗은 셋 — 노파, 늙은 개, 그리고 현금.

006 함께 기도하는 가족은 함께 머물러 있다.

(10) 서양

001 가족은 자연의 걸작 중의 하나다.

002 결혼은 지혜로운 사람이나 어리석은 사람이나 모두 한 번씩 동경과 후회를 경험하는 기본 코스다.

003 결혼하기는 쉬워도 살림하기는 어렵다.

004 그 아버지에 그 아들.

005 다이아몬드 딸이 아내로서는 유리가 되더라.

006 독수리는 파리를 잡지 않는다.

007 동쪽, 서쪽에 가 봐도 내 집이 최고다.

008 백 명의 스승보다 한 명의 아버지가 낫다.

009 버릇없는 아이가 훌륭한 어른이 될 수도 있다.

010 부모는 자식을 가장 잘 파악하고 있는 사람이다.

011 부모의 의심이 자녀를 교활하게 만든다.

012 부엉이도 제 새끼가 가장 예쁘다고 생각한다.

013 아무리 보잘것없다 할지라도 집과 같은 곳은 없다.

014 아버지는 죽어서도 그 아들 속에 살아 있다.

015 아버지의 충고만 한 것이 없다.

016 아이 많은 집안(어머니)에 휴식이란 없다.
    (* 가지 많은 나무 바람 잘 날 없다)

017 어머니의 마음은 항상 아이들과 함께 있다.

018 자선은 가정에서 시작된다.

019 작은 도토리가 큰 참나무로 자란다.

020 젊어서 장미꽃밭에 누우면 늙어서 가시밭에 눕느니라.

021 좋은 충고를 얻고 싶으면 노인부터 찾아가라.

022 집만 한 곳이 없다.

023 집은 왕도 들어갈 수 없는 성이다.

024 피는 물보다 진하다.

025 하나님 앞에서 울어라. 그러나 사람 앞에서 웃어라.

026 한 명의 좋은 어머니는 백 명의 학교 선생님만큼 가치 있다.

027 한 알의 능금이 썩으면 같이 있는 다른 능금도 함께 썩어 버린다.

(11) 수단

001 부모 말 잘 안 듣는 자식은 처부모의 말은 잘 듣는 법이다.

002 썩지 않은 나무에는 버섯이 자라지 못한다.

003 한 눈이 아무리 크더라도 두 개인 편이 낫다.

004 홀아비로 있기보다는 단정치 못한 여자하고라도 결혼하는 편이 낫다.

(12) 스웨덴

001 가난과 사랑은 감추기가 어렵다.

002 거짓말을 할 때마다 이가 하나씩 빠진다면 이가 성한 사람은 없을 것이다.

003 나이 먹은 물고기는 낚싯바늘을 삼키기 전에 몇 번이고 냄새를 맡는다.

004 불행한 결혼을 한 사람은 이미 지옥에 갈 전도금(前渡金)을 받아 쥔 것이다.

005 사랑이 없는 인생은 여름이 없는 일 년이다.

006 사랑이 없는 청년, 지혜가 없는 노년은 이미 실패한 일생이다.

007 새 노랫소리보다는 빵.

008 악마는 부자가 사는 집에도 찾아가지만, 가난한 사람의 집에는 두 번 찾아간다.

009 어리석은 자가 많은 것을 찾고만 있는 동안, 당신은 당신이 소유하고 있는 것을 잘 활용하라.

010 어리석은 자는 자기 비용으로 배우지만, 어진 자는 어리석은 자의 비용으로 배운다.

011 젊은 여자의 입속에서 싫다고 하는 것은 반드시 싫은 것은 아니다.

012 좋은 충고는 언제나 뒤에서 다가온다.

013 청년은 희망에 살고 노인은 기억에 산다.

(13) 스코틀랜드

001 그 사람 집의 지붕과 우리 집의 지붕이 포개어 있지 않더라도 그 집을 좋아할 수 있다.

002 부는 노고로 얻어지며 근심으로 보존된다. 그리고 부를 잃으면 슬픔이 많아진다.

003 싸우기를 좋아하는 개는 절룩거리며 돌아온다.

004 아내의 충고는 쓸데없는 것이지만 그것을 받아들이지 않는 남편에게는 재앙이 된다.

005 친구 없이는 살 수 있어도 이웃 없이는 살 수 없다.

(14) 스페인

001 가난에서 부자까지는 두 뼘, 부자에서 가난까지는 손가락 한 치다.

002 그대와 함께 험담을 듣는 자는 그대의 험담도 들을 것이다.

003 "나중에"라는 길을 통해서는 이르고자 하는 곳에 결코 이를 수 없다.

004 누구나 제 방귀 냄새는 구리지 않다. 누구나 제 새끼는 올바르다고 여긴다.

005 누구에겐가 너의 비밀을 말해 주는 것은 그에게 너의 자유를 맡기는 것이다.

006 늙은 새는 올무에 안 들어간다. 젊은 사람은 속아 넘어가기 쉬우나 경험이 쌓이면 위험을 예측할 수 있는 능력이 생긴다.

007 다른 나라에 머무는 것은 지혜를 늘리고 지혜의 힘을 빌리는 것이다.

008 사랑이 있는 곳에는 고통도 있다.

009 산은 산을 필요로 하지 않는다. 그러나 인간은 인간을 필요로 한다.

010 세상은 바다와 닮았다. 헤엄치지 못하는 자는 물에 빠진다.

011 술친구를 이웃으로 삼아서는 안 된다.

012 아내를 존중하지 않는 이는 자신을 모욕하는 것이다.

013 애꾸눈 남편이 아들보다 낫다.

014 어머니의 한 마디는 목사의 열 마디보다 더 가치 있는 것이다.

015 좋은 집을 사기보다 좋은 이웃을 얻어라.

016 한 온스의 어머니의 사랑은 한 톤의 성직자의 사랑에 비교할 수 있다.

017 한 온스의 피는 한 파운드의 우정보다 더 가치가 있다.

(15) 아라비아

001 무언가를 하고자 하는 사람은 방법을 발견한다. 아무것도 하려고 하지 않는 사람은 핑계를 찾아낸다.

002 부모를 공경하는 자는 천국에 들어갈 것이다.

003 부모의 기쁨은 자녀의 기쁨이다.

004 부모의 만족은 하늘의 만족이다.

005 사막에서의 대상들의 길 안내는 노인이 담당한다.

006 아무리 인생이 짧다고 해도 미소 짓는 데는 일 초밖에 걸리지 않는다.

007 운 좋은 사람은 강물에 빠뜨려도 입에 물고기를 물고 나온다.

008 인간은 지혜를 추구하는 동안은 현명할 수 있다. 그러나 그것을 발견했다고 믿는 순간 분별력을 잃는다.

009 자식의 행복은 동시에 어버이에게도 관계가 있다. 자식에게 불행이 오면, 어버이도 괴로워한다.

010 절대 바로잡을 수 없는 세 가지가 있다. 날아간 화살, 놓쳐 버린 기회, 그리고 한번 내뱉은 말이다.

011 화가 났을 때는 절대 아무것도 하지 마라. 폭풍우 속에서 어떻게 돛을 올릴 수 있겠는가?

(16) 아일랜드

001 남자는 그의 자녀를 사랑하고 그의 부인을 더 사랑한다. 그러나 어머니의 사랑은 영원하다.
   (* 남자를 가장 오랫동안 사랑해 주는 사람은 그의 어머니라는 뜻)

002 병을 앓는 사람은 모두 다 의사이다.

003 서로의 쉼터에서 사람들은 산다.

004 세상에 대해 너무 좋은 사람은 아내에게는 좋지 않다.

005 언제나 사냥개는 산토끼를 쫓듯, 유전(遺傳)은 발톱까지 이어진다.

006 지혜는 나이에 붙어 가는 것.
   (* 나이가 들면 자연히 분별하는 능력이 생긴다는 말로서, 아직 어린 젊은이들을 너무 심하게 나무라지 말라는 뜻)

(17) 아프리카

001 '걸을 수 없는 사람'이 걷는 사람을 낳았다. 〈르완다〉

002 경험자가 너를 도와주면, 네 일을 끝까지 해낼 수 있을 것이다. 〈잠비아〉

003 고기를 굽는 데 불을 사용하지 못하게 하면, 여러분은 어떻게 그것을 익힐 수 있을까요? 〈우간다〉

004 나이 든 사람이 모든 것을 보다 잘 알고 있을 땐, 나이 든 사람이 보다 잘 해야 할 것이다. 〈가나〉

005 남자의 혓바닥은 가뭄 끝에 단비 같고, 여자의 혓바닥은 장마 끝에 내리는 비 같다. 〈가봉〉

006 너는 노인을 위해 지팡이를 깎고 네 것도 추가해서 깎는다. 〈부룬디〉

007 네가 교육할 수 없는 아이를
언제나 아이라고 생각하지 마라. 〈코트디부아르〉

008 네가 누군가에게 말하는 것은
그 사람의 자식들도 듣게 된다. 〈마다가스카르〉

009 네가 연장자들을 앞서면 문제가 생긴다. 〈카메룬〉

010 네가 형제에게 베푼 선행은 쌓인다. 그는 네가 어려운 시기에 되돌려줄
  것이다. 〈나이지리아〉

011 네 어머니가 아닌 어머니는 너의 배고픔을 모른다. 〈부르키나파소〉

012 노인에게 그가 요구하기 전에 주어라. 〈콩고〉

013 노인은 보지 못했던 것을 요리하지 않는다. 〈기니〉

014 노인의 말은 들판을 헤매는 듯 보여도
  그곳에서 밤을 지내는 일은 없다. 〈세네갈〉
  (* 노인이 말하는 것은 지루하게 들릴지 모르나 그 지혜는 확실하다는 뜻)

015 노인의 입에서는 나쁜 냄새가 날 수 있지만,
  그의 말은 그렇지 않다. 〈나미비아〉

016 노인이 앉아서 보는 것을 서 있는 젊은이는 보지 못한다. 〈세네갈〉

017 노파는 이유 없이 밭을 뛰어다니지 않는다. 〈코트디부아르〉
  (* 노인은 항상 침착하게 행동한다는 뜻)

018 노화는 치료법이 없다. 〈콩고〉

019 늙은 석공은 야간 경비원이 된다. 〈르완다〉

020 달이 지면 별들이 창공에서 반짝인다. 〈카메룬〉

021 당신이 한 노인의 뒤를 잇게 되면 그의 기침도 물려받는다. 〈콩고〉

022 마른나무는 휘지 않으나 생나무는 휜다. 〈카메룬〉

023 마른 풀은 젖은 풀을 불타게 한다. 〈세네갈〉

024 많은 자식을 갖는 일은 여러 눈을 갖는 것이다. 〈콩고〉

025 많은 지참금을 요구하는 아버지는
    딸들이 결혼하지 못한 채 늙게 한다. 〈카메룬〉

026 몽둥이는 뼈는 부수나, 잘못을 없애지는 못한다. 〈르완다〉

027 미친 사람은 다른 미친 사람을 남긴다. 〈르완다〉

028 밭에 가까이 오자 배고픔을 느끼듯
    노인 앞에서는 이야기하고 싶어진다. 〈콩고〉

029 북에 가까이 있는 아이는 결국 북을 두드린다. 〈카메룬〉

030 북을 만든 사람은 그 안이 어떤지 더 잘 안다. 〈부룬디〉

031 비에 젖었던 자는 안개에 젖지 않는 법을 안다. 〈앙골라〉

032 사람은 이웃 아이의 잘못을 부풀리고, 자기 자식에 관해서는 아무런 말을 하지 않는다. 〈콩고〉

033 사람은 자식 앞에서 하이에나의 배를 가르지 않는다. 〈토고〉

034 산토끼는 짧은 귀를 가진 새끼를 낳지 않는다. 〈세네갈〉

035 살쾡이가 일어날 때 담비는 잠자리에 든다. 〈코트디부아르〉

036 성장한 아이는 아버지 암소의 젖을 짠다. 〈부룬디〉

037 소리 지르는 엄마는 소리 지르는 아이를 낳는다. 〈부룬디〉

038 손가락에서 손톱을 분리할 수 없다. 〈카메룬〉

039 손에 막대기를 쥐고 개를 오게 할 수 없다. 〈콩고〉

040 손은 입을 모를 수 없다. 〈콩고〉

041 숫양은 그의 수컷 조상처럼 뿔이 있다. 〈부르키나파소〉

042 썩은 암탉은 달걀도 썩게 한다. 〈르완다〉

043 아기를 위한 음식은 엄마의 배를 작게 만든다. 〈기니〉

044 아버지가 개간하지 않았으면 아들은 밭을 물려받지 못할 것이다. 〈콩고〉

045 아버지나 어머니가 자식과 함께 사는 시간은
　　불행을 받아들이는 기간이다.　　　　　　　　　　〈세네갈〉

046 아이가 길을 떠날 때 비축한 식량이 엄마를 먹여 살린다.　〈앙골라〉

047 아이가 먹을 한 그릇의 우유는 어머니에게서 나온다.　〈르완다〉

048 아이가 없이는 아름다움은 피어나지 못한다.　　　　〈콩고〉

049 아이에 대한 무시는 엄마의 젖에서부터 나온다.　　　〈콩고〉

050 아이에 대한 자비는 어머니에게서 나온다.　　　　〈앙골라〉

051 암송아지는 어미 암소가 먹었던 것을 빨아먹는다.　　〈말리〉

052 어른이 직접 염소를 잡는다면 젊은이들이 없기 때문이다.　〈말라위〉

053 어머니의 자궁은 뒤틀려 있지 않다.　　　　　　　　〈토고〉

054 어머니의 화는 하룻밤 이상 가지 않는다.　　　　　〈부룬디〉

055 엄마가 있는 아이는 침을 흘리지 않는다.　　　　　〈부룬디〉

056 여러분이 여러분의 개를 너무 좋아하면, 그 개는 여러분의 달걀을 먹을
　　것이다.　　　　　　　　　　　　　　　　　　〈카메룬〉

057 오래 사는 사람은 배설물로 더러워진다. 〈르완다〉

058 오른손으로 아이를 질책할 땐
왼손으로 아이를 가슴으로 끌어당겨라. 〈나이지리아〉

059 완고한 사람은 반항아를 낳는다. 〈부룬디〉

060 우는 수탉도 처음에는 알이었다. 〈부룬디〉

061 우리 아이들에게 줄 수 있는 가장 큰 선물은 우리가 가진 귀중한 것을 아이들과 함께 나누는 것만이 아니라, 자기들이 얼마나 값진 것을 가지고 있는지 스스로 알게 해 주는 것이다. 〈스와힐리〉

062 잉어는 알이 있는 곳에서 죽는다. 〈콩고〉

063 절구에서 절굿공이를 분리할 수 없다. 〈콩고〉

064 조상들이 지나간 곳마다, 후손들도 뒤따른다. 〈말라위〉

065 좋은 날임을 아는 때는 여명부터이다. 〈세네갈〉

066 지나치게 애지중지한 개는 사냥하려 하지 않는다. 〈니제르〉

067 쫓겨난 아이는 어머니와 아버지를 더럽힌다. 〈콩고〉

068 태아는 한 달을 모른다. 〈코트디부아르〉

069 평범한 출산 통증이란 없다.　　　　　　　　　　　　　　〈차드〉

070 표범은 염소를 낳지 않는다.　　　　　　　　　　　　　　〈콩고〉

071 홀어머니의 자식은 풍채가 당당해도 쓸모가 없다.　　〈나이지리아〉

072 흠잡을 곳이 없는 사람은 결백한 아이를 낳는다.　　　　〈기니〉

(18) 에티오피아

001 거미줄도 뭉쳐서 묶으면 사자도 묶는다.

002 노인 한 사람이 죽으면 도서관 하나 없어지는 것과 같다.

003 병을 숨기는 자에게는 약이 없다.

004 송아지는 황소와 색깔이 같다.

005 악은 바늘처럼 들어와 참나무처럼 퍼진다.

006 제 눈보다 나은 목격자는 없다.

007 표범 꼬리는 잡지 마라. 만약 잡았다면 놓지 마라.

(19) 영국

001 가난이 문 앞에 당도하면 사랑은 창문 너머로 달아난다.

002 가장 좋은 술은 오래된 통에서 나온다. 오래된 술이 맛이 있듯이 나이가 많아 인생 경험이 많은 사람이 경륜이 뛰어나다.

003 개울의 바닥이 보이지 않는다면 그 개울을 걸어서 건너지 말아야 한다.

004 건강할 때는 병들었을 때를, 조용한 날에는 폭풍의 날을 잊어서는 안 된다.

005 걷기 전에 기는 법을 배워야 한다.

006 겁쟁이는 죽기 전에 여러 번 죽는다.

007 결혼 생활이란 쓸쓸한 뒤뜰과 같다. 그곳에서는 암탉이 수탉보다 더 소리 높여 운다.

008 고난과 손실을 겪고 나야 사람은 더욱 겸손하고 현명해진다.

009 고난보다 우수한 교육은 없다.

010 고생은 출세의 사다리.

011 공짜 점심은 절대 먹지 마라. 가장 비싼 점심이 될 것이다.

012 과거가 있는 여자에게는 미래가 없다.

013 구부러지는 것이 부러지는 것보다 낫다.

014 궁지에 몰린 사슴은 위험한 적이다.

015 궁핍은 매섭지만 훌륭한 교사이다.

016 그 사람과 함께 생활해 보지 않고는 그를 신용하지 말라.

017 그 집안의 부는 그 집안의 덕으로 이루어진다.

018 근면은 부의 오른손이요, 절약은 그의 왼손이다.

019 근심은 세월을 거치지 않고 백발과 노령을 가져온다.

020 깊은 내(川)는 소리 없이 흐른다.

021 꾸어 주고 잃어버리는 바보가 있다.

022 나무는 어릴 때 구부리지 않으면 안 된다.

023 나무는 열매로 알 수 있다.

024 나쁜 생활은 일종의 죽음이다.

025 나쁜 소일지라도 좋은 새끼를 낳는 수가 있다.

026 나이 든 벌은 이젠 꿀을 주지 않는다.

027 남에게 대접을 받으려면 내가 먼저 대접하라.

028 남자는 천하를 움직이며, 여자는 그 남자를 움직인다.

029 노인에게는 그가 바라기 전에 먼저 드려라.

030 노인의 말은 맞지 않는 것이 별로 없다.

031 누구나 가난하면 거지 근성이 나타난다.

032 늑대 새끼는 늑대가 된다.

033 늙은 수탉이 우는 것을 어린 수탉이 배운다.

034 단지 자신만을 위해서 생활하는 이는 생활할 가치가 없다.

035 덕(德)은 힘을 정복한다.

036 도둑놈이 도둑질로 부자가 되는 일은 거의 없다.

037 돈은 가지고 노크하면 문이 저절로 열린다.

038 로마에서는 로마인처럼 행동하라.

039 만족은 부(富)보다 낫다.

040 말은 마음의 그림이다.

041 모르는 자는 겁내지 않는다.

042 번쩍거리는 것이 다 금은 아니다.

043 벌레라도 그 어미의 눈으로는 새끼가 예쁘게 보인다.

044 베이컨을 살 수 없는 사람은 양배추로 만족하라.

045 병을 알면 거의 나은 것이다.

046 비단옷을 입고 지옥에 가는 것보다 누더기를 걸치고 천국에 가는 편이 낫다.

047 사람은 계획을 세우고 신은 성패를 가른다.

048 사람은 과실의 아들이다.

049 사람은 남의 어리석음에 의하여 스스로 현명해지는 법을 배운다.

050 사람은 누구나 자기 자신을 척도로 하여 남을 판단한다.

051 사람은 많은 일을 하지만 돈은 더 많은 일을 해낸다.

052 사람은 빵 한 조각 때문에 법을 범한다.

053 아들에게 아무 일도 가르치지 않는 것은 도둑을 만드는 것과 같다.

054 아름다운 얼굴은 재산의 반이다.

055 아버지의 덕행은 그 자식에게 최고의 유산이다.

056 아이들은 어릴 때는 어머니 젖을 빨고, 나이 들어서는 아버지를 착취한다.

057 오래된 현악기에서 깊은 선율이 울려 나온다.

058 우물이 마를 때까지는 물의 귀중함을 알지 못한다.

059 1년 동안의 행복을 위해서는 정원을 가꾸고, 평생의 행복을 원한다면 나무를 심어라.

060 자기보다 큰 적은 없다.

061 자기 아버지를 잘 알고 있는 것은 현명한 자식이다.

062 자선은 가정에서 시작된다.

063 자식에게 공부만 시키고 놀게 하지 않으면 바보가 된다.

064 자식은 어려서 부모의 양팔의 짐이 되지만, 자라서는 그들의 마음의 짐이 된다.

065 자신을 지배할 수 있는 사람은 드디어 남을 지배할 수 있게 된다.

066 절제는 최선의 의술이다.

067 좋은 아내는 좋은 남편을 만든다.

068 좋은 아내를 갖는 것은 제2의 어머니를 갖는 것과 같다. 좋은 아내는 남편이 탄 배의 돛이 되어 그 남편을 항해시킨다.

069 좋은 충고를 바라면 노인과 상담하라. 나이 든 사람은 경험이 풍부하기 때문에 좋은 의견을 많이 말해 줄 수 있다.

070 죽은 말에 채찍질한다.

071 지혜는 듣는 데서 오고 후회는 말하는 데서 온다.

072 집은 마음이 있는 곳이다.

073 천천히 가는 사람이 멀리 간다.

074 최대의 부는 작은 것을 가지고 만족하는 데에 있다.

075 친구는 선택할 수 있지만 가족은 선택할 수 없다.

076 큰 희망은 위인을 만든다.

077 파에서는 장미가 피지 않는다.

078 평화는 행복의 극치다.

079 피는 물보다 진하다.

080 하루만 행복하려면 이발소에 가서 머리를 깎아라. 1주일만 행복해지고 싶거든 결혼을 하라. 1개월 정도라면 말을 사고, 1년이라면 새 집을 지어라. 그런데 평생토록 행복하기를 원한다면 정직한 인간이 되라.

081 학문에는 너무 늦었다는 경우가 없다.

082 학문에는 왕도가 없다.

083 한 가지에 태만한 자는 만 가지에 태만하다.

084 한가함은 바쁜 것보다 괴롭다.

085 한가함은 부덕을 낳는다.

086 한가함은 악마의 휴게 의자다.

087 한 개의 속임수는 천 개의 진실을 망친다.

088 한 발 한 발 걸어서 로마에 이른다. 사람은 한 발 한 발 걸어서 먼 길을 간다.

089 한번 뱉은 말과 한번 던진 돌은 다시 불러들일 수 없다.

090 한잠 자고 나서 생각하는 것이 더욱 좋다.

091 행복한 마음은 아름다운 얼굴을 만든다.

092 현대인에게는 세 가지 과오가 있다 — 모르면서 배우지 않는 것, 알면서 가르치지 않는 것, 할 수 있는데 하지 않는 것.

093 현명한 사람은 그가 없는 때에 칭찬하라. 그러나 여성은 맞대 놓고 칭찬하라.

094 현명한 사람은 긴 귀와 짧은 혀를 가지고 있다.

095 형제라도 주머니는 다르다.

096 환경은 입장을 바꾼다.

097 환락(歡樂)의 밤이 새면 비애(悲哀)의 아침이 온다.

098 훌륭한 어머니 밑에 훌륭한 자식이 난다.

099 희망에 의해서 사는 자는 음악 없이 춤추는 것과 같은 것이다.

100 희망은 가난한 자의 빵이다.

101 희망이 있는 사람은 음악이 없어도 춤을 춘다.

(20) ㈂유고슬라비아

001 아이는 무슨 짓을 하든지 아버지한테서 본 짓을 한다.

002 우리들이 태어난 방법은 단 한 가지인데 죽음의 방법에는 각양각색(各樣各色)이다.

003 좋은 소문은 멀리 퍼진다. 그러나 나쁜 소문은 더욱 멀리 퍼진다.

(21) 이스라엘·유대교

[이스라엘]

001 가족의 행동에서 선을 찾고 악을 찾지 말라.

002 노인을 모시고 있는 가정은 좋은 길조가 있다.

003 부부는 한 몸이지만 호주머니는 다르다.

004 이 세상에서 가장 현명하고 강하고 부유한 사람이란 학습인(學習人)이요, 극기인(克己人)이요, 자기가 가진 것으로 만족하고 감사할 줄 아는 자족인(自足人)이다.

005 자기 자식에게 육체적인 노동을 가르치지 않는 것은 그에게 도둑의 준비를 시키는 것과 다름없다.

[유대교]

001 가난은 수치가 아니다. 그러나 명예라고는 생각하지 말라.

002 가장 큰 고통은 남에게 말할 수 없는 고통이다.

003 딸을 학자에게 시집보내기 위해서라면 전 재산을 써도 좋다.

004 똑똑한 자식은 아버지를 기쁘게 하고 어리석은 자식은 어머니를 슬프게 한다.

005 매일이 당신의 마지막 날이라고 생각하라. 매일이 당신의 최초의 날이라고 생각하라.

006 물레를 돌리게 해도 효도일 수 있고, 잔칫상을 차려 드려도 불효일 수 있다.

007 사람이 바꾸려 해도 바꿀 수 없는 것이 한 가지 있다. 그것은 자기의 부모이다.

008 섹스는 강에 비유할 수 있다. 너무 세차면 범람하고, 생명을 파괴한다. 알맞은 양이면 생명을 풍요롭게 한다.

009 신은 이 세상 어디에나 있을 수 없으므로 어머니들을 만들었다.

010 아버지가 다른 사람과 논쟁할 때 다른 사람의 편을 들지 마라.

011 아버지가 아들을 도와주면 둘 다 웃고, 아들이 아버지를 도와주면 둘 다 운다.

012 아버지를 존경하는 것은 아버지는 너희들을 위해 의식주를 위해 애썼기 때문이다.

013 아버지에게 말대꾸를 하지 마라.

014 아버지의 자리에 아이들이 앉으면 안 된다.

015 아이들은 아버지를 존경하라.

016 어떠한 오르막길에도 반드시 내리막길이 있다.

017 어머니는 자녀들이 말하지 않은 것도 다 알고 있다.

018 의롭지 못한 방법으로 재산을 모아 부친을 봉양하거나 자식을 먹여 살리는 것은 효(孝)도 자(慈)도 아니다.

019 이상적인 남성이란, 남성의 강함과 여성의 부드러움을 함께 지닌 사람이다.

020 인생은 어두운 밤과 같은 것이다.

021 입보다 귀를 높은 위치에 두라.

022 자식이 집을 떠날 때 어머니의 손을 가져간다.

023 태양 가까이는 청량하고 어머니 가까이는 따뜻하다.

024 평판은 최선의 소개장이다.

025 행복에서 불행으로 변하는 데는 일순간만 필요하지만 불행으로부터 행복으로 바뀌기 위해서는 영원한 시간이 필요하다.

026 희망은 장래를 자기 것으로 만드는 강한 도구이다. 희망을 버리지 않는 한 인생은 장래의 꼬리를 잡고 있는 것이다. 희망을 송두리째 끊어 버리는 것은 죽음과 마찬가지이다. 그곳으로부터 절대 손을 떼서는 안 된다.

(22) 이집트

001 강을 건넜다면 뗏목은 버리고 가라.

002 개는 자기 형제의 귀를 물지 않는다.

003 개 짖는 소리는 낙타를 탄 사람을 방해하지 못한다.

004 나일강 물을 먹은 사람은 반드시 나일강으로 다시 돌아온다.

005 나일강에 빠뜨리면 입에 고기를 물고 떠오를 것이다.

006 너 자신의 나약함 속에서 살지 마라. 네가 갈망하는 만큼 너의 힘은 생길 것이다.

(23) 이탈리아

001 귀담아듣는 것은 지혜를 가져다주고, 지껄이는 것은 후회를 가져다준다.

002 기다림만으로 사는 사람은 굶어서 죽는다.

003 너 자신과 가족들에게 먼저 베풀고 여력이 남아 있으면 남에게 베풀어라.

004 노인은 몸속에 역사를 가지고 있다.

005 노후에 만찬을 즐기려면 젊을 때 애써 일하라.

006 누구나 제집에서는 황제이다.

007 부딪치며 행동하지 않으면 손해를 본다.

008 부인 없는 남자의 집은 조용하다.

009 삶이 있는 한 희망이 있다.

010 앞서 생각하지 않는 사람의 미래는 한숨뿐이다.

011 어두움 속에서 여자는 모두 같다.

012 어머니는 항상 확실하지만, 아버지는 전혀 그렇지 않다.

013 운이 좋은 사람은 말뚝을 박아도 레몬나무로 자란다.

014 저녁 끼니를 거르고 잠자리에 든 자는 밤새도록 뒤척거린다.

015 정숙한 아내는 남편을 섬김으로써 지배한다.

016 지갑 속과 마음속은 보여서는 안 된다.

017 해가 비칠 때 건초를 말려라. 비 올 때를 대비해야 한다.

018 희망은 가난한 자의 빵이다.

(24) 인도

001 가정에서 마음이 평화로우면 어느 마을에 가서도 축제처럼 즐거운 일들을 발견한다.

002 너무 멀리 보는 사람은 자신 앞에 펼쳐져 있는 초원을 보지 못하는 법이다.

003 마지막 나무를 베어 버리고, 마지막 물 한 방울을 오염시키고, 마지막 남은 동물을 죽이고, 마지막 물고기를 잡아 올렸을 때에야 비로소 인간은 돈을 먹을 수 없다는 것을 깨닫게 될 것이다.

004 벌레들은 불에 타 죽는 줄도 모르고 불 속으로 뛰어든다. 물고기는 위험한 줄도 모르고 낚시 끝의 먹이를 문다. 그러나 우리들은 불행의 그물이 있음을 잘 알면서도 관능적인 향락에서 떠나지를 못한다. 인간의 어리석음에는 이처럼 끝이 없는 것이다.

005 산의 절벽에는 언제나 안개가 있다. 할머니에게는 항상 슬픔이 있다.
  (* 산의 절벽에 항상 안개가 끼어 있는 것처럼, 노년의 삶에는 지나온 시간 속에서 쌓인 슬픔이 자연스레 존재한다는 의미)

006 지금 당장 할 수 있는 착하고 올바른 일을 미루지 말라. 왜냐하면 죽음은 마땅히 해야 할 일을 실천했는지 안 했는지 살피지 않고 찾아오기 때문이다.

007 코끼리가 역경에 처했을 때는 개구리조차도 코끼리를 걷어차 버리려 한다.

008 하나님을 불러라. 그러나 배가 부딪치지 않도록 계속 노를 저어라.

(25) 인디언

001 가장 현명하고 훌륭한 인간에게도 불행은 닥치는 법이다. 이미 지나간 일이나 인간의 힘으로 막을 수 없는 일에 대해서는 슬퍼하지 말아야 한다. 불행이 특별히 우리의 삶에만 일어나는 것은 아니다. 어느 곳이나 불행은 있게 마련이다.

002 그렇게 될 일은 결국 그렇게 된다.

003 내가 보기에 당신들의 삶에는 확실한 것이 아무것도 없다. 당신들은 바람에 흩날리는 나뭇잎들을 쫓듯이 부와 권력을 따라 뛰어다니지만 손에 움켜잡는 순간 그것들은 힘없이 부서져 버릴 것이다.

004 너 자신을 알고, 너 자신이 되는 법을 배워라. 너는 너 자신과 가장 가까운 친구가 되는 법을 배워야 한다.

005 누군가가 어떤 문제를 알아차리고 그것을 해결하는 데 힘을 보태지 않는다면 그 역시 문제의 일부가 된다.

006 다른 사람에 대해 나쁜 말을 하지 말라. 특히 그 사람이 없는 자리에선.

007 당신이 태어났을 때 그대는 울었고, 세상은 기뻐했다. 그대가 죽었을 때는 세상은 울고, 그대는 기뻐할 수 있는 삶을 살라.

008 대지를 잘 돌보라. 그것은 조상들로부터 물려받은 것이 아니라 우리의 아이들로부터 잠시 빌린 것이다.

009 돌이 식물인 것처럼, 식물이 동물인 것처럼, 동물이 인간인 것처럼 대하라.

010 먼저 자기 자신을 치유하라. 그러면 그대는 가족을 치유할 수 있을 것이고 그 가족이 공동체를 치유할 것이며 공동체가 나라를, 나라가 세상을 치유할 것이다.

011 모든 일에 있어 절제와 조화를 중요시 여기라. 삶에서 그대를 행복으로 이끄는 것과, 그대를 파괴하는 것을 구분할 줄 알아야 한다. 그것이 삶의 지혜다.

012 밥 먹을 때 아이들과 대화하라. 네가 떠난 뒤에도 네가 한 말들은 그들의 가슴속에 남으리라.

013 삶이란 무엇인가? 그것은 밤에 날아다니는 반딧불이의 번쩍임 같은 것. 그것은 한겨울에 들소가 내쉬는 숨결 같은 것. 그것은 풀밭 위를 가로질러 지나가다가 저녁노을 속에 사라져 버리는 작은 그림자 같은 것.

014 상담자를 택하려거든 그가 이웃의 아이들과 어떻게 지내는지 지켜보라.

015 신의 이름은 무의미하다. 이 세상에서 진정한 신은 오직 사랑뿐이다.

016 아이들은 너의 것이 아니라 신이 너에게 잠시 빌려준 아들이다.

017 어떤 말을 만 번 이상 되풀이하면 반드시 미래에 그 일이 이루어진다.

018 어떤 추위와 배고픔, 어떤 고통과 두려움, 그리고 이빨을 곤두세우고 덤벼드는 위험과 죽음 앞에서도 선한 일을 하려는 그대의 의지를 포기하지 말라.

019 어린아이에게 자주 화를 내면 쓸쓸히 늙음을 맞이한다.

020 오래 살기 위해서는 행복하라. 걱정은 그대에게 병을 가져다준다.

021 우리가 단지 우리 자신만을 위해 이곳에 존재하는 것이 아니다. 우리는 이 행성에 사는 모든 존재들, 우리가 접촉하는 모든 대상들에 대해 책임을 갖고 있다.

022 우리가 어머니라고 부르는 이 대지는 우리가 태어났을 때는 우리에게 생명을 주며, 우리가 이 세상을 떠날 때는 다시 우리를 자신의 자궁 속으로 맞아들인다.

023 우리는 잘못 이해할 수는 있다. 하지만 잘못 경험할 수는 없다.

024 우리 인디언들은 아무리 높고 위대한 위치에 오른다 해도 자신이 이 우주와 신 앞에서는 아주 하찮은 존재에 지나지 않는다는 사실을 잊지 않는다.

025 이 세상에 변하지 않는 것이란 없다. 우리는 변화하기 위해 태어났으며, 변화하지 않으면 생이 멈춘다. 그러나 변하지 말아야 할 것이 있는데 그것은 바로 우리가 생을 대하는 자세이다. 매 순간 우리는 배움을 얻어야 하며, 어떤 것을 사실로 받아들이기 전에 직접 경험하고 느껴야만 한다.

026 인간은 생명계 전체를 에워싸고 있는 신성한 원 속의 작은 모래 알갱이에 지나지 않는다.

027 인생에 있어 가장 긴 여행은 머리에서 가슴에 이르는 여행이다.

028 인생이란 잠시 동안만 자기 것일 뿐이다.

029 적게 먹고 적게 말하면 삶에 아무런 문제가 없다.

030 절대로 다른 사람을 나쁘게 말하지 말라. 내가 우주 안에 날려 보내는 부정적인 생각은 몇 배가 되어 너에게 돌아올 것이다.

031 젊은이는 소중히 여기고 노인은 신뢰하라.

032 중요한 결정을 할 때는 일곱 세대 이후의 후손까지 생각하고 하라.

033 지식을 추구하지 말고 지혜를 추구하라. 지식은 과거의 산물이지만 지혜는 미래를 가져다준다.

034 진정한 죽음은 기억에서 사라질 때 온다.

035 한 명의 적은 너무 많고 백 명의 친구는 너무 적다.

036 한 아이를 키우는 데는 마을 전체의 노력이 필요하다.

037 훔친 음식은 결코 배고픔을 채워 주지 못한다.

(26) 일본

001 늙어서는 자식을 따라라.

002 딸을 보면 그녀의 어머니를 알 수 있다.

003 병신자식일수록 귀엽다.

004 부모에 대한 효행과 불조심은 반드시 미리 해야 하는 것이다.

005 부부 싸움은 가난이 씨를 뿌린다.

006 승리를 통해서는 배울 게 별로 없지만 패배를 통해서는 많은 것을 배운다.

007 아버지의 은혜는 산보다 높고, 어머니의 은혜는 바다보다 깊다.

008 어버이가 거짓말하면 자식이 거짓말 배운다.

009 욕망의 자루에는 바닥이 없다.

(27) 중국

001 가까운 이웃은 친척과 다르지 않다.

002 가장 알고 싶지 않는 진실들이 가장 알아야 할 필요가 있는 것들이다.

003 가족에게 받은 한 장의 편지가 금 한 조각보다 훨씬 값진 법이다.

004 길흉화복은 내가 만든다.

005 나쁜 풀은 잘라내지 말고 뿌리째 뽑아 버려야 한다.

006 남들이 당신을 사랑해 주기를 바라는가? 그렇다면 그들에게 먼저 사랑을 베풀어라.

007 남의 눈을 통해서만 제 흠집을 볼 수 있다.

008 내가 한 일은 언젠가 나에게 돌아온다.

009 누구나 백발노인이 된다. 지혜는 지식으로 쌓을 수 없다.

010 도랑에 한번 빠지면 지혜가 하나 더 들어온다.

011 도(道)를 지키면 삶이 어렵지 않다.

012 돈이 많아도 아이가 없는 이는 풍족함을 느끼지 못하지만 돈이 없어도 아이가 많은 이는 풍족함을 느끼는 법이다.

013 떨어진 나뭇잎이 다시 그 나무의 뿌리를 이룬다.

014 마음 편한 곳이 명당이다.

015 멀리 있는 물은 가까이에서 일어난 불을 끄지 못한다.
    (* 어려움에 빠져 있을 때 긴급한 도움을 주는 사람은 바로 자기에게 가까이 있는 사람이라는 뜻)

016 바닥을 깨끗이 닦는 것이나 자신의 마음을 깨끗이 정화하는 것은 그 이치가 같다.

017 배움은 그 소유자가 가는 곳이면 어디든지 따라가는 보물이다.

018 버팀목으로 받쳐 주지 않은 어린 나무는 쉽게 꺾이기 마련이다.

019 부모가 선하면 자녀도 선해진다.

020 부모님을 존경하라. 그들이 당신을 이 세상으로 데려왔으니.

021 부모를 공경하는 것은 자신의 뿌리를 공경하는 것이다.

022 부모를 사랑하는 자는 자녀들에게서 사랑받을 것이다.

023 부모의 사랑은 바다만큼 깊다.

024 부모의 사랑은 산처럼 높고, 부모의 친절은 바다처럼 깊다.

025 부모의 사랑을 이해하려면 자식을 길러 보아야 한다.

026 부모의 친절은 산만큼 높다.

027 사람은 평생 현명하다가도 한순간에 어리석어질 수 있다.

028 세상에는 오직 한 명의 예쁜 아이가 존재한다. 그리고 모든 어머니들이 그 아이를 가지고 있다.
(* 어머니 눈에는 자기 자식이 이 세상에서 가장 예쁘게 보인다는 뜻)

029 슬픔의 새들이 당신 머리 위를 나는 건 막을 수 없지만 당신 머리 위에 둥지를 짓는 것은 막을 수 있다.

030 시궁에서 용 난다.

031 아들이 두려워하는 것은 아버지의 분노가 아니라 침묵이다.

032 아무리 혜안을 가진 사람이라도 결코 자신의 등은 보지 못한다.

033 아버지가 줄 때는 축복이고, 아들이 줄 때는 효도이다.

034 아이들의 효심은 가정을 화목하게 만든다.

035 아이의 효심은 부모에게 보물이다.

036 아이의 효심은 부모의 마음을 편안하게 한다.

037 양심도 없는 자가 머리로만 하늘을 경외시하는 것이 무슨 소용이 있겠는가?

038 어린아이의 효심은 금처럼 빛난다.

039 어머니의 눈물을 닦을 수 있는 것은 어머니를 울게 한 아들뿐이다.

040 윗물에 따라 아랫물이 달라지는 법이다.

041 인간의 삶은 다르지만 죽음은 같다.

042 인간의 속마음은 결국 행동으로 드러나게 되어 있다.

043 잃어야 할 것이 아무것도 없는 사람이 부자이다.

044 자식보다 돈이 소중하진 않다.

045 자식에게 평온한 생활을 할 수 있도록 하고 싶거든, 언제나 약간은 배가 고프게 하고, 약간은 춥게 해 주라.

046 자신의 마음에 여유가 있어야 남도 배려할 수 있다. 자신의 마음에 여유가 없으면 가족도 생각할 겨를이 없어진다.

047 잘하기 위해서는 천 일도 충분하지 않다. 잘못하는 데는 단 하루면 충분하다.

048 장미는 자신을 꺾으려는 사람에게만 가시를 보인다.

049 제아무리 큰 불행이라 할지라도 화목한 한 가정의 틀을 뚫고 지나가지는 못하는 법이다.

050 지평선을 바라보는 사람은 자기 앞에 있는 초원을 보지 못한다.

051 청년 시절에는 노인처럼 행동하고, 노인 시절에는 청년처럼 행동하라.

052 초가집에서 살면서도 미소 지을 수 있는 자가 궁전에 살면서 눈물 흘리는 자보다 훨씬 처지가 나은 자이다.

053 커다란 행복은 하늘에서 주어지고, 작은 행복들은 노력에서 비롯된다.

054 콩나물이 키 좀 컸다고 콩나무 행세를 하려 든다.

055 타인을 탓하기 전에 먼저 자신을 책망할 줄 알아야 할 것이다.

056 한 세대의 효는 다음 세대의 모범이 된다.

057 행복의 근본은 효이다.

058 행복한 사람은 서두를 필요가 없다.

059 현명한 부부는 서로를 존중한다.

060 현자가 달을 가리킬 때 바보는 손가락을 쳐다본다.

061 형제들이라도 계산은 신중하게 해야 한다.

062 황제처럼 부모를 섬겨라.

063 효도는 가정을 따뜻하게 하는 태양이다.

064 효도는 가정을 인도하는 빛이다.

065 효도는 가정의 선율이다.

066 효도는 가족을 하나로 묶는 유대감이다.

067 효도는 고귀한 사람이 되기 위한 첫걸음이다.

068 효도는 마음을 풍요롭게 하는 보물이다.

069 효도는 모든 미덕의 왕관이다.

070 효도는 사랑의 유산이다.

071 효도는 세대 간의 다리이다.

072 효도는 아이의 의무이고 부모의 기쁨이다.

073 효도는 조상에게 기쁨을 준다.

074 효도는 천국으로 가는 사다리이다.

075 효도는 축복을 여는 열쇠이다.

076 효도는 충성과 신뢰의 기초이다.

077 효의 꽃은 계절이 없다.

078 효자가 되는 것은 부모의 은혜에 보답하는 것이다.

079 효자 끝에 불효 나고 불효 끝에 효자 난다.

080 효자는 부모가 부유해도 보살핀다.

081 효자는 앓지도 않는다.

082 효자의 마음은 항상 집에 가까이 있다.

083 효자의 말은 지혜의 진주와 같다.

084 효자의 미덕은 자부심의 원천이다.

085 효자의 사랑은 영원한 불꽃이다.

086 효자의 손은 지치지 않는다.

087 효자의 존재는 가정에 축복이다.

088 효자의 행동은 가문에 명예를 가져다준다.

089 효자의 행동은 가족의 자랑이다.

090 효자의 행동은 대대로 울려 퍼진다.

091 흰머리는 지혜의 상징이다.

(28) 탈무드

001 가장 과묵한 사람은 가장 사나운 배우자를 만든다.

002 가정에서 배우자에게 기를 펴지 못하고 지내는 사람은 밖에서도 쩔쩔매 게 된다.

003 가정에서 부도덕한 일을 하는 것은 벌레 먹은 과일과 같다. 그것은 알지 못하는 사이에 퍼져 가므로.

004 가정은 도덕상의 학교다. 가정에서의 인성교육은 중요하다.

005 가정은 지혜로 지어지고, 이해로 견고해진다.

006 갈대는 약하고 쉽게 부러진다. 그러나 여러 개를 함께 묶으면 꺾이지 않는다.

007 강한 사람이란 자기를 억누를 수 있는 사람과 적을 벗으로 바꿀 수 있는 사람이다.

008 결혼을 위해서는 걷고, 이혼을 위해서는 달려라.

009 결혼이란 굴레는 무척 무겁다. 부부뿐만 아니라 자식까지도 함께 운반해야 하니까.

010 결혼할 때는 이혼까지도 예상해야 한다.

011 경로(敬老)는 동서고금(東西古今)을 관통하는 아름다운 윤리(倫理)이다.

012 교육은 과거의 가치 전달에 있는 것이 아니라, 미래의 새로운 가치 창조에 있다.

013 그의 가족과 함께 있을 때 남자의 기쁨은 가장 크다.

014 껍질만 보지 말라. 안에 들어 있는 것을 보라.

015 나태한 젊은이는 나중에 불평만 하는 부모가 될 뿐이다.

016 남자의 집은 아내다.

017 누구든지 가족을 부끄럽게 하는 사람에게는 복이 없다.

018 만나는 모든 사람에게서 무엇인가를 배울 수 있는 사람이 이 세상에서 가장 현명하다.

019 만약 당신이 부모를 존경하지 않는다면 당신의 아이들도 부모를 존경하지 않을 것이다.

020 모든 결혼이 다 아름답고 모든 죽음이 다 경건한 것은 아니다.

021 모든 병 중에서 마음의 병만큼 괴로운 것은 없다. 모든 악 중에서 나쁜 배우자만큼 나쁜 것은 없다.

022 몸의 모든 부분은 마음에 의존하고 있다.

023 물고기는 언제나 입으로 낚인다. 인간도 역시 입으로 걸린다.

024 배우자의 사랑이 지극할 때 상대 배우자의 소망은 조그마하다.

025 백성들의 소리는 곧 하나님의 소리이다.

026 부귀는 요새(要塞)이며, 빈곤은 폐허(廢墟)이다.

027 부모의 인생은 자식들이 성장해 집을 떠나고 기르던 개가 죽고 나면 비로소 시작된다.

028 부부가 마음을 합하여 집을 갖는 것만큼 훌륭한 일은 없다.

029 부부가 진정으로 서로 사랑하고 있으면 칼날 폭만큼의 침대에서도 잠잘 수 있지만, 서로 반목하기 시작하면 10미터만큼의 폭이 넓은 침대도 너무 좁아진다.

030 부친을 존중하고 그에 순종하는 것은, 부친은 가족을 위해 식량을 구하고, 의복을 주기 때문이다.

031 사람들에게 자신감을 갖게 하는 세 가지가 있다. 그것은 좋은 가정, 좋은 아내, 좋은 의복이다.

032 사람들을 늙게 하는 네 가지 요소는 불안, 노여움, 그리고 아이들과 나쁜 배우자이다.

033 사람에게 하나의 입과 두 개의 귀가 있는 것은 말하기보다 듣기를 두 배로 하라는 뜻이다.

034 사람은 세 가지 이름을 가진다. 태어났을 때 부모가 붙여 준 이름, 친구들이 우애를 담아 부르는 이름, 그리고 자신의 생을 마감할 때 획득하는 명성이다.

035 사람을 만나 보지 않고 결혼해서는 안 된다.

036 사람을 상처 입히는 것이 세 개 있다. 번민, 말다툼, 텅 빈 지갑. 그중에서 텅 빈 지갑이 가장 크게 사람을 상처 입힌다.

037 상대에게 한 번 속았을 땐 그 사람을 탓하라. 그러나 그 사람에게 두 번 속았거든 자신을 탓하라.

038 성품이 나쁜 사나이는 이웃 사람의 수입에 마음을 쓰면서 자기의 낭비에는 마음을 쓰지 않는다.

039 세상 무엇과도 바꿀 수 없는 것이 있다면 그것은 젊은 때 결혼하여 살아 온 늙은 마누라이다.

040 세상에서 가장 행복한 남자는 좋은 아내를 얻은 사람이다.

041 승자는 문제 속에 뛰어든다. 패자는 문제의 변두리에서만 맴돈다.

042 승자의 주머니 속에는 꿈이 있고, 패자의 주머니 속에는 욕심이 있다.

043 신은 아내의 눈물을 세신다.

044 13세 때부터 인간 속에 있는 나쁜 충동은, 점점 선(善)에의 충동보다도 강하게 된다.

045 아버지와 어머니와 자식, 이 세 가지는 세상에서 가장 아름다운 화음이다.

046 아버지의 자리에 자식이 앉아서는 안 된다.

047 아이는 아버지를 존경하지 않으면 안 된다.

048 아이들을 가르친다는 것은 어떠한 것인가. 그것은 백지에 무엇을 그리는 것과 같은 것이다. 노인에게 가르친다는 것은 어떠한 것과 같은 것일까. 이미 많이 쓰인 종이에 여백을 찾아서 써넣으려고 하는 것과 같은 것이다.

049 아이를 꾸짖을 때에는 한 번만 따끔하게 꾸짖어야지 언제나 잔소리로 계속 꾸짖어서는 안 된다.

050 아이를 키울 때 차별하지 말라.

051 아이에게 무언가 약속하면 반드시 지켜라. 지키지 않으면, 당신은 아이에게 거짓말하는 것을 가르치는 것이 된다.

052 아이에게 물고기를 잡아 주어라. 그러면 한 끼를 배부르게 먹을 것이다. 아이에게 물고기 잡는 법을 가르쳐 주어라. 그러면 평생 배부르게 살 수 있을 것이다.

053 어떻게 살아야 옳고 훌륭한 삶인가 말하는 것도 물론 중요하지만 그것을 실천하는 것이 더욱 중요하다.

054 어려운 일을 쉽게 만들 수 있는 사람이 교육자이다.

055 어리석은 자에게 있어서의 노년은 겨울이나 지혜로운 자에게 있어서의 노년은 황금기다.

056 열 나라의 사정을 아는 것이 자기 배우자 한 사람을 아는 것보다 쉽다.

057 육체를 쓰는 노동은 사람을 고귀하고 존귀하게 만든다. 자식에게 육체를 써서 하는 기술을 가르쳐 주지 않으면 그것은 곧 그에게 도둑질을 가르치는 것이다.

058 이름이 팔리면 곧 잊힌다.

059 인간은 세 가지 벗을 가지고 있다. 아이, 부(富), 선행.

060 인간은 20년 걸려서 배운 것을 2년으로 잊을 수가 있다.

061 인간이 바꾸려 해도 바꿀 수 없는 것이 하나 있다. 그것은 자기의 부모다.

062 인생에서 늦어도 괜찮은 것이 두 가지 있다. 그것은 결혼과 죽음이다.

063 자기를 아는 것이 최대의 지혜이다.

064 자기 자식에게 육체적 노동을 가르치지 않는 것은 약탈과 강도를 가르치는 것과 마찬가지다.

065 자녀가 성장해 가면서 부모를 잊는 것은 부모의 교육이 나빴기 때문이다.

066 자식이 어릴 때에는 엄히 가르치는 것이 맞지만 자식이 부모를 두려워할 정도로 가르치는 것은 옳지 못하다.

067 잘못된 말이 입힌 상처는 칼이 입힌 상처보다 깊다.

068 절대 과거를 후회하지 마라. 오늘의 실수와 어리석은 일도 가능한 한 빨리 잊어버려라.

069 젊은이는 실수를 하고 중년층은 싸움을 하며 노인은 후회를 한다.

070 좋은 부모는 다정하기만 한 부모가 아니다. 아이에게 자립심을 길러 주는 부모이다.

071 지혜로운 아들은 아버지를 기쁘게 하고 우매한 아들은 어머니를 슬프게 한다.

072 참된 사랑은 둘이 서로를 들여다보는 것이 아니라 함께 같은 방향을 바라보는 것이다.

073 초혼은 하늘에 의해서, 재혼은 인간에 의해서 맺어진다.

074 품에 있는 사람을 사랑할지라도 많은 말을 삼가라. 사람은 죽어도 그 말은 죽지 않기 때문이다.

075 품위 있는 사람은 배우자도 품위 있게 만든다.

076 한 명의 부모가 백 명의 선생보다 낫다.

077 항아리 속에 든 한 개의 동전은 시끄럽게 소리를 내나, 동전이 가득 찬 항아리는 조용하다.

078 형제간의 두뇌를 비교하는 것은 둘을 다 해치지만, 개성을 비교하는 것은 둘을 살린다.

079 형제는 수족과 같고 부부는 의복과 같다. 의복이 해어졌을 경우 다시 새 것을 얻을 수 있으나, 수족이 끊어지면 잇기가 어렵다.

080 희망은 미래를 자기 것으로 만드는 강력한 무기다. 희망을 버리지 않는 한 인생은 미래의 꼬리를 잡고 있는 것이다.

(29) 튀르키예

001 그들은 형제지만 그들의 돈주머니는 자매가 아니다.

002 그 어머니를 관찰하고 나서 그 딸을 택하라.

003 아이를 키우는 것은 돌을 씹는 것과 같다.

004 어머니 같은 연인도, 고향 같은 장소도 없다.

(30) 프랑스

001 못난 새가 자신의 둥지를 더럽힌다.

002 병아리는 수탉이 가르치는 대로 노래한다.

003 부부 싸움은 수입도 재산도 유산도 불리지 않는다.

004 암탉의 눈은 그의 병아리에게 가 있다.

005 자식을 가진 사람은 행복하나, 자식 없는 사람도 불행하진 않다.

006 형제는 자연이 준 친구다.

(31) 기타

001 결혼은 뚜껑 덮은 그릇이다. 〈스위스〉

002 고추처럼 굴지 마라. 사람들이 당신을 싫어할 테니. 설탕처럼 굴지도 마라. 사람들이 당신을 먹어 버릴 것이다. 〈투아레그족〉

003 깊은 물속은 헤아릴 수 있다지만, 사람의 마음을 과연 그 누가 헤아릴 수 있을까? 〈인도네시아〉

004 내 마음이 좁다면 세상이 거대한들 무슨 소용이 있겠는가? 〈아르메니아〉

005 누구나 나이는 먹지만 늙은이라고 불리고 싶지 않아 한다. 〈아이슬란드〉

006 다정한 말 한마디는 무쇠로 된 문마저 열 수 있다. 〈불가리아〉

007 당신이 많은 부를 가졌다면 당신의 재물을 주어라. 당신이 가진 것이 없다면 당신의 마음을 주어라. 〈베르베르인〉

008 서둘러 걸으면 라사에 도착할 수 없다.
천천히 걸어야 목적지에 도착한다. 〈티베트〉

009 어떤 문제에 해결책이 있다면 걱정할 필요가 없다. 만약 해결책이 없다면 걱정한다고 해서 달라질 건 아무것도 없을 것이다. 〈티베트〉

010 어머니가 돌아가시면 부드러움을 잃고, 아버지가 돌아가시면 명예를 잃는다. 〈벨기에〉

011 오래 묵은 떡갈나무는 깊은 뿌리를 가지고 나이 많은 사람은 넓은 경험을 가지고 있다. 〈라트비아〉
(* 경험을 쌓은 노인의 지혜는 뿌리를 굳게 내린 떡갈나무와 같다는 뜻)

012 좋은 친구를 얻고 싶거든, 나이 많은 사람에게 의논해라. 〈포르투갈〉

013 집에서 사자 노릇을 하지 말라. 〈체코〉

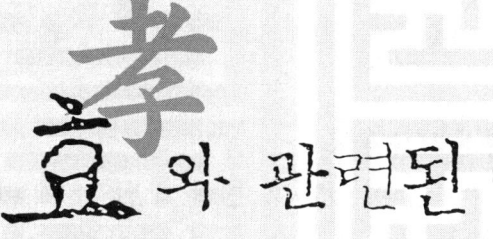

고사성어

(가)

001 가부소족취 家富疎族聚
집이 부유(富裕)해지면 그동안 사이가 멀게 지냈던 친척(親戚)들도 모여든다는 뜻으로, 세력이 있으면 아첨하는 세속 인정(人情)의 야박(野薄)함을 이르는 말.

002 가부지친 葭莩之親
갈대의 줄기에 붙어 있는 갈대청같이 엷게 붙어 있는 친척이라는 뜻으로, 촌수가 먼 인척(姻戚)을 이르는 말.

003 가빈사양처 家貧思良妻
집이 가난해지면 비로소 살림을 잘하는 어진 아내를 생각하게 된다는 뜻으로, 편안할 때는 생각조차 안 하다가 어려움이 닥쳐 궁박한 지경에 이르면 어진 아내를 생각하게 된다는 말.

004 가빈친로 家貧親老
집이 가난하고 어버이가 늙었다는 뜻으로, 살림이 궁색하고 부모가 늙었을 때는 어버이 봉양을 위해서 마음에 들지 않는 벼슬자리라도 얻어서 어버이를 봉양(奉養)해야 한다는 말.

005 가빈효자출 家貧孝子出
가난한 집에서 효자가 나온다는 말.

006 가서만금 家書萬金
고향에서 멀리 떨어진 타향 또는 타국에서 받아 본 가족의 편지는 만금의 값어치가 있을 정도로 무척이나 반갑고 소중하다는 뜻.

007 가아연수 假我年數
몇 년이라도 더 오래 살기를 바라는 일.

008 가야물감야물 加也勿減也勿
더하지도 말고 덜하지도 말라는 뜻으로, 오곡백과가 풍성해 인심이 후하고 친지들이 모여 조상의 은덕을 기리는 한가위 추석의 만족감이나 소망을 나타내는 말.

009 가전충효 家傳忠孝
가정에서는 나라에 충성하고 부모에 효도하는 교훈을 전한다.

010 가족화목 家族和睦
가정 내 구성원 간의 조화롭고 서로를 이해하며 지지하는 관계.

011 가화만사성 家和萬事成
집안이 화목(和睦)하면 마음이 편하고, 마음이 편안해야 만사(萬事, 모든 일)가 제대로 이루어진다는 뜻으로, 가정의 화목을 만사(萬事)의 근원으로 삼을 수 있음을 강조한 말.

012 각골난망 刻骨難忘
남이 베푼 은혜가 너무 커서 그 고마움이 뼛속 깊이 새겨져 도저히 잊히지 않는다는 말.

013 각골명심 刻骨銘心
뼈에 새기고 마음에 새긴다는 뜻으로, 성현의 가르침이나 부모·스승의 말씀을 마음속 깊이 새겨서 항상 잊지 않고 실천하려고 노력하는 마음을 이르는 말.

014 각목사친 刻木事親
나무에 어버이상을 새겨 부모를 지성으로 섬긴다는 뜻으로, 부모님의 조각상을 만들어 마치 살아 계시는 듯 모신다는 말.

015 각주구검 刻舟求劍
칼을 강물에 떨어뜨리자, 뱃전에 그 자리를 표시해 두었다가 나중에 그 칼을 찾으려 한다는 뜻으로, 엉뚱하고 미련해서 현실에 어둡다는 의미로 사용되며, 융통성이 없이 시대의 변화도 모르고 낡은 것만 고집하는 어리석음을 이르는 말.

016 간신적자 奸臣賊子
간사한 신하와 부모의 뜻을 거스르는 자식.

017 간운보월 看雲步月
낮에는 고향 쪽 구름을 바라보고 밤에는 달을 쳐다보며 거닌다는 뜻으로, 타향에서 달밤에 구름을 바라보며 거닐면서 고향과 가족을 그리워함을 비유하는 말.

018 간이불역 諫而不逆
간언(諫言)은 하지만 거스르지는 않는다는 뜻으로, 자식이 부모를 대하는 도리를 이르는 말.

019 간장막야 干將莫耶
간장과 막야가 만든 칼로, 천하에 둘도 없는 명검도 사람의 손이 가야만 빛이 난다는 말로, 사람도 교육을 통해 선도해야만 역량을 발휘할 수 있다는 말.

020 갈불음도천수 渴不飮盜泉水
아무리 목이 말라도 도천(盜泉, 도적의 샘물)의 물은 마시지 않는다는 의미로, 아무리 어려운 상황에 부닥치어도 잘못된 길을 가지 않겠다는 말.

021 감구지회 感舊之懷
옛날을 회상하여 감동하는 회포라는 뜻으로, 지난날의 추억을 생각하며 느끼는 회포.

022 강근지족 强近之族
촌수가 가깝고 어려울 때 도움을 받을 만한 아주 가까운 일가친척을 이르는 말. 강근지친(强近之親)과 같은 말.

023 강남종귤 강북위지 江南種橘 江北爲枳
강남에 심은 귤을 강북에 옮겨 심으면 탱자가 된다는 뜻으로, 사람도 주위 환경에 따라 변하고 그 처해 있는 곳에 따라서 선하게 되기도 하고, 악하게 되기도 함을 비유하는 말.

024 강목수생 剛木水生
마른 나무에서 물을 짜내려 한다 함이니, 아무것도 없는 사람에게 무엇을 내놓으라고 억지를 부리며 강요함을 이르는 말.

025 강상죄인 綱常罪人
예전에, 삼강오상(三綱五常)에 어긋나는 행위를 한 죄인을 이르던 말. 부모나 남편을 죽인 자, 노비로서 주인을 죽인 자, 또는 관노(官奴)로서 관장(官長)을 죽인 자 등을 이른다.

026 개과불린 改過不吝
잘못이 있으면 조금도 주저하지 말고 즉시 고치라는 뜻.

027 개과천선 改過遷善
지난날의 잘못이나 허물을 뉘우치고 올바르고 착한 새사람이 된다는 뜻.

028 개관사정 蓋棺事定
사람은 관 뚜껑을 덮은 후에야 바른 평가를 받게 된다는 뜻으로, 사람은 죽고 난 뒤에야 비로소 그 사람의 진정한 가치를 정당하게 평가하고 그의 진면목을 알 수 있다는 말.

029 개전 改悛
행실이나 태도의 잘못을 뉘우치고 마음을 바르게 고쳐먹음.

030 거안사위 居安思危
편안한 처지에 있을 때에도 항상 닥쳐올 위험에 대해 생각한다는 뜻으로, 장차 위험과 곤란한 상황이 닥칠 것을 생각하여 미리 대비해야 한다는 말.

031 거안제미 擧案齊眉
아내가 밥상을 눈썹 높이까지 들어 올려 남편에게 바친다는 뜻으로, 아내가 남편을 정성껏 모시어 부부가 서로 신뢰를 쌓고 가정을 화목하게 함을 이르는 말.

032 거이기양이체 居移氣養移體
거처는 기상을 바꾸고 먹고 입는 것은 몸을 바꾼다는 뜻으로, 사람은 그가 처해 있는 위치에 따라 기상이 달라지고, 먹고 입는 것에 의해 몸이 달라진다는 말.

033 거자일소 去者日疎
이별 또는 사별한 사람에 대한 기억은 세월이 흐르면 점점 잊게 된다는 뜻으로, 한번 떠난 사람과는 시간이 지날수록 점점 사이가 소원해진다는 의미. 즉 안 보면 정분(情分)도 멀어지고 잊히기 마련이라는 말.

034 거자필반 去者必返
떠난 사람은 반드시 돌아온다는 말.

035 건좌습우 乾左濕右
제사상 차릴 때 마른 것은 왼쪽(좌측)에, 젖은 것은 오른쪽(우측)에 놓는다는 말.

036 검존사실 儉存奢失
검소한 사람은 번창하고, 사치하는 사람은 곧 망한다는 말.

037 격물치지 格物致知
큰일을 하려면 먼저 자신부터 정돈하고 사물의 이치를 터득하라는 의미이다. 격물(格物)은 사물에 다가가 그 사물이 가지고 있는 이치를 깨달으려고 노력한다는 뜻이며, 치지(致知)는 사물의 도리를 깨닫는 경지에 이르는 것을 의미.

038 격세지감 隔世之感
그리 오래되지 않은 동안에 전보다 변화가 심하여 딴 세대처럼 몹시 달라진 느낌을 이르는 말로, 세월이 흘러 환경의 큰 변화에 따라 아주 바뀌어서 딴 세상처럼 여겨지는 느낌을 가리킨다.

039 견련지친 牽連之親
서로 연관되는 먼 친척일가, 먼 친족(親族).

040 견렵심희 見獵心喜
사냥하는 모습을 보니 마음이 기쁘다는 뜻으로, 어린 시절 사냥하며 놀던 때를 그리워하는 심정을 비유해서 이르는 말.

041 견리사의 見利思義
눈앞의 이익을 보면 먼저 마음을 비우고 의리(義理)를 생각한다는 뜻으로, 사사로운 이익에 앞서 의로움을 먼저 생각하는 자세를 이르는 말.

042 견마지년 犬馬之年
개나 말처럼 보람 없이 헛되게 먹은 나이라는 뜻으로, 남에게 자기의 나이를 낮추어 이르는 말.

043 견마지로 犬馬之勞
개나 말들이 하는 정도의 하찮은 수고란 뜻으로, 개나 말이 주인을 위해서 대가 없이 평생을 바쳐 일하는 것처럼, 온 정성을 다하여 윗사람 또는 임금이나 나라에 충성을 다하는 자신의 노력을 겸손하게 비유하여 일컫는 말. 견마지심(犬馬之心)도 같은 말.

044 견마지양 犬馬之養

집에서 개나 말의 부양(생활을 돌봄)이라는 뜻으로, 진심으로 공경하는 마음이 없이 집에서 개나 말을 기르는 것과 같이 부모님을 부양만 하고 공경하지 않는다면 진정한 효도가 아니라는 말.

045 견마지치 犬馬之齒

개나 말의 이빨이란 뜻으로, 개나 말처럼 하찮은 동물들이 별로 하는 일 없이 나이만 더함을 비유하는 말로, 아무 하는 일도 없이 세월을 보내며 나이나 먹는 일을 뜻하거나 남에게 자기의 나이를 아주 겸손하게 표현할 때 쓰는 말. 여기서 치(齒)는 이빨을 뜻하는 게 아니라 나이를 뜻한다.

046 견선여갈 見善如渴

착한 일을 보거든 목마를 때 물을 본 것처럼 하라는 뜻으로, 선량한 일을 보게 되면 주저하지 말고 즉시 행동으로 옮기라는 말.

047 결의형제 結義兄弟

남남끼리 의리로써 형제 관계를 맺음, 또는 그런 형제를 이르는 말.

048 결초보은 結草報恩

풀을 엮어서 은혜에 보답한다는 말로, 도움을 받았으면 죽어서 혼령이 되어서라도 남에게 입은 은혜를 잊지 않고 꼭 갚는다는 뜻.

049 겸청즉명 兼聽則明

두루 들으면 현명해진다는 뜻으로, 여러 사람의 의견을 들으면 시비를 정확하게 판단할 수 있다는 말.

050 경거망동 輕擧妄動
경솔하고 망령(妄靈)되게 행동(行動)한다는 뜻으로, 도리(道理)나 사정(事情)을 생각하지 아니하고 경솔(輕率)하게 함부로 행동(行動)한다는 말.

051 경당문노 耕當問奴
농사일은 당연히 머슴에게 물어야 한다는 뜻으로, 어떤 일이든 모르는 일은 그 일에 대해 잘 아는 전문가에게 자문을 받으라는 말.

052 경로사상 敬老思想
노인을 공경하며, 남은 생애를 편안하게 지내시도록 보살펴 드려야 한다는 마음이나 생각.

053 경로효친 敬老孝親
노인을 공경(恭敬)하고 부모에게 효도(孝道)를 다한다는 말.

054 경전서후 耕前鋤後
남편은 앞에서 밭을 갈고, 아내는 뒤에서 김을 맨다는 뜻으로, 부부가 서로 극진하게 도우며 일하는 것을 비유하는 말.

055 경천애인 敬天愛人
하늘을 공경하고 사람을 사랑하라는 뜻으로, 하늘과 백성을 나라의 근본으로 여기는 군주의 자세를 일컫는 말.

056 경파차분 鏡破釵分
거울이 깨지고 비녀가 부러진다는 뜻으로, 부부가 헤어지거나 반목한다는 말.

057 계견승천 鷄犬昇天
닭과 개도 하늘로 올라가 신선이 된다는 뜻으로, 한 사람이 출세(出世)를 하면 그 집안에 딸린 사람들도 덩달아 덕을 보고 출세한다는 말.

058 계계승승 繼繼承承
끊이지 않고 자자손손 대를 이어 감을 뜻하는 말로, 선대에서 하던 일을 후대 사람이 내리 이어받음을 의미하기도 함.

059 계불급봉 鷄不及鳳
닭은 봉황에 미치지 못한다는 뜻으로, 아들은 아버지보다 못하다는 말.

060 계포일락 季布一諾
계포(季布)가 승낙한 한마디의 말이란 뜻으로, 일단 약속을 한 이상 어떤 일이 있어도 그 약속을 반드시 지킨다는 말.

061 계피학발 鷄皮鶴髮
피부는 닭의 살갗같이 거칠고 머리털은 학의 털처럼 희다는 뜻으로, 매우 늙은 노인의 비유.

062 고고지성 呱呱之聲
어린아이가 세상에 처음 태어날 때 우는 소리.

063 고근약식 孤根弱植
외로운 뿌리, 약한 식목이라는 뜻으로, 친척이나 가까이에서 돌보아 주는 사람이 거의 없는 사람을 비유하여 이르는 말.

064 고독단신 孤獨單身
세상에 도와주는 사람 하나 없이 외로운 처지에 있는 몸.

065 고두사죄 叩頭謝罪
머리를 조아리며 잘못을 빌고 용서를 구함.

066 고량자제 膏粱子弟
부귀한 집에서 고량진미만 먹고 귀엽게 자라나서 고생을 전혀 모르는 부귀한 집안의 젊은이를 가리키는 말.

067 고량진미 膏粱珍味
기름진 고기와 좋은 곡식으로 만든 맛있는 음식을 이르는 말.

068 고립무원 孤立無援
고립되어 도움을 받을 데가 없다는 뜻으로, 외따로 떨어져 도움이나 구원을 받을 데가 없음을 비유하는 말.

069 고목발영 枯木發榮
고목나무에서 꽃이 핀다는 뜻으로, 늘그막에 아기를 낳거나 대가 끊길 지경에 대를 이을 아들을 낳음을 이르는 말.

070 고목생화 枯木生花
고목나무에서 꽃이 핀다는 뜻으로, 곤궁한 처지에 빠졌던 사람이 행운을 만나서 잘됨을 비유적으로 이르는 말.

071 고복지은 顧復之恩
늘 돌보시는 은혜라는 뜻으로, 자나 깨나 자식을 걱정하는 부모의 은혜를 이르는 말.

072 고분지탄 鼓盆之嘆
물동이를 두들기면서 하는 탄식이라는 뜻으로, 아내의 죽음을 한탄하며 우는 남편의 탄식을 말함. 한편 남편을 잃은 아내의 슬픔은 붕성지통(崩城之痛)이라고 한다.

073 고빙득리 叩氷得鯉
얼음을 깨뜨려 잉어를 얻는다는 뜻. 왕상(王祥)의 효는 한겨울 어머니를 위해 얼음을 깨뜨려 잉어를 잡았다고 고빙(叩氷), 부빙득리(剖氷得鯉), 와빙구리(臥氷求鯉), 왕상고빙(王祥叩氷), 왕상득리(王祥得鯉), 왕상빙리(王祥冰鯉), 왕상지효(王祥之孝)라고도 한다.

074 고성낙일 孤城落日
고립된 성과 서산에 지는 해라는 뜻으로, 기운도 떨어지고 재기할 힘도 없는데 도와주는 사람도 없어 처량한 신세로 전락한 것을 비유하는 말.

075 고신척영 孤身隻影
외로운 홀몸과 외롭게 비친 그림자란 뜻으로, 의지할 곳도 없이 외롭게 떠도는 고독한 신세를 비유적으로 이른 말.

076 고양생제 枯楊生稊
시들었던 버드나무에 다시 싹이 돋아난다는 뜻으로, 늙은 홀아비가 젊은 여인을 아내로 맞아 능히 자손을 얻을 수 있음을 비유하는 말.

077 고양생화 枯楊生華
마른 버드나무에 꽃이 핀다는 말인데, 보편적으로 나이 많은 여자가 젊은 사내를 맞이한다는 뜻.

078 고어지사 枯魚之肆
목마른 고기의 어물전이라는 말로, 매우 곤궁하고 절박한 처지를 비유하는 말.

079 고자과학 孤雌寡鶴
짝을 잃은 새란 말로, 남편이나 아내를 잃은 사람을 비유한 말.

080 고장난명 孤掌難鳴
외손뼉만으로는 소리가 울리지 않는다는 뜻으로, 혼자의 힘만으로는 어떤 일을 이루기 어렵다는 말.

081 고진감래 苦盡甘來
쓴맛이 다하면 단맛이 온다는 말로, 고생 끝에 낙(樂)이 온다는 뜻.

082 고침안면 高枕安眠
베개를 높이 하고 편안히 잠을 잔다는 뜻으로, 근심이나 걱정 없이 한가하고 편안하게 잘 지냄을 비유하는 말.

083 고향 故鄕
자기가 태어나 자란 곳. 또는, 자기 조상이 오래 누리어 살던 곳.

084 고희 古稀
예로부터 드물다는 뜻으로, 사람의 나이 일흔(70) 살을 이르는 말.

085 곡굉지락 曲肱之樂
팔을 베개 삼아 잠을 자는 가운데 있는 즐거움이라는 뜻으로, 가난에 만족하여 그 안에서 즐거움을 찾는 검소하고 청빈하면서 자족(自足)하는 생활을 비유한 말.

086 곡속 觳觫
무서워서 벌벌 떪. 또는 죽기를 무서워한다는 뜻으로, 소가 도살장에 끌려가는 것이 두려워 벌벌 떠는 모습을 비유하는 말.

087 곡죽생순 哭竹生筍
대나무밭에서 대나무를 붙잡고 죽순을 부르며 울부짖으니 땅속에서 죽순이 솟아 어머니 병을 치료하는 효성을 이르는 말.

088 곤옥추상 琨玉秋霜
아름다운 옥과 가을의 서리라는 뜻으로, 고상하고 기품 있는 인격(人格)을 비유하여 이르는 말.

089 골육상쟁 骨肉相爭
뼈와 살이 서로 다툰다는 뜻으로, 부모자식, 형제자매, 숙질 등 같은 피를 나눈 가까운 가족이나 친척들끼리 서로 싸우는 일.

090 골육지애 骨肉之愛
가까운 친족끼리의 의로운 정분.

091 골육지친 骨肉之親
뼈나 살을 함께 나눈 사이인 부모, 자식, 형제, 자매 등의 가까운 혈족을 말함.

092 공곡공음 空谷跫音
빈 골짜기에 사람의 발자국 소리가 들린다는 뜻으로, 뜻밖의 즐거운 일이나 반가운 소식을 들었을 때 쓰는 말.

093 공수래공수거 空手來空手去
빈손으로 왔다가 빈손으로 간다는 뜻으로, 인생의 무상함과 덧없음을 가리키는 말.

094 공자문전매효경 孔子門前賣孝經
공자의 집 문 앞에서 《효경》을 판다는 뜻으로, 전문가 앞에서 자신의 보잘것없는 재주를 과시하는 경우를 이르는 말.

095 공자천주 孔子穿珠
공자가 구슬을 꿴다는 뜻으로, 자기보다 못한 사람일지라도 모르는 것이 있으면 묻는 것이 부끄러운 일이 아니라는 말.

096 과갈지친 瓜葛之親
덩굴이 벋어 서로 얽힌 오이와 칡이라는 뜻으로, 복잡하게 서로 얽힌 인척 관계를 비유적으로 이르는 말.

097 과유불급 過猶不及
정도를 지나침은 모자란 것만 같지 못하다는 뜻으로, 중용(中庸)의 중요성을 강조하는 말.

098 과전이하 瓜田李下
오이밭에서 신발 끈을 고쳐 매지 말고, 자두나무 아래서 갓끈을 고쳐 매지 말라는 뜻으로, 처음부터 남에게 의심받을 행동은 하지 말라는 말.

099 과정지훈 過庭之訓
뜰에서 가르친다는 뜻으로, 아버지가 자식에게 사람의 도리를 가르치는 것을 의미하는 말. 공자가 아들에게 《시경》과 《서경》을 배우라고 한 가르침.

100 과즉물탄개 過則勿憚改
허물이 있으면 고치기를 꺼리지 말라는 뜻으로, 잘못을 저질렀다고 후회만 하지 말고 그것을 빨리 바로잡아야만 다시는 같은 잘못을 저지르지 않는다는 말.

101 관과지인 觀過知仁
과실을 보고 어짊을 안다는 뜻으로, 사람의 과실만 보고도 그의 인품(人品)을 알 수 있다는 말.

102 관규추지 管窺錐指
대롱으로 엿보고 송곳이 가리키는 그 뾰족한 끝을 본다는 뜻으로, 학식이나 견문이 좁거나 또는 자신의 의견을 겸손하게 말할 때 쓰는 성어.

103 관인대도 寬仁大度
마음이 너그럽고 어질며 도량이 큼을 일컫는 말로, 다른 사람의 허물까지도 너그럽게 포용하는 인품을 지닌 사람을 칭찬하는 말.

104 관혼상제 冠婚喪祭
사람에게 중요한 네 가지 예법. 즉, 갓을 쓰는 성인이 되는 의식인 관례(冠禮), 결혼식을 올리는 혼례(婚禮), 죽어서 장례를 치르는 상례(喪禮), 제사를 지내는 제례(祭禮) 등을 일컫는다.

105 광음여전 光陰如箭
세월은 쏜 화살과 같아서 한번 지나가면 다시 돌아오지 않는다는 뜻으로, 시간을 소중히 여기고 아껴 쓰라는 말.

106 광일미구 曠日彌久
오랫동안 쓸데없이 세월만 보내며 일을 질질 끈다는 말로, 할 일은 안 하고 오랫동안 헛되이 세월을 보낸다는 뜻.

107 광풍제월 光風霽月
비가 갠 뒤의 상쾌한 바람과 밝은 달이라는 뜻으로, 사람의 심성이 맑고 깨끗하거나 그러한 인격을 가진 사람을 이르는 말.

108 교각살우 矯角殺牛
소의 뿔을 바로잡으려다가 소를 죽인다는 뜻으로, 결점(缺點)이나 흠을 고치려다 수단(手段)이 지나쳐 도리어 일을 그르치거나 망침을 이르는 말.

109 교객 嬌客
아리따운 손님이라는 뜻으로, 사위를 친근하게 이르는 말.

110 교부초래 敎婦初來
며느리를 맞으면 처음부터 그 가정의 여러 전통과 문화, 그리고 예의범절과 법도를 가르쳐야 한다는 말로, 신부의 교육은 시집왔을 때에 바로 하라는 뜻.

111 교송지수 喬松之壽
큰 소나무의 수명이라는 뜻으로, 사람이 오래 삶을 이르는 말.

112 교언영색 巧言令色
교묘한 말과 부드러운 얼굴빛이란 뜻으로, 남의 환심을 사기 위해 아첨하는 교묘한 말과 보기 좋게 꾸민 얼굴 표정을 이르는 말.

113 교자채신 敎子採薪
자식에게 땔나무 채취하는 방법을 가르친다는 뜻으로, 일시적으로 돕는 것이 아니라 자기 힘으로 살아갈 수 있게 학문이나 기술, 즉 삶의 지혜를 가르친다는 말.

114 교족이대 翹足而待
발뒤꿈치를 들고 서서 이제나저제나 하고 오기를 기다린다는 뜻.

115 교지심통 嚙指心痛
어머니가 손가락을 깨물자 아들이 마음이 아파 집으로 갔다는 춘추시대 증삼의 이야기에서 온 고사.

116 교토삼굴 狡兔三窟
날랜 토끼는 위기에 피할 수 있는 굴을 3개 가지고 있다는 뜻으로, 지혜로운 사람은 미리미리 준비하여 미래를 대비한다는 의미가 담겨 있다.

117 교학상장 敎學相長
가르치면서 배우고 배우는 자에게도 가르침을 받으면서 스승과 학생이 서로 성장한다는 말로, 가르침에도 배움이 있으니 교만하지 말라는 뜻도 담겨 있다. 벼는 익을수록 고개를 숙인다는 우리 속담을 연상시킨다. 학문이 아무리 깊어도 가르치다 보면 자신의 부족함을 깨닫고 배우는 것이 적지 않다는 의미다.

118 구강지화 口講指畵
입으로는 설명하고 손으로는 그림을 통해 가르친다는 뜻으로, 성실하고 친절하게 교육하는 자세를 비유하는 말.

119 구거작소 鳩居鵲巢
비둘기는 자기 집을 짓지 않고 까치집에서 산다는 의미로, 아내가 남편의 집을 자신의 집으로 삼는 것을 비유하거나 또는 남의 집을 빌려 사는 것을 비유.

120 구곡간장 九曲肝腸
아홉 번 구부러진 간과 창자라는 뜻으로, 굽이굽이 사무친 깊은 시름과 한이 가득 쌓인 마음을 비유하는 말.

121 구로지은 劬勞之恩
수고로운 은혜라는 뜻으로, 자기를 낳아 주시고 고생하며 길러 주신 부모님의 은덕을 말함. 구로지감(劬勞之感)이라고도 함.

122 구마지심 狗馬之心
개나 말이 주인에 대하여 가지는 충성심이란 뜻으로, 타인에 대한 자신의 마음과 정성을 낮추어 이르는 말.

123 구사구용 九思九容
심신수양에 필요한 아홉 가지 생각과 아홉 가지 모습이다. 구사(九思)는 《논어(論語)》에 나오는 공자(孔子)의 말씀이고, 구용(九容)은 《예기(禮記)》에 나온다.

124 구십춘광 九十春光
90일 동안의 화창한 봄 날씨를 이르는 뜻으로, 노인의 마음이 청년처럼 젊음을 이르는 말.

125 구이경지 久而敬之
오랫동안 그것을 공경하다는 말로, 사귄 지 오랜 시간이 지나도 상대를 항상 변함없이 공경한다는 말.

126 구인득인 求仁得仁
인(仁)을 구하면 인(仁)을 얻는다는 말로, 자신이 원하거나 갈망하던 것을 얻었음을 뜻함.

127 구절양장 九折羊腸
아홉 번 구부러진 양의 창자라는 의미로, 산길이 꼬불꼬불하고 몹시 험한 것을 이르거나, 세상이 복잡하여 살아가기가 어렵다는 말.

128 구주매안 舊主埋安
제사 지내는 대(代)의 수가 끝난 위패(位牌)를 땅에 묻는다는 말로, 조상에게 제사를 지낼 때, 임금은 오대조(五代祖)까지이며, 평민은 사대봉사(四代奉祀)까지 했음.

129 구화지문 口禍之門
입은 재앙을 불러들이는 문이 된다는 뜻으로, 말을 삼가고 경계하라는 말.

130 군겁쟁재 群劫爭財
여러 형제들이 재물을 놓고 다툰다는 의미.

131 군군신신 君君臣臣
임금은 임금다워야 하고 신하는 신하다워야 한다는 말.

132 군사부일체 君師父一體
임금과 스승과 아버지는 한 몸이라는 뜻으로, 임금, 스승, 아버지의 은혜는 모두 같다는 말.

133 군신의합 君臣義合
임금과 신하라는 관계는 공동의 목표, 곧 의지에 의해서 부합된 관계라는 뜻.

134 군자삼계 君子三戒
군자가 경계해야 할 세 가지란 뜻으로, 젊을 때는 색욕(色慾)을 경계하고, 장년기에는 다툼을 경계하고, 노년기에는 탐욕(貪慾)을 경계하라는 말.

135 군자삼락 君子三樂
군자(君子)는 보통 사람과는 달리 특별한 세 가지 즐거움(三樂)이 있다는 말. 첫째는 부모님 모두 생존해 계시고 형제가 무고한 것, 둘째는 위로는 하늘을 우러러 부끄럽지 않고 아래로는 사람들에게 부끄러워할 것이 없는 것, 셋째는 천하의 영재를 얻어서 그들을 교육하는 것.

136 굴지계일 屈指計日
손가락을 꼽아 가며 날짜를 헤아리며 그날이 오기를 기다림.

137 궁년누세 窮年累世
궁년(窮年)은 자기의 한평생, 누세(累世)는 자손 대대를 뜻하는 말로 본인의 한평생과 자손 대대를 이르는 말.

138 궁불실의 달불리도 窮不失義 達不離道
선비는 아무리 궁(窮)한 처지에 놓여 있어도 의로움을 잃지 말고, 출세했더라도 정도(正道)를 벗어나지 않아야 한다는 말.

139 궁원투림 窮猿投林
다급한 원숭이는 나무를 가리지 않는다는 뜻으로, 가난할 때는 아무 벼슬이나 해서 살아남아야 한다는 말.

140 궁통각유명 窮通各有命
사람의 곤궁(困窮)함과 영달이 모두 운명에 달려 있다는 뜻으로, 해야 할 일을 다 하고 다음은 조용히 결과를 기다려야 한다는 말.

141 권선징악 勸善懲惡
착한 행실을 권장(勸奬)하고, 악한 행실을 징계(懲戒)하는 것을 의미.

142 궐감유불원 厥鑑有不遠
그 귀감(龜鑑)은 먼 곳에 있지 않고 바로 목전(目前)에 있다는 뜻으로, 본받을 만한 본보기는 가까운 데서 찾으라는 말.

143 고양궤유 羔羊跪乳
새끼 양이 무릎 꿇고 어미젖을 먹는다는 뜻으로, 자식(子息)이 어버이에게 효도함을 비유하는 말.

144 궤장지좌 几杖之座
노인을 우대하여 특별히 베푼 자리.

145 귀경 歸京
부모를 뵙고 서울로 돌아가거나 돌아오는 것을 말하거나, 또는 객지에서 살고 있는 곳으로 돌아옴.

146 귀곡천계 貴鵠賤鷄
따오기를 귀하게 여기고 닭을 천하게 여긴다는 뜻으로, 먼 것을 귀하게 여기고 가까운 것을 천하게 여기는 것이 인지상정이라는 말. 또는 어리석음을 뜻함.

147 귀성 歸省
부모를 뵙기 위하여 객지에서 고향으로 돌아가거나 돌아오는 것.

148 귀주출천방 貴珠出賤蚌
귀한 진주가 천한 조개에서 나온다는 뜻으로, 변변치 못한 집안에서 훌륭한 인물이 나왔다는 말.

149 규중처녀 閨中處女
집 안에 들어앉아 곱게 자란 처녀를 이르는 말.

150 귤화위지 橘化爲枳
귤(橘)이 변해서(化) 탱자(枳)가 된다(爲)는 뜻으로, 환경과 조건이 다르면 동일한 것이라도 그 성질이 변한다는 말. 즉 처한 환경에 따라 성품이나 재능이 변한다는 의미.

151 극구광음 隙駒光陰
흘러가는 세월(歲月)의 빠름은 달려가는 말을 문틈으로 보는 것과 같다는 뜻으로, 인생이 덧없고 빠르게 지나감을 이르는 말.

152 극기복례 克己復禮
자기를 극복하고 예의범절로 돌아간다는 뜻으로, 곧 욕망(慾望)이나 거짓(詐)된 마음을 누르고 착한 본성의 예도(禮度)를 회복한다는 말.

153 극악무도 極惡無道
더할 나위 없이 악하고 도리에 완전히 어긋남.

154 근묘화실 根苗花實
조상은 뿌리요, 자손은 그 열매라는 뜻.

155 근묵자흑 近墨者黑
먹을 가까이 하는 사람은 자신도 모르게 검어진다는 뜻으로, 행실이 좋지 못한 사람과 가까이하면 그 버릇에 물들기 쉽다는 이야기. 사람은 늘 가까이 하는 사람에 따라 영향을 받아서 변하는 것이니 조심하라는 말.

156 근주자적 近朱者赤
붉은색을 가까이 하면 붉어진다는 뜻으로, 사람의 성격이나 능력은 주변의 환경이나 친구에 의해 많이 좌우된다는 것을 비유하는 말.

157 금과옥조 金科玉條
금(金)으로 만든 법(法)과 옥(玉)으로 만든 조항(條項), 즉 소중히 여기고 반드시 지켜야 할 규칙이나 교훈을 비유하는 말.

158 금독지애 禽犢之愛
새끼 소에 대한 어미 소의 사랑이란 뜻으로, 자식에 대한 부모의 지나친 사랑을 의미.

159 금석맹약 金石盟約
쇠나 돌같이 굳은 언약이라는 뜻으로, 오랜 세월이 지나도 결코 변치 않는 굳은 약속을 비유하는 말.

160 금석지감 今昔之感
지금과 옛날의 차이가 너무 심해 생기는 느낌이라는 뜻으로, 지금과 예전을 비교할 때 차이가 매우 크게 느껴지는 감정을 표현한 말.

161 금슬부조 琴瑟不調
금(琴)은 거문고, 슬(瑟)은 비파로 거문고와 비파가 서로 조화롭지 못하다는 뜻으로, 부부의 사이가 화목하지 않은 것에 비유.

162 금슬상화 琴瑟相和
거문고와 비파 소리가 서로 조화를 이룬다는 뜻으로, 거문고와 비파가 서로 어울려 아름다운 합주를 만들어 내듯이 부부 사이가 다정하고 화목함을 이르는 말. 금슬지락(琴瑟之樂)과 같은 말.

163 금시작비 今是昨非
오늘은 옳고 어제는 그르다는 뜻으로, 과거의 잘못을 지금에서야 비로소 깨달았다는 말.

164 금의야행 錦衣夜行
비단옷을 입고 밤길을 다닌다는 뜻으로, 쓸데없고 아무 보람도 없는 행동을 함을 비유하거나, 입신출세(立身出世)한 뒤에도 고향으로 돌아가지 않음을 비유한 말.

165 금의일식 錦衣一食
비단옷과 먹을 것을 바꾼다는 뜻으로, 호화로운 비단옷보다 한 그릇의 밥이 더 필요하다는 말.

166 금의환향 錦衣還鄕
비단옷을 입고 고향에 돌아온다는 뜻으로, 타지에 나가 성공을 거둔 후 높은 신분이 된 뒤에 사람들의 환영을 받으며 고향으로 돌아온다는 말.

167 금지옥엽 金枝玉葉
황금으로 만든 나뭇가지와 옥으로 만든 나뭇잎이란 뜻으로, 임금의 자손이나 매우 귀한 집의 둘도 없는 귀한 자손을 일컫는 말.

168 긍휼지심 矜恤之心
불쌍하고 측은히 여기는 마음을 뜻함.

169 기감훼상 豈敢毀傷
부모님께서 낳아 길러 주신 이 몸을 감히 훼상해선 안 된다는 말.

170 기경기효 起敬起孝
부모에게 공경과 효도를 다한다는 말.

171 기관심모 棄官尋母
벼슬을 버리고 행방이 묘연한 어머니를 찾아 나서는 효자의 뜨거운 효심을 일컫는 말.

172 기구지업 箕裘之業
키와 가죽옷을 만드는 직업이라는 뜻으로, 선대로부터 내려오는 직업이나 가업(家業)을 완전히 이어받음을 비유하는 말.

173 기린지쇠야 노마선지 麒麟之衰也 駑馬先之
기린이 쇠약해지면 둔한 말이 먼저 간다는 의미로 젊을 때의 패기와 지력이 나이를 먹으면서 감소함을 비유하는 말로, 천하에 용맹을 떨치던 영웅호걸도 쇠약해지면 평범한 사람보다 못하다는 뜻.

174 기마욕솔노 騎馬欲率奴
말을 타면 종에게 고삐를 잡히고 싶다는 뜻으로, 사람의 욕심이란 한이 없어서 원하는 것을 얻게 되면 곧바로 또 다른 것을 원하게 된다는 말.

175 기불택식 飢不擇食
굶주린 사람은 먹을 것을 가리지 않는다는 뜻으로, 빈곤한 사람은 대수롭지 아니한 은혜에도 감격한다는 뜻의 비유.

176 기산지절 箕山之節
기산의 절개라는 말로, 허유가 기산에 숨어 살면서 요임금의 양위를 받지 않고 절조를 지켰다는 고사에서 나온 말로, 굳은 절개나 자신의 신념에 충실한 것을 비유하는 성어.

177 기소불욕 물시어인 己所不欲 勿施於人
내가 하고 싶지 않은 일을 다른 사람에게 시키지 말라는 뜻으로, 내가 남에게 대접받고 싶은 대로 남을 대하라는 의미.

178 기왕불구 旣往不咎
이미 지나간 일의 잘못은 더 이상 탓하지 않는다는 뜻으로, 지난 잘못을 책망해도 아무 소용이 없으니 앞으로의 일이나 잘 챙겨야 한다는 말.

179 기이지수 期頤之壽
백 세가 되는 사람의 나이라는 뜻으로, 백 살이 된 나이를 이르는 말.

180 기인지우 杞人之優
기(杞)나라 사람의 쓸데없는 걱정이란 뜻으로, 일어날 가능성이 매우 희박한 일을 지나치게 걱정하고 두려워하는 쓸데없는 군걱정, 헛걱정, 무익한 근심을 말하며, 기인우천(杞人憂天)과 같은 말.

181 기자이위식 飢者易爲食
배고픈 사람은 음식을 가리지 않고 달게 먹는다는 뜻으로, 곤궁한 사람은 사소한 은혜도 고맙게 받는다는 말.

182 길흉화복 吉凶禍福
인간 세상에 존재하는 좋은 일과 나쁜 일, 불행한 일과 행복한 일을 모두 모아 이르는 표현으로, 사람의 운수를 이르는 말.

(나)

183 낙불사촉 樂不思蜀
즐거워서(樂) 촉나라(蜀)를 생각하지 않는다(不思)는 말로, 타향을 떠도는 나그네가 현재의 생활을 즐기며 고향이나 조국을 잊어버리는 사람이나 그 행위를 비유하는 말.

184 낙애처자 樂愛妻子
처자를 사랑하고 즐거움을 함께 나눔.

185 낙월옥량 落月屋梁
자다가 깨어 보니 지는 달이 지붕 위를 비춘다는 뜻으로, 벗이나 고인(故人)을 그리는 마음이 간절하다는 말.

186 난득자형제 難得者兄弟
형제란 사람의 힘으로 된 것이 아니라는 뜻으로, 형제간에는 우애가 깊고 원만하게 지내야 한다는 말.

187 난득호도 難得糊塗
바보가 되기란 어려운 일이라는 뜻으로, 똑똑한 사람이 똑똑함을 감추고 바보처럼 사는 건 참 어렵다는 말.

188 난상가란 卵上加卵
달걀 위에 달걀을 포갠다는 뜻으로, 지극한 정성을 이르는 말로 정성이 지극하면 하늘도 감동한다는 뜻의 지성감천(至誠感天)과 비슷한 말.

189 난신적자 亂臣賊子
나라를 어지럽히는 불충한 신하와 부모의 뜻을 거역하는 불효자식이란 뜻으로 세상을 살아가는 데 전혀 도움이 되지 않는 천하의 몹쓸 사람이나 역적의 무리를 가리키는 말.

190 난의포식 暖衣飽食
옷을 따뜻하게 입고 음식을 배부르게 먹는다는 뜻으로, 잘 입고 잘 먹으며 편안하고 풍족하게 지낸다는 말.

191 난익지은 卵翼之恩
알을 낳아 날개로 품어 길러 준 은혜라는 뜻으로, 자기를 낳아 길러 주신 어버이의 은혜를 일컫는 말.

192 난형난제 難兄難弟
형이 낫다고 하기도 어렵고 아우가 낫다고 하기도 어렵다는 뜻으로, 두 사물이나 사람이 서로 엇비슷하여 실력을 가리기 어려움을 비유한 말.

193 남가일몽 南柯一夢
남쪽으로 뻗은 나뭇가지 밑에서 자다가 꾼 꿈이란 뜻으로, 덧없는 한때의 허황된 꿈, 인생의 덧없음, 한때의 부귀영화를 비유한 말.

194 남녀거실 인지대륜 男女居室 人之大倫
남녀가 가정을 이룸은 사람의 큰 도리임을 나타내는 뜻으로 인간 사회를 형성하는 기본은 부부임을 이야기하는 말.

195 남부여대 男負女戴
남자는 짐을 등에 지고 여자는 짐을 머리에 이고 간다는 뜻으로, 가난한 사람들이 이리저리 살 곳을 찾으면서 떠돌아다니는 것을 이르는 말.

196 남전생옥 藍田生玉
남전(藍田)은 중국에서 좋은 옥이 난다는 유명한 현(縣)이다. 남전에서 옥이 나온다는 말은, 사람 역시 명문가나 훌륭한 부모 밑에서 뛰어난 자식이 나옴을 칭찬하는 뜻으로, 부자를 함께 칭송할 때 쓰는 말.

197 남존여비 男尊女卑
남성을 존중하고, 여성을 비천하게 여기는 생각.

198 남흔여열 男欣女悅
남편과 아내가 다 기뻐한다는 뜻으로, 부부 사이가 화평하고 즐거움을 이르는 말.

199 낭자야심 狼子野心
늑대 새끼는 흉포해서 길들이기 어렵다는 뜻으로, 포악한 사람이나 신의가 없는 사람은 쉽게 교화시킬 수 없다는 말.

200 낭중지추 囊中之錐
주머니 속의 송곳이라는 뜻으로, 송곳은 그 예리한 끝이 주머니를 뚫고 나오듯 재능이 뛰어난 사람은 숨어 있어도 저절로 존재가 드러나게 된다는 말.

201 내성불구 內省不疚
자기자신(自己自身)을 되돌아보아 마음속에 조금도 부끄러울 것이 없다는 뜻으로, 마음이 결백함을 이르는 말.

202 내조지공 內助之功
아내가 집안을 잘 내조하여 남편을 돕는다는 뜻으로, 세상에 드러나지 않고 내부에서 돕는다는 말.

203 노구능해 老嫗能解
늙은 할머니도 다 이해한다는 뜻으로, 글을 쉽게 쓰기 위해 노력하는 자세를 말함.

204 노래지희 老萊之戱
직역하면 노래자(老萊子)의 유희라는 뜻. 춘추시대(春秋時代) 초나라 사람 노래자(老萊子)가 70세의 나이에도 불구하고 무늬 있는 색동저고리(반의斑衣, 여러 빛깔의 옷감으로 만든 어린아이들의 때때옷)를 입은 동자(童子)의 모습을 하고, 늘 어린 모습으로 부모 앞에서 재롱(才弄)을 부려 즐겁게 해 드림으로써 부모에게 늙음을 잊게 해 드리며 효도한 고사에서 유래.
자식이 아무리 나이가 들어도 자식에 대한 부모의 마음은 여전(如前)하므로 자식은 변함없이 부모에게 효도(孝道)해야 한다는 말. 노래자유희(老萊子遊戱)의 준말.

205 노마식도 老馬識途
늙은 말이 길을 안다는 뜻으로, 경험이 풍부한 사람이 일을 잘 처리한다는 말.

206 노마염태호 老馬厭太乎
늙은 말이 콩을 싫어하겠느냐는 뜻으로, 본능적(本能的)인 욕망(慾望)이나 의지는 늙는다고 없어지는 것이 아니라는 말.

207 노마지지 老馬之智
늙은 말의 지혜(智慧)라는 뜻으로, 비록 하찮은 사람이라도 오랜 세월 살아오며 쌓은 경험과 삶을 통해 축적된 지혜와 장점(長點)이 있으니 배울 점이 있으면 그 대상이 누구이든지 배워야 한다는 말.

208 노사일음 勞思逸淫
일을 해야만 근검절약이 무엇인 줄 알지, 안락만 추구하면 나쁜 마음만 일어난다는 뜻.

209 노생상담 老生常談
늙은 노인이 늘 하는 말이라는 뜻으로, 새롭고 특이한 의견을 제기하는 것이 아니라 노인들의 고루한 이론이나 흔히 들어서 알고 있는 상투적인 말을 늘어놓음을 비꼬아 하는 말.

210 노생지몽 盧生之夢
노생의 헛된 꿈이란 말로, 인간의 부귀영화가 꿈처럼 일시적이고 덧없고 부질없다는 뜻.

211 노소동락 老少同樂
노인과 젊은이가 나이에 관계없이 함께 즐긴다는 말.

212 노소부정 老少不定
죽는 것은 나이 순서가 아니라는 뜻으로, 사람의 수명은 나이와 무관하며 죽는 데는 순서가 없다는 말로 늙은이가 꼭 먼저 죽는 것만은 아니라는 의미.

213 노심초사 勞心焦思
마음으로 애를 쓰며 속을 태운다는 말.

214 노연분비 勞燕分飛
때까치와 제비가 따로 헤어져 날아간다는 뜻으로, 사람의 이별을 비유하여 이르는 말.

215 노우지독 老牛舐犢
늙은 어미 소가 송아지 새끼를 핥아 준다는 뜻으로, 부모의 자녀에 대한 무한한 사랑과 보살핌을 비유하는 말.

216 노의순모 蘆衣順母
갈대 옷을 입고도 어머니께 순종한다는 뜻으로, 공자의 삼천 제자 중에 공자의 사상을 널리 알린 민손(閔損)의 이야기에서 유래한 말. 민손의 자는 자건(子騫)으로 덕행에 뛰어난 사람으로 소문난 효자였다. 한겨울에 이복동생은 솜옷을 입히고 자신은 갈대 옷을 입혀 구박하는 계모를 부친이 쫓아내려 하자 민자건이 동생을 위해 부친을 만류했다는 내용으로, 어미가 있으면 혼자만이 냉대받으면 되지만 어미가 없으면 삼 형제(자신과 두 이복동생)는 헐벗게 된다면서 부친을 감동시켜 축출을 막았다는 이야기.

217 노이불사 老而不死
늙었으나 죽지 못한다는 뜻으로, 늙은 나이에 꼴사납고 어지러운 일들이 생겨도 마지못해 살아감을 한탄하여 이르는 말.

218 노이불원 勞而不怨
효자는 부모를 위해 어떤 고생을 하더라도 결코 부모를 원망하지 않는다는 말.

219 노익장 老益壯
늙었어도 젊은이다운 패기가 변하지 않고 더욱 씩씩해진다는 뜻으로, 늙었어도 의욕이나 기력은 젊은이 못지않게 장하고 왕성하다는 말.

220 노친시하 老親侍下
늙은 부모를 모시고 있는 처지.

221 노파심 老婆心
노파의 마음 또는 할머니의 걱정이라는 의미로, 걱정하는 마음의 정도가 지나침을 비유하는 말.

222 녹사불택음 鹿死不擇音
사슴은 그 소리가 아름다우나 죽게 되었을 때에는 그 아름다운 소리를 가리어 낼 여유(餘裕)가 없다는 뜻으로, 사람도 위급(危急)한 지경(地境)을 당했을 때는 절도(節度)를 잃고 악성(惡聲)이 나옴을 비유(比喩)해 이르는 말.

223 녹엽성음 綠葉成陰
푸른 잎이 무성하게 피어 그늘을 짙게 드리운다는 뜻으로, 혼인(婚姻)한 여자가 슬하(膝下)에 많은 자녀를 둔 것을 비유하는 말.

224 녹유봉친 鹿乳奉親
사슴 젖으로 어버이를 봉양한다는 뜻으로, 주나라 담자(剡子)의 이야기.

225 녹유봉친 祿猶奉親
녹을 받는 것도 부모를 봉양하기 위함이라는 뜻.

226 농와지경 弄瓦之慶
실패를 가지고 놀도록 하는 경사로움이라는 뜻. 옛날 중국에서 딸을 낳으면 진흙으로 만든 실패인 와(瓦)를 장난감으로 주었다는 데서 유래한 말로, 딸을 낳은 기쁨을 비유함.

227 농장지경 弄璋之慶
구슬을 가지고 놀 수 있는 경사로움이라는 뜻으로, 옛날 중국에서 아들을 낳으면 구슬인 장(璋)으로 만든 장난감을 쥐여 준 고사에서 유래하여 아들을 낳은 경사 또는 기쁨을 비유함.

228 농조연운 籠鳥戀雲
새장에 갇힌 새가 구름을 그리워한다는 뜻으로, 속박을 당한 몸이 자유를 그리워하는 마음이나, 고향 생각이 간절함을 비유하여 이르는 말.

229 누란지위 累卵之危
계란을 쌓아 놓은 것처럼 무너지기 쉽고 위태로운 모양이라는 뜻으로, 아슬아슬하고 위험한 상태를 말함.

230 눌언민행 訥言敏行
말은 더디고 행동에는 민첩하다는 뜻으로, 사람은 말하기는 쉬워도 행하기는 어려우므로, 군자는 언어는 둔하여도 행동은 민첩해야 함을 일컫는 말.

231 능곡지변 陵谷之變
높은 언덕이 변하여 깊은 골짜기가 되고, 깊은 골짜기가 변하여 높은 언덕으로 변한다는 뜻으로, 세상일의 변천이 극심한 것을 이르는 말.

232 능효능제 막비사은 能孝能悌 莫非師恩

부모(父母)님께 효도(孝道)하고 어른을 공경(恭敬)할 수 있음은 스승의 은혜(恩惠)가 아님이 없다는 말.

(다)

233 다기망양 多岐亡羊
달아난 양을 찾다가 길이 여러 갈래로 갈려 마침내 양을 잃었다는 뜻으로, 학문의 방향을 여러 가지로 잡으면 진리를 깨치기 어렵다는 말.

234 단갈불완 短褐不完
단갈은 짧은 잠방이로, 가난한 사람이 제대로 예의를 갖추지 못한 옷차림을 말함.

235 단기지교 斷機之敎
짜던 베틀의 베를 칼로 끊어 버린 가르침, 즉 학문을 중간에 중단해서는 안 된다는 뜻으로, 자식의 교육을 위해 헌신하는 어머니의 정성을 일컫는 말. 단기지계(斷機之戒)와 같은 말.

236 단말마 斷末魔
사람이 숨이 끊어질 때 고통스럽게 지르는 비명이라는 뜻으로, 숨이 막 끊어지는 임종(臨終)의 순간을 이르는 말.

237 단사표음 簞食瓢飮
작은 대바구니에 담긴 밥을 먹고, 작은 표주박에 담긴 물을 마신다는 뜻으로, 가난하지만 매우 소박하고 청빈한 생활을 이르는 말.

238 단사호장 簞食壺漿
작은 대바구니에 담긴 밥과 병에 넣은 음료라는 뜻으로, 넉넉하지 못한 사람의 형편없는 음식을 이르는 말이나, 없는 가운데서도 손님에게 주기 위하여 마련한 음식이라는 뜻이 내포되어 있음.

239 단의순모 單衣順母
단벌 옷차림으로 어머니께 순종(順從)한다는 뜻으로, 민자건(閔子騫)의 지극한 효심(孝心)을 이르는 말.

240 단의절친 斷義絶親
가족관계와 의리를 끊는 것.

241 단장 斷腸
창자가 끊어진다는 뜻으로, 창자가 끊어질 듯한 슬픔이나 아픈 상처를 말함.

242 단표누항 簞瓢陋巷
누추한 거리인 누항(陋巷)에서 먹는 한 바구니의 밥과 한 바가지의 물이라는 뜻으로, 선비의 소박한 시골 생활과 청빈한 생활을 비유적으로 표현한 말.

243 달팔십 達八十
나이 팔십(여든)에 뜻을 이루었다는 뜻으로, 여든 이후의 호화로운 삶을 뜻하는 말.

244 당구지락 堂構之樂
집안의 사업을 하는 즐거움이라는 뜻으로, 아들이 아버지의 사업을 계승하여 이루는 즐거움을 이르는 말.

245 당대발복 當代發福
풍수지리에서 부모를 명당에 장사 지낸 덕으로, 그 아들 대에서 부귀를 누리게 됨을 이르는 말.

246 당랑거철 螳螂拒轍
사마귀(螳螂)가 앞발을 들고 수레바퀴를 가로막는다는 뜻으로, 미약한 제 분수도 모르고 강적에게 항거하거나 덤벼드는 무모한 행동을 비유하는 말.

247 당랑포선 螳螂捕蟬
사마귀가 매미를 잡으려고 한다는 말로, 눈앞의 이익에만 정신이 팔려 자신에게 당장 닥쳐올 위험을 깨닫지 못하는 어리석은 사람을 비웃는 말. 당랑박선(螳螂搏蟬)도 같은 말.

248 대기만성 大器晩成
큰 그릇을 만드는 데에는 오랜 시간이 걸린다는 뜻으로, 큰 인물(人物)은 쉽게 만들어지지 않고 온갖 어려움을 거친 후에야 비로소 늦게 이루어진다는 말.

249 대대손손 代代孫孫
대대로 이어져 내려오는 자손.

250 대도무문 大道無門
사람으로서 마땅히 지켜야 할 큰 도리(道理)나 정도(正道)에는 거칠 것이 없다는 뜻으로, 누구나 그 길을 걸으면 승리자가 될 수 있다는 말.

251 대마의북풍 代馬依北風
북쪽 지방(地方)인 대군(代郡)에서 태어난 말은 늘 북풍을 그리워한다는 뜻으로, 동물도 고향(故鄕)을 그리워하는 정이 있다는 말.

252 대복재천 大福在天
큰 복은 하늘에서 내린다는 말.

253 대성지행 戴星之行
별을 이고 가는 길이라는 뜻으로, 타향에서 부모의 부음을 받고 밤을 새워 집으로 돌아가는 것을 이르는 말.

254 대성통곡 大聲痛哭
큰 소리를 내며 목을 놓아 매우 슬피 우는 것을 말하는 것으로, 이는 극도의 슬픔을 겪는 상황에서 사용되는 표현임.

255 대순탄금 大舜彈琴
순임금이 부모님과 이복동생에게 죽임을 당할 뻔하고서도, 평소처럼 거문고를 타면서 효도를 다하고 이복동생을 아낌.

256 대역무도 大逆無道
심히 인륜(人倫)에 거역하는 악역(惡逆)을 이르는 말.

257 대우탄금 對牛彈琴
소귀에 거문고 소리를 들려준다는 뜻으로, 어리석은 사람에게 깊은 이치를 말하여 주어도 아무 소용이 없다는 말.

258 대의멸친 大義滅親
큰 뜻을 위해서는 친족도 멸한다는 뜻으로, 국가나 사회의 대의를 위해서는 부모나 형제의 사사로운 정도 돌아보지 않는다는 말.

259 대의명분 大義名分
사람으로서 당연히 지켜야 할 도리나 본분, 혹은 떳떳한 명분.

260 대장부 大丈夫
건장하고 씩씩한 사내라는 뜻으로, 남자를 이르는 말.

261 대천지수 戴天之讐
함께 하늘을 머리에 이고 살 수 없는 원수(怨讐)라는 뜻으로, 이 세상에서 같이 살 수 없을 만큼 큰 원한을 가진 원수를 비유적으로 이르는 말.

262 덕무상사 德無常師
덕을 닦는 데는 일정(一定)한 스승이 없다는 뜻으로, 마주치는 환경(環境), 마주치는 사람 모두가 수행(修行)에 도움이 됨을 이르는 말.

263 덕본재말 德本財末
사람이 살아가는 데 있어서 덕(德)이 근본이고 재물(財物)은 사소한 것이라는 말.

264 덕불고 필유린 德不孤 必有隣
덕이 있는 사람에겐 반드시 마음을 같이하는 사람과 따르는 사람이 있어 외롭지 않고 반드시 이웃이 있게 된다는 뜻으로, 남에게 덕을 베푸는 사람에게는 사람들이 모여든다는 말.

265 덕성예공 德成禮供
덕이 높은 사람은 반드시 예의가 바르다는 말.

266 도리불언 하자성혜 桃李不言 下自成蹊
복숭아나무와 자두나무는 말을 하지 않아도 나무 아래 저절로 길이 난다는 뜻으로, 인품이 훌륭하고 자기 맡은 일을 잘하는 사람은 저절로 이름이 드러나고 존경받고 사람도 모여든다는 뜻. 세속의 일을 비유할 때 곧잘 쓰는 말.

267 도행역시 倒行逆施
순서를 따르지 않고 역행한다는 뜻으로, 사람의 도리에 어긋나거나 상식에 벗어나게 행동한다는 말.

268 독로시하 篤老侍下
일흔 살이 넘는 연로한 어버이를 모시고 있는 처지를 뜻함.

269 독서망양 讀書亡羊
책을 읽는 데 정신(精神)이 팔려 양을 잃었다는 뜻으로, 다른 일에 마음이 팔려 중요한 일을 소홀(疏忽)히 여기거나 또는 마음이 다른 데 있어 도리를 잃어버리는 것을 말함.

270 독서상우 讀書尙友
책을 읽어서 옛날의 현인을 벗 삼는다는 말.

271 독수공방 獨守空房
빈방에서 혼자 잔다는 뜻으로, 부부가 서로 별거하여 여자가 남편 없이 혼자 지냄을 뜻하는 말. 독숙공방(獨宿空房)도 같은 뜻.

272 돈견 豚犬
돼지와 개라는 뜻이지만, 자기 자식을 낮춰 부를 때 쓰는 말.

273 돈수재배 頓首再拜
머리가 땅에 닿도록 두 번 절을 한다는 뜻으로, 웃어른에게 올리는 편지의 첫머리나 끝에 경의를 표하기 위하여 쓰는 말.

274 동가식서가숙 東家食西家宿
동쪽 집에서 밥을 먹고 서쪽 집에서 잠을 잔다는 뜻으로, 일정한 거처 없이 한 곳에 정착하지 못하고 이곳저곳으로 떠돌아다니며 이 집 저 집에서 얻어먹고 지낸다는 말.

275 동고동락 同苦同樂
함께 고생하고 함께 즐긴다는 뜻으로, 괴로운 일과 즐거운 일 등 모든 일을 함께 나눈다는 말.

276 동근연지 同根連枝
같은 뿌리와 잇닿은 나뭇가지라는 뜻으로, 형제자매(兄弟姉妹)를 비유하는 말.

277 동기 同氣
같은 기운(氣運)이란 뜻인데, 형제자매(兄弟姉妹)를 뜻함. 기(氣)란 기운(氣運)의 의미로 눈에는 보이지 않으나 오관(五官)으로 느껴지는 현상을 의미.

278 동기간 同氣間
형제자매(兄弟姉妹) 사이.

279 동기연지 同氣連枝
형제는 부모의 기운(氣運)을 같이 받았으니 나무의 가지와 같음.

280 동기일신 同氣一身
형제자매는 한 몸이나 다름없다는 말.

281 동기지친 同期之親
형제자매 사이에 서로 친애(親愛)함.

282 동량지재 棟梁之材
집의 들보가 될 나무라는 뜻으로, 한 집안, 한 사회, 한 나라의 기둥이 될 만한 훌륭한 인재를 이르는 말.

283 동병상련 同病相憐
같은 병을 앓는 사람끼리 서로 가엾게 여긴다는 뜻으로, 같은 처지에 있는 사람끼리 서로 고충을 알아 동정도 하고 돕기도 하며 살아가는 것을 말함. 어려운 처지를 당해 봐야 남을 생각할 줄도 알게 되는 법이라는 뜻으로 사용되기도 함.

284 동온하청 冬溫夏淸
겨울에는 따뜻하게 여름에는 시원하게 한다는 뜻으로, 부모의 잠자리를 추운 겨울에는 따뜻하게 하고 더운 여름에는 부채질 등으로 시원하게 해 드리며 효도한다는 말. 자식 된 자로서 부모님을 잘 섬기며 효도함을 일컫는 말. 동난하청(冬暖夏淸)도 같은 말.

285 동우지곡 童牛之牿
송아지를 외양간에 동여맴과 같이 자유가 없는 것을 이르는 말.

286 동해효부 東海孝婦
한(漢)나라 때 동해에 효행이 지극한 효부(孝婦)가 있었다는 고사.

287 득롱망촉 得隴望蜀
농(隴) 지방을 얻고 나니 촉(蜀)나라까지 갖기 원한다는 뜻으로, 인간의 탐욕스러움이 끝도 없어 만족할 줄 모르고 계속 욕심을 부림을 비유하는 말. 한 가지 소원을 이룬 다음 또다시 다른 소원을 이루고자 함을 의미함.

288 득의망형 得意忘形
뜻을 얻으면 자신의 근본마저 잊어버린다는 뜻으로, 매우 기뻐하여 정상적인 상태를 벗어나는 것을 이르는 말.

289 득친순친 得親順親
부모의 뜻에 들고, 부모의 뜻에 순종한다는 뜻으로, 효자의 행실을 나타내는 말.

290 등고자비 登高自卑
높은 곳에 오르려면 낮은 곳에서부터 올라가야 한다는 뜻으로, 모든 일은 순서에 맞게 기본이 되는 것부터 차례를 밟아 이루어 나가야 한다는 말. 또 다른 의미로는 지위가 높아질수록 자신을 낮춘다는 뜻.

291 등용문 登龍門
용문에 오른다는 뜻으로, 어려운 관문이나 시험을 통과하여 크게 입신출세함을 비유하여 이르는 말.

292 등하불명 燈下不明
등잔 밑이 어둡다는 뜻으로, 남의 일은 잘 알지만 자신의 일은 잘 알지 못한다는 의미.

(마)

293 마맥분리 磨麥分梨
보리를 갈아 가루로 만든 꿈을 꾸고 잃었던 남편을 찾았으며, 배를 쪼갠 꿈을 꾸니 잃었던 아들이 돌아왔다는 고사에서 온 말.

294 마부작침 磨斧作針
도끼를 갈아서 바늘을 만든다는 뜻으로, 아무리 어려운 일이라도 참고 노력하고 버티면 결국은 성공한다는 말.

295 마이동풍 馬耳東風
말의 귀를 스치는 동쪽 바람이라는 뜻으로, 남의 의견이나 충고를 귀담아듣지 않고 흘려버리는 태도를 비유하는 말. 한국 속담인 '소귀에 경 읽기'와 상통하는 말.

296 마중지봉 麻中之蓬
삼밭 가운데에서 자라는 쑥이라는 뜻으로, 구부러진 쑥도 꼿꼿한 삼밭에 나면 자연히 꼿꼿하게 자라듯이 사람도 좋은 환경에서 자라거나 좋은 친구를 사귀면 감화를 받아 품행이 바르게 된다는 말.

297 막리홍사 幕裏紅絲
여자들이 장막 뒤에서 각각 붉은 실을 쥐고 있다는 뜻으로, 사위를 고르거나 아내를 선택한다는 말.

298 막비명야 莫非命也
세상 모든 일이 타고난 운수소관이라는 말.

299 막지기자지악 莫知其子之惡
자기 자식의 잘못을 모른다는 뜻으로, 부모의 자식에 대한 사랑이 맹목적임을 이르는 말.

300 만가 挽歌
수레를 끌고 갈 때 부르는 노래라는 뜻으로, 사람이 죽어 상여를 메고 갈 때 죽은 사람을 애도하며 부르는 노래를 말함.

301 만고풍상 萬古風霜
만 년만큼 오랜 시간 동안 바람과 서리를 맞이한다는 뜻으로, 오랜 세월 동안 겪어 온 많은 고난이나 고생을 말함.

302 만단개유 萬端改諭
만 가지의 여러 좋은 말로 깨닫게 가르친다는 뜻으로, 친절하게 여러 가지로 타이르며 가르치는 것을 말함.

303 만수무강 萬壽無疆
만년을 살아도 끝이 없다는 뜻으로, 어른의 생일이나 새해에 덕담으로 장수를 기원하면서 하는 인사말.

304 만시지탄 晚時之歎
때늦은 탄식이라는 뜻으로, 때가 이미 늦었거나 시기와 기회를 놓쳐 뒤늦었음을 안타까워하는 탄식을 이르는 말. 기회를 놓치고 일이 지나간 뒤에 안타까워 탄식을 해도 아무 소용이 없다는 의미.

305 만초손 겸수익 慢招損 謙收益
언제나 거만(倨慢)하면 손해(損害)를 보며, 겸손(謙遜)하면 이익(利益)을 본다는 뜻.

306 말대필절 末大必折
나무 가지가 너무 굵으면 반드시 줄기가 부러진다는 뜻으로, 갈라져 나간 가문들이 강대하면 종가(宗家)가 무너진다는 말.

307 망극지은 罔極之恩
끝없이 넓고 큰 은혜라는 뜻으로, 임금이나 어버이의 은혜가 워낙 커서 갚을 길이 없음을 비유하는 말.

308 망극지통 罔極之痛
한이 없는 슬픔이라는 뜻으로, 임금이나 어버이의 상사(喪事)에 쓰는 말.

309 망문과부 望門寡婦
약혼한 남자가 결혼 전에 죽어서 된 과부.

310 망양보뢰 亡羊補牢
양을 잃고 우리를 고친다는 뜻으로, 이미 어떤 일을 실패한 뒤에 뉘우쳐도 아무 소용이 없음을 이르거나, 잘못이 발생한 뒤라고 할지라도 즉시 시정하면 때가 늦지는 않았다는 말.

311 망양지탄 望洋之嘆
넓은 바다를 바라보고 감탄한다는 뜻으로, 다른 사람의 위대함을 보고 감탄하면서 자신의 미흡함을 부끄러워함을 비유하는 말.

312 망운지정 望雲之情
구름을 바라보며 멀리 고향에 계신 부모를 그리워한다는 뜻으로, 객지에 있는 자식이 고향에 계신 어버이를 사모하며 그리워하는 마음을 이르는 말.

313 망자계치 亡子計齒
죽은 자식의 나이를 세어 본다는 뜻으로, 이미 지나간 쓸데없는 일을 생각하고 아쉬워해도 아무 소용이 없음을 이르는 말.

314 매신장부 賣身葬父
몸을 팔아 아버지의 장례를 치른다는 뜻. 한나라 때 동영(董永)이라는 유명한 효자가 있었는데, 그의 집은 엄청 가난했다. 어느 날 아버지가 돌아가시자, 장례를 치를 돈이 없던 그는 종살이를 하는 대가로 부잣집에서 돈을 빌려 장례를 치른 후, 그는 약속대로 부잣집에서 종살이를 하며 지냈다는 이야기에서 유래.

315 매신지처 買臣之妻
한(漢)나라 주매신(朱買臣)의 아내가 남편이 빈한(貧寒)한 데다가 독서(讀書)만 한다 하여 섬기지 않고 다른 곳으로 다시 시집갔다는 고사.

316 매황유하 每況愈下
처한 어떤 상황이 날이 갈수록 점점 나빠지거나 악화된다는 말.

317 맥구읍인 麥丘邑人
맥구읍의 사람이란 뜻으로, 곱고 덕스럽게 늙은 현명한 노인을 비유하는 말.

318 맥수지탄 麥秀之歎
보리가 무성하게 자란 모습을 보고 탄식한다는 뜻으로, 세상이 바뀌어 지난날 번성했던 고장이 폐허가 되었을 때 탄식하며 쓰는 말.

319 맹모단기 孟母斷機
맹자의 어머니가 짜고 있던 베틀의 실을 끊었다는 말로, 학문을 중도에 그만두는 것은 짜고 있는 베틀의 실을 끊는 것과 같아 아무 쓸모가 없다는 뜻. 즉 꾸준히 공부해야 진정으로 학문의 업적과 자기개발의 성과를 낳을 수 있다는 가르침을 의미.

320 맹모삼천지교 孟母三遷之敎
맹자의 어머니가 맹자를 제대로 교육하기 위하여 집을 세 번이나 옮기면서 가르쳤다는 뜻으로, 원말은 자모삼천지교(慈母三遷之敎)인데, 맹모삼천지교(孟母三遷之敎)로 알려져 있음. 자식의 교육을 위해서는 어떠한 어려운 일도 행하는 부모의 마음과 교육에는 주위 환경이 매우 중요하다는 것을 이르는 말.

321 맹자효도 盲者孝道
눈먼 자식이 효자 노릇한다는 뜻으로, 평소에는 남보다 못하여 무능하다고 여긴 사람이 도리어 나중에는 의외로 도움이 된다는 뜻. 무능력하다고 여긴 사람에게 도리어 신세를 지게 된다는 말.

322 맹종읍죽 孟宗泣竹
맹종이라는 효자가 한겨울에 어머니께 드릴 죽순(竹筍)을 구하지 못해 우는데, 홀연히 눈 속에서 죽순이 솟았다는 고사에서 유래됨.

323 면목 面目
얼굴과 눈이라는 뜻으로, 체면을 가리키는 말.

324 멸사봉공 滅私奉公
개인의 욕심을 버리고 공공의 이익을 위하여 힘써 일한다는 뜻.

325 명강리쇄 名繮利鎖
명예의 고삐 줄과 이익의 쇠사슬이라는 뜻으로, 사람을 명예욕과 이익에 사로잡히게 만드는 욕심을 오랏줄에 비유하는 말.

326 명경지수 明鏡止水
맑은 거울과 잔잔한 물이라는 뜻으로, 티 없이 맑고 깨끗하며 고요한 마음을 일컫는 말.

327 명모 名母
자식이 어머니의 이름을 직접 부른다는 뜻으로, 배운 것을 잘못 쓰는 경솔한 행동을 이르는 말.

328 명재경각 命在頃刻
목숨이 경각에 달려 있다는 뜻으로, 거의 죽게 되어 숨이 곧 끊어질 지경에 이르렀음을 뜻하는 말.

329 명철보신 明哲保身
총명하고 사리에 밝아 자신의 몸을 능히 지켜 낸다는 뜻으로, 매사에 법도를 지켜 요령 있게 처신해서 난세에 자신을 잘 보전하는 것을 말함.

330 모사재인 성사재천 謀事在人 成事在天
일을 꾸미는 것은 사람이지만 그 일이 다 이루어지는 것은 하늘에 달려 있다는 뜻으로, 노력해서 이룰 수 있는 일도 있지만 자연환경이나 조건에 따른 특별한 도움이 없으면 이룰 수 없는 일도 있다는 말.

331 모순 矛盾
창과 방패라는 뜻으로, 말이나 행동이 앞뒤가 맞지 않거나, 둘 이상의 논리가 이치상 어긋나서 서로 맞지 않을 때 쓰이는 말.

332 모원단장 母猿斷腸
어미 원숭이의 창자가 끊어진다는 뜻으로, 매우 깊은 슬픔과 애통함을 이르는 말.

333 모의봉격 毛義奉檄
모의가 격문을 보고 반갑게 받든다는 뜻으로, 중국 전한시대 집이 몹시 가난한 모의(毛義)라는 사람이 늙은 어머니를 모시고 벼슬에 뜻을 두지 않고 살고 있었다. 어느 날 관리로 임명한다는 격문(檄文)이 왔고, 노모가 어찌나 기뻐하는지 모의는 노모를 위해 작은 벼슬이라도 기쁘게 받기로 했다. 이때 그의 지조를 높이 받들던 장봉이라는 사람이 모의는 지조 없는 사람이라고 공격했다는 고사에서 유래한 말.

334 모자지간 母子之間
어머니와 아들 사이.

335 모전여전 母傳女傳
딸의 성격이나 생활 습관이 어머니와 비슷하다는 뜻.

336 모전자전 母傳子傳
아들의 성격이나 생활 습관이 어머니와 비슷하다는 뜻.

337 모호자포 母好子抱
어머니에 대한 자식의 애증은 어머니가 자식을 좋아하는가 여부에 달려 있다는 말.

338 목경지환 木梗之患
나무 인형의 근심이라는 뜻으로, 타향에서 객사하여 고향으로 돌아가지 못하거나 자기 본래의 모습으로 돌아가지 못함을 가리키는 말.

339 목단어자견 目短於自見
눈은 다른 사물은 잘 보지만 자기의 눈 속은 보지 못한다는 뜻으로, 사람이 자신의 선악을 잘 모름을 비유해 이르는 말.

340 목본수원 木本水源
나무는 밑동(근본根本)이 있고, 물은 근원(根源)이 있다는 뜻으로, 자식 된 자는 자기 몸의 근원인 부모를 항상 생각해야 한다는 말.

341 목우즐풍 沐雨櫛風
비로 목욕하고 바람으로 머리를 빗는다는 뜻으로, 비바람 무릅쓰고 어려운 고통을 겪는다는 의미. 세상살이에 시달리며 객지로 떠돌며 갖은 고생을 하고 있다는 말.

342 목인석심 木人石心
나무와 돌로 만들어진 사람이라는 뜻으로, 본래 심지가 굳고 어떠한 유혹에도 흔들리지 않는 의지가 강한 사람을 말하는데, 요즘은 융통성이 없고 고집이 센 바보 같은 사람을 비유하는 말.

343 몰치난망 沒齒難忘
이가 다 빠져도 잊기 어렵다는 말로 평생 잊기 어려운 관계를 뜻함.

344 몽매난망 夢寐難忘
꿈에도 그리워 잊기가 어렵다는 말.

345 무고지민 無告之民
어디다 호소할 데가 없는 어려운 백성이란 뜻으로, 어버이 없는 어린이나 아내나 남편이 없는 노인처럼 의지할 데가 없는 백성을 이르는 말.

346 무면도강동 無面渡江東
뜻을 이루지 못해 고향에 돌아갈 면목이 없음을 이르는 말. 중국 초나라의 항우가 싸움에서 패하고 오강(烏江)에 이르렀을 때, 정장(亭長)이 그에게 고향인 강동으로 돌아가 다시 일을 도모할 것을 권하자 무슨 면목으로 고향에 돌아가겠느냐며 스스로 목숨을 끊었다는 데서 유래함.

347 무명 無明
진리를 깨치지 못한 몽매한 상태를 일컫는 말이지만, 불교에서는 다양한 뜻으로 쓰임.

348 무병식재 無病息災
병이 없고 건강함을 이르는 말.

349 무병장수 無病長壽
병 없이 건강하게 오래 산다는 뜻.

350 무부무군 無父無君
아버지도 모르고 임금도 모르는 난신적자(亂臣賊子)를 이르는 뜻으로, 행동이 경우 없이 막된 사람을 보고 하는 말.

351 무신불립 無信不立
사람에게 믿음이 없으면 살아갈 수 없다는 뜻으로, 사람이 살아가는 데 가장 중요한 미덕은 역시 신뢰라는 말.

352 무실역행 務實力行
실질을 중히 여기고 실천하는 것에 힘쓴다는 뜻으로, 공리공론(空理空論)을 배척하고 참되고 실속 있도록 힘써 실천해야 함을 이르는 말.

353 무안 無顔
얼굴이 없다는 뜻으로, 잘못을 깨닫고 부끄러워 고개를 들지 못할 때 쓰는 말.

354 무위도식 無爲徒食
하는 일도 없이 오로지 놀고먹기만 한다는 뜻으로, 백수건달을 이르는 말. 주로 일을 하지 않고 빈둥거리면서 생활하는 사람들을 비난하거나 경멸할 때 사용됨.

355 무육지은 撫育之恩
부모님이 자식을 사랑으로 보살피고 키우는 과정에서 베푸는 큰 은혜를 의미. 이 성어는 부모님의 자식에 대한 사랑과 희생, 그리고 자식이 그 은혜에 대해 감사하는 마음을 나타냄.

356 무의무탁 無依無托
몸을 의지하고 의탁할 곳이 전혀 없다는 말로, 외롭고 어려운 상황을 비유하는 말.

357 무자식상팔자 無子息上八字
자식이 없는 것이 도리어 홀가분하고 편해 좋은 운명을 가진 사람이라는 말.

358 무축단헌 無祝單獻
제사를 지낼 때 축문도 없이 술잔도 한 번 잔만 올리는 것을 말함.

359 무후위대 無後爲大
후손(後孫)을 두지 못한 것이 가장 큰 불효(不孝)라는 말.

360 묵자비염 墨子悲染
묵자가 하얀 명주실은 어떤 색으로도 물들 수 있음을 알고 슬퍼했다는 뜻으로, 평소 습관이나 환경에 따라 그 성품이 착해지기도 하고 악해지기도 할 수 있으니 나쁜 습관에 빠지지 않도록 조심해야 한다는 말.

361 문과즉희 聞過則喜
자신의 허물을 남에게 지적받으면 기뻐한다는 뜻으로, 자신이 잘못을 저질렀을 때 비판을 기꺼이 받아들인다는 말.

362 문뢰읍묘 聞雷泣墓
하늘이 감응한 천둥소리를 듣고 어버이 묘 앞에서 불효했음을 후회하는 눈물을 흘린다는 말.

363 문안시선 問安視膳
웃어른께 안부(安否)를 여쭙고, 반찬(飯饌)의 맛을 살핀다는 뜻으로, 웃어른을 잘 모시고 받듦을 비유하는 말.

364 문일지십 聞一知十
하나를 들으면 열 가지를 안다는 뜻으로, 하나를 가르쳐 주면 그 하나를 통해 전체를 알 수 있을 만큼 매우 영특하고 지극히 총명한 사람을 비유할 때 쓰는 말.

365 문적수만복 불여일낭전 文籍雖滿腹 不如一囊錢
책이 비록 배에 가득 찼더라도 주머니의 동전 하나만 못하다는 뜻으로, 학문이 아무리 깊어도 실지로 행하지 않으면 하찮은 한 푼 동전만도 못하다는 말.

366 문전걸식 門前乞食
이 집 저 집 돌아다니며 빌어먹음을 뜻하는 말.

367 물극필반 物極必反
사물이 극에 달하면 반드시 되돌아온다는 뜻으로, 이는 어떤 일을 할 때 지나친 욕심을 부려서는 안 된다는 의미를 담고 있다. 사물이나 형세는 고정되어 있지 않고 흥망성쇠를 되풀이하기 마련이라는 말.

368 물망재거 勿忘在莒
거(莒) 땅에 있을 때 고생하며 살던 때를 잊지 말라는 뜻으로, 즉 과거의 어려웠을 때를 잊지 말고 항상 경계하라는 말.

369 미망인 未亡人
남편이 먼저 죽고 홀로 남은 여자라는 뜻으로, 아직 남편을 따라 죽지 못한 여자가 자신을 이르는 말. 과부(寡婦)도 같은 말.

370 미수 米壽
나이 88세를 이르는 표현.

371 민생어삼 民生於三
사람은 아버지와 스승과 임금의 덕으로 이 세상에 생존하고 있으므로, 이 세 사람의 은혜에 보답해야 한다는 말.

(바)

372 박문약례 博文約禮
널리 학문을 닦고 예절을 잘 지킨다는 말.

373 반구저기 反求諸己
도리어 자신에게서 허물을 찾는다는 뜻으로, 일이 잘못되었을 때에 남을 탓하지 않고 잘못의 원인을 자신에게서 찾아서 고쳐 나간다는 말.

374 반로환동 返老還童
늙은이가 어린아이로 변하였다는 뜻으로, 노인의 건강이 아주 좋아져서 젊어짐을 비유하는 말.

375 반면교사 反面教師
반대의 면을 가르치는 스승이라는 뜻으로, 상대방의 잘못이나 나쁜 면을 보고 나는 그러지 않아야 되겠다는 가르침을 얻음을 이르는 말.

376 반부논어 半部論語
무조건 많이 배우는 것보다는 제대로 된 공부가 더 중요하다는 뜻으로, 고전의 학습이 아주 중요하다는 말.

377 반의지희 斑衣之戲

늙은 어버이의 마음을 위로해 드리기 위하여 색동저고리를 입고 재롱을 피운다는 뜻으로, 나이를 먹어 늙었음에도 부모님을 기쁘게 해 드리려고 색동옷을 입고 재롱을 떨어 부모님께 극진히 효성을 다한다는 말. 중국 초나라 때 노래자(老萊子)가 70세의 노인이 되었을 때도, 늙은 부모를 즐겁게 해 드리려고 색동저고리를 입고 어린아이처럼 어리광을 부리며 기어가는 흉내를 내었다는 고사에서 나온 말.

378 반자지명 半子之名

반은 아들인 사람이란 뜻으로, 사위를 거의 아들처럼 여긴다는 의미.

379 반폐기주 反吠其主

개가 주인을 보고 짖는다는 뜻으로, 배은망덕(背恩亡德)한 사람, 즉 혜택 입은 은인의 덕을 망각하고 도리어 해를 끼침을 비유하여 이르는 말.

380 반포조 反哺鳥

어미 새에게 먹을 것을 물어다 주는 새라는 뜻으로, 까마귀를 이르는 말.

381 반포지효 反哺之孝

까마귀 새끼가 자란 뒤에 늙은 어미에게 먹이를 물어다 주는 효성이라는 의미로, 자식(子息)이 자라서 부모(父母)의 은혜에 보답하는 지극한 효성을 이르는 말. 반포보은(反哺報恩)이라고도 함. 까마귀를 자오(慈烏, 인자한 까마귀) 또는 반포조(反哺鳥)라 함.

382 방약무인 傍若無人

주변에 사람이 없는 것과 같다는 뜻으로, 주위의 다른 사람을 전혀 의식하지 않은 채 자기 멋대로 행동하거나 오만불손한 태도를 보이는 것을 말함.

383 방장부절 方長不折
한창 자라는 초목을 꺾지 않는다는 뜻으로, 앞길이 창창한 사람이나 한창 잘 되어 가는 일에 대해 방해하거나 훼방하지 말라는 의미.

384 배가경 拜家慶
오래도록 떠나 있던 자식이 귀가(歸嫁)해서 부모님을 뵙는 일.

385 배은망덕 背恩忘德
남한테 입은 공덕을 잊고 저버린다는 뜻으로, 남에게 입은 은혜나 은덕을 잊고 배반한다는 말.

386 백골난망 白骨難忘
죽어서 뼈가 흰 가루가 되더라도 은덕을 결코 잊을 수 없다는 뜻으로, 남에게 큰 은혜나 은덕을 입었을 때 잊지 않겠다고 고마움을 표현할 때 사용하는 말.

387 백구과극 白駒過隙
흰 망아지 한 마리가 작은 문틈을 달려 지나간다는 뜻으로, 순식간에 흐르는 세월이나 덧없는 인생을 비유하는 말. 빠르게 가는 세월 잡지 못하듯 빨리 오는 세월도 막을 수 없는 것이 세상의 이치이니 자연의 섭리대로 살아야 한다는 의미.

388 백년가약 百年佳約
백년을 함께 살자고 하는 아름다운 언약이라는 뜻으로, 젊은 남녀가 결혼하여 부부로 한평생을 함께 지내자는 아름다운 언약을 이르는 말.

389 백년지객 百年之客
언제까지나 깍듯이 대해야 하는 어려운 손님이란 뜻으로, 처가에서 사위를 두고 이르는 말. 우리말로는 영원한 손님, 백년손님, 평생손님을 뜻함.

390 백년하청 百年河淸
황하의 물이 맑아지기를 무작정 기다린다는 뜻으로, 아무리 기다려도 실현될 수 없는 일 또는 전혀 믿을 수 없는 일을 언제까지나 기다릴 때 쓰는 말.

391 백년해로 百年偕老
부부가 백 년 동안 화락하게 함께 늙어 간다는 뜻으로, 부부가 되어 한평생을 사이좋게 지내고 행복하게 함께 늙는다는 말. 백년동락(百年同樂)과 비슷한 말.

392 백락자 佰樂子
백락의 아들이라는 말로, 아주 어리석은 사람을 뜻함.

393 백령미수 白齡眉壽
백 세까지 장수한다는 뜻으로, 남의 장수를 축하는 말.

394 백리부미 百里負米
백 리나 떨어진 먼 곳으로 쌀을 등에 지고 나른다는 뜻으로, 공자(孔子)의 제자 자로(子路)가 어버이를 위하여 백 리나 떨어진 먼 곳으로 쌀을 등에 지고 간 고사에서 나온 말. 비록 가난하게 살면서도 효성이 지극하여 갖은 고생을 하며 부모를 잘 봉양하는 것을 뜻함. 원말은 부미백리(負米百里).

395 백면서생 白面書生
희고 고운 얼굴에 글만 읽는 사람이라는 뜻으로, 오로지 글만 읽고 세상물정에는 어두운 사람을 비유하거나, 세상일에 실제 경험은 없고 책을 통해 이론만 내세우는 사람을 이르는 말.

396 백문불여일견 百聞不如一見
백 번 듣는 것보다 한 번 보는 것이 낫다는 뜻으로, 무슨 일이든지 직접 보거나 경험해 보아야 확실하게 알 수 있다는 말.

397 백미 白眉
하얀 눈썹이라는 뜻으로, 형제 중에서 가장 뛰어난 사람 또는 여럿 중에서 가장 뛰어난 사람이나 사물을 일컫는 말.

398 백발삼천장 白髮三千丈
근심으로 허옇게 센 머리털의 길이가 삼천 장이나 된다는 뜻으로, 수심으로 덧없이 늙어 가는 것을 한탄하거나 백발이 길다는 것을 과장한 표현임.

399 백세지사 百世之師
영원한 스승이라는 뜻으로, 덕과 학문이 높아 오랜 후세(後世)까지 모든 사람의 스승으로 존경을 받는 훌륭한 사람을 이르는 말.

400 백수 白壽
사람의 나이 99세를 이르는 말.

401 백수공귀 白首空歸
흰머리로 헛되이 돌아간다는 뜻으로, 늙음에 이르러서도 학문을 이루지 못함을 한탄하는 말.

402 백수풍신 白首風神
노인의 보기 좋은 풍채를 말함.

403 백안시 白眼視
흰 눈으로 본다는 뜻으로, 남을 업신여기거나 냉대하여 바라봄을 말함.

404 백옥무하 白玉無瑕
백옥에 아무런 티나 흠이 없다는 뜻으로, 아무런 흠이나 결점이 없음 또는 그런 사람을 이르는 말.

405 백운고비 白雲孤飛
푸른 하늘에 흰 구름이 외롭게 떠다닌다는 뜻으로, 멀리 떠나온 자식이 타향에서 고향 하늘을 바라보며 고향에 계신 부모를 사모하여 그리워하는 마음을 표현한 말. 중국 당나라 적인걸(狄仁傑)이 대행산(大行山)에 올라 고향을 바라보며, 저 흰 구름 아래 부모가 계신다고 하며 부모를 그리면서 탄식한 옛일에서 나온 말.

406 백운친사 白雲親舍
흰 구름 아래 부모님이 살고 계신다는 뜻으로, 객지에 나온 자식의 부모에 대한 애정과 그리움을 비유하는 말.

407 백유읍장 伯兪泣杖
백유가 매를 맞으며 운다는 뜻으로, 잘못을 저질러 어머니로부터 종아리를 맞게 되었는데, 어릴 때 자신을 때리던 힘보다 약해져 맞아도 아프지 않아서 늙고 쇠약해진 어머니를 보며 슬퍼했다는 중국의 고사에서 유래한 말로, 어버이에 대한 지극한 효심을 일컫는 의미.

408 백유지효 伯兪之孝
백유(伯兪)의 효도라는 뜻으로, 어버이에 대한 지극한 효심을 일컫는 말. 중국 한나라 때의 효자로 유명한 한백유(韓伯兪)가 잘못을 저질러 어머니가 매질을 하자 백유가 울었다. 어머니가 "전에 매를 들 때는 울지 않았는데 지금 왜 우느냐?"라고 묻자, 백유는 "전에는 매를 맞을 때는 아팠는데 지금은 어머니가 노쇠하여 힘이 약해서 아프지 않습니다. 그래서 울었습니다."라고 대답하였다는 고사로, 어머니의 노쇠함을 탄식한 지극한 효심을 일컫는 말.

409 백인유아이사 伯仁由我而死
내가 백인을 죽인 것은 아니지만, 백인은 나 때문에 죽었으니(伯仁由我以死) 나에게도 그 책임이 있다는 뜻으로, 직접적인 책임은 없더라도 간접적인 책임이 있는 만큼 그 책임에서 절대로 자유롭지 못하다는 것을 이르는 말.

410 백절불굴 百折不屈
백 번 꺾여도 굴하지 않는다는 뜻으로, 어떤 어려움에도 굽히지 않고 이겨 나간다는 말.

411 백주지조 栢舟之操
백주의 지조(志操)라는 뜻으로, 남편을 일찍 여읜 아내가 개가(改嫁)하지 않고 절개를 지키는 것을 비유하는 말.

412 백중숙계 伯仲叔季
네 형제의 차례를 나타내는 말로 백(伯)은 맏이, 중(仲)은 둘째, 숙(叔)은 셋째, 계(季)는 막내를 뜻함.

413 백중지세 伯仲之勢
백중이란 원래 형과 동생의 형세를 나타낼 때 쓰는 말로, 형제는 서로 비슷하게 닮았기 때문에 우열을 가릴 수 없을 정도로 힘이나 능력이 비슷한 경우에 비유되는 말.

414 백해구통 百骸俱痛
백 군데의 뼈마디가 함께 아프다는 뜻으로, 온몸의 뼈마디가 쑤셔 아프지 않은 곳이 없다는 말.

415 번지문인 자왈애인 樊遲問仁 子曰愛人
번지(樊遲)가 인(仁)에 대해 물으니 공자가 말하기를 "인(仁)이란 사람을 사랑하는 것이다."라고 대답했는데, 인간관계에 있어서는 동정이나 친절, 애정이라고 하는 사랑이 가장 중요하다는 가르침.

416 변동일실 便同一室
변소를 같이 쓰는 한집이라는 뜻으로, 이웃과 사이가 아주 가까워 한집안 식구처럼 지낸다는 말.

417 병입고황 病入膏肓
병이 몸속 깊이 고황에 들어 고치기 어렵게 되었다는 뜻으로, 질병이 깊어져서 더는 치료할 수 없게 되었음을 일컫는 말.

418 병주지정 幷州之情
오래 살던 타향을 제2의 고향으로 그리워하는 생각을 이르는 말.

419 병침잠절 瓶沈簪折
병이 물속에 가라앉고, 비녀가 부러진다는 뜻으로, 다시 만날 수 없는 부부의 이별을 이르는 말.

420 병풍상서 病風傷暑
바람에 병들고 더위에 상한다는 뜻으로, 세상의 온갖 고생에 시달리며 고통스럽고 쪼들리며 살아간다는 말.

421 병풍상성 病風喪性
병으로 인하여 몸과 마음이 들떠서 자신의 본성(本性)을 잃어버림.

422 보본반시 報本反始
천지(天地)에 보답하고 처음으로 돌아간다는 뜻으로, 천지와 선조의 은혜에 보답함을 이르는 말.

423 보우지탄 鴇羽之嘆
너새(느시, 너화, 능에) 깃의 탄식이라는 뜻으로, 신하나 백성이 전쟁터나 부역(賦役)에 끌려가 어버이를 봉양할 수 없어 불효하게 된 슬픈 마음을 비유적으로 이르는 말. 보우지차(鴇羽之嗟)라고도 함. 너새는 날개가 60센티, 꽁지가 23센티가량이나 되는데, 기러기와 비슷하지만 부리는 닭과 닮았으며 뒷발톱은 없는 새이다.

424 보이국사 報以國士
남을 국사(國士)로 대우(待遇)하면 자기(自己)도 또한 국사(國士)로서 대접(待接)을 받는다는 뜻으로, 지기(知己)의 은혜(恩惠)에 감동(感動)함을 이르는 말.

425 복거지계 覆車之戒
앞 수레가 엎어지는 것을 보고 뒤 수레가 경계한다는 뜻으로, 앞사람의 잘못을 보고 뒷사람이 교훈으로 삼는다는 말이다. 과거의 실패를 통해 배우고 실수를 반복하지 않는다는 의미.

426 복생어무위 福生於無爲
행복(幸福)은 꾸미지 않고 있는 그대로 생활하는 무위(無爲)한 마음에서 생겨난다는 말.

427 복선화음 福善禍淫
착한 사람에게는 복이 오고 악한 사람에게는 재앙이 온다는 말.

428 복소무완란 覆巢無完卵
엎어진 새집에는 온전한 알이 없다는 말로, 근본이 잘못되면 나머지도 덩달아 잘못된다는 의미이나, 가족에게 재앙이 몰아치면 누구도 피할 수 없음을 비유하는 성어.

429 복소파란 覆巢破卵
새의 둥지가 엎어져 그 속의 알이 깨진다는 말로, 부모가 재난을 당하면 자식도 화를 당한다는 뜻, 혹은 근본(根本)이 망하면 지엽(枝葉)도 따라 망한다는 의미로 사용됨.

430 복수불반분 覆水不返盆
한번 땅에 엎질러진 물은 다시 원래 그릇에 담을 수 없다는 뜻으로, 일단 저지른 일은 다시 되돌릴 수 없음을 비유하거나, 한번 헤어진 부부가 다시 결합할 수 없다는 말. 복수난수(覆水難收), 복수불수(覆水不收)라고도 함.

431 복주복야 卜晝卜夜
절도가 없이 밤낮을 가리지 않고 술을 마시고 즐기며 놀기만 하는 사람을 비유하는 말.

432 복지유체 伏地流涕
땅에 엎드려 눈물을 흘린다는 뜻.

433 봉격지희 奉檄之喜
부모가 살아 계신 동안에 그 고을의 수령으로 임명되는 기쁨으로, 출세하여 효도함을 이르는 말.

434 봉솔 奉率
상봉하솔(上奉下率)의 약자로, 위로는 부모님을 모시고 아래로는 처자식을 거느린다는 말.

435 봉양 奉養
부모나 조부모와 같은 웃어른을 받들어 모심을 뜻함.

436 부고발계 婦姑勃磎
며느리와 시어머니가 서로 심하게 싸운다는 뜻으로, 고부가 집에 각자의 공간이 없으면 고부간에 서로 다투기 마련이라는 말.

437 부귀부운 富貴浮雲
부유함과 귀함은 뜬구름과 같다는 뜻으로, 옳지 못한 방법으로 얻은 부귀(富貴)는 다 소용이 없고 헛되다는 말.

438 부귀재천 富貴在天
부자가 되고 귀하게 되는 것은 하늘의 뜻에 달려 있다는 뜻으로, 부귀는 하늘이 부여해 주는 것이어서 사람의 힘으로는 어찌할 수 없음을 이르는 말.

439 부귀처영 夫貴妻榮
남편이 부귀를 얻으면 아내가 영광스럽다는 뜻으로, 남편의 신분 고하(高下)에 따라 아내의 영화가 변한다는 의미이나, 현대에 와서는 배우자의 역할도 중요하다는 역설적 의미로 활용함이 좋을 듯함.

440 부답복철 不踏覆轍
뒤집힌 앞 수레의 수레바퀴 자국을 다시 밟지 않는다는 뜻으로, 앞사람과 같은 실패를 다시 되풀이하지 않는다는 말.

441 부동대천 不同戴天
같이 하늘을 이지 못한다는 뜻으로, 이 세상을 같이 살아갈 수 없는 부모의 원수를 이르는 말.

442 부로위고 婦老爲姑
며느리가 늙으면 시어머니가 된다는 뜻으로, 나이가 어리다고 함부로 업신여기면 안 된다는 말.

443 부모구몰 父母俱沒
부모님이 모두 돌아가심을 나타냄.

444 부모구존 父母俱存
부모님이 모두 다 살아 계시다는 뜻으로, 맹자의 군자삼락(君子三樂) 가운데 한 가지.

445 부모유체 父母遺體
부모가 남긴 몸이라는 뜻으로, 자식이 된 몸을 이르는 말로서 한 몸같이 소중히 여기란 뜻.

446 부모지방 父母之邦
부모의 나라, 내가 태어난 나라, 조상 때부터 대대로 살던 나라를 뜻함.

447 부모처자 父母妻子
아버지와 어머니, 아내와 자식을 의미.

448 부부자자 父父子子
아버지는 아버지다워야 하고 아들은 아들다워야 한다는 말로, 각자 자기의 본분을 다한다는 뜻.

449 부생아신 모국오신 父生我身 母鞠吾身
아버님께서는 나의 몸을 이 세상에 태어나게 하시고, 어머님께서는 나의 몸을 길러 주셨다는 말.

450 부신독서 負薪讀書
장작을 등에 짊어진 채 책을 읽는다는 뜻으로, 언제 어디서든 책을 읽을 것을 권하는 말.

451 부언시용 婦言是用
아녀자의 말은 무조건 옳다고 여긴다는 뜻으로, 줏대 없이 여자의 말을 잘 듣는 사람이나 행동을 비유하는 말.

452 부욕자사 父辱子死
아비가 치욕(恥辱)을 당하면 자식(子息)은 그 치욕을 씻기 위해 목숨을 아끼지 않는다는 말.

453 부위자은 父爲子隱
아버지는 아들을 위해 아들의 잘못을 숨겨 주는 것이 마땅하다는 말.

454 부자상은 父子相隱
아버지와 자식이 서로 간에 죄를 숨겨 주고 말하지 않는 은이불언(隱而不言)의 관계임을 뜻하는 말.

455 부자상전 父子相傳
아들의 성격이나 생활 습관이 아버지로부터 대물림된다는 말.

456 부자자효 父慈子孝
부모는 자녀에게 자애로워야 하고, 자녀는 부모에게 효성스러워야 함을 이르는 말.

457 부자천합 父子天合
부자 관계는 자연에 의해서 결정된다는 뜻.

458 부자취우 父子聚麀
짐승은 예의가 없음을 비유한 말로, 아비와 새끼가 같은 암컷과 관계함을 의미.

459 부재모상 父在母喪
아버지는 살아 있고 어머니가 먼저 세상을 떠난 경우를 말함.

460 부전자전 父傳子傳
아버지에게 전해진 것이 아들에게 전해짐이라는 뜻으로, 아버지의 성품·행동·습관 따위가 아들에게 전해진다는 말. 부전자승(父傳子承)도 같은 의미.

461 부정모혈 父精母血
아버지의 정기(精氣)와 어머니의 피란 뜻으로, 자식은 부모의 정신과 육체를 부모에게서 물려받아 태어나 성장했다는 의미로, 부모님의 은혜를 잊지 않는 자세를 말함.

462 부중생어 釜中生魚
오랫동안 밥을 짓지 못하여 솥 안에 고기가 생겨났다는 뜻으로, 몹시 가난하게 생활을 하고 있다는 말.

463 부중지어 釜中之魚
솥 안에 든 물고기라는 뜻으로, 곧 삶아져 죽을 줄도 모르고 솥 안에서 유유히 헤엄치고 있는 물고기를 뜻하는 말. 얼마 남지 않은 목숨을 표현하기도 함.

464 부지노지장지 不知老之將至
부지런히 공부하고 실천하느라 늙음이 다가오는 걸 모른다는 뜻.

465 부창부수 夫唱婦隨
남편이 노래하면 아내가 따라 한다는 뜻으로, 남편이 어떤 일을 하고자 나서면 아내는 그 일을 도와 가며 서로 협동하고 화합하는 부부의 도리를 이르는 말. 오늘날에는 화목한 부부 사이를 일컫는 의미로도 쓰임.

466 부처반목 夫妻反目
부부가 서로 싸우며 시기하고 미워하는 상태를 의미.

467 부풍모습 父風母習
생김새나 말, 행동 등이 아버지와 어머니를 골고루 다 닮았다는 말.

468 부형자제 父兄子弟
아버지나 형에게 가르침을 받고 자라난 젊은 사람을 뜻함.

469 북망진 北邙塵
사람이 죽어 북망산(北邙山)에 묻혀 티끌이 됨.

470 북산지감 北山之感
북산에서 느끼는 감회라는 뜻으로, 나랏일에 힘쓰느라 부모님을 제대로 봉양하지 못하는 자식의 안타까움을 비유한 말.

471 분골쇄신 粉骨碎身
뼈가 부서져 가루가 되고 몸이 부수어진다는 뜻으로, 어떤 일에 죽을힘을 다해 노력하는 것을 이르는 말.

472 분유 枌榆
느릅나무과에 속하는 낙엽 활엽 교목으로, 고향을 비유하여 이르는 말.

473 불경이부 不更二夫
한 여인이 정절을 굳게 지켜 두 남편을 섬기지 아니함.

474 불로장생 不老長生
늙지 않고 오래 산다는 의미.

475 불망지은 不忘之恩
잊을 수 없는 큰 은혜를 의미.

476 불변숙맥 不辨菽麥
콩과 보리도 구분하지 못할 정도로 어리석고 무식하다는 뜻으로, 너무나 아둔해서 상식적인 일마저도 모르는 사람을 일컫는 말.

477 불요불굴 不撓不屈
뜻이나 결심이 꺾이거나 휘어지지 않는다는 뜻으로, 의지가 굳세고 강인한 사람을 뜻함.

478 불우우제 不友于第
형이 아우를 사랑하지 않음.

479 불원천리 不遠千里
천 리 길도 멀다고 여기지 않는다는 뜻으로, 먼 길인데도 개의하지 않고 열심히 달려가는 것을 이르는 말.

480 불인인열 不因人熱
사람의 열로써 밥을 짓지 않는다는 뜻으로, 남에게 은혜 입음을 떳떳하게 여기지 않음을 의미.

481 불초 不肖
자기 아버지를 닮지 않았다는 뜻으로, 아버지를 닮지 못해서 재주가 부족하다는 의미인데, 주로 자식이 부모에게 자신을 낮추어 일컫는 말이기도 하고, 불효자를 가리키기도 함.

482 불초지부 不肖之父
어리석은 아버지를 뜻함.

483 불충불효 不忠不孝
나라에 충성하지 못함과 부모에게 효도하지 못함을 뜻함.

484 불취동성 不娶同姓
성(姓)이 같은 사람끼리는 혼인을 하지 아니함을 뜻함.

485 불측불효 不測不孝
미루어 헤아릴 수 없을 정도로 자식 된 도리를 너무 못함.

486 불치하문 不恥下問
손아랫사람이나 지위나 학식이 자기보다 못한 사람에게 묻는 것을 부끄러워하지 않는다는 뜻으로, 겸허하고 부끄럼 없이 배움을 즐기는 것을 이르는 말.

487 불혹 不惑
공자가 《논어》 위정편에서 언급한, 미혹되지 아니한다는 뜻으로, 나이 40세를 가리킴. 하늘의 이치를 터득했기 때문에 흔들림이 없다는 의미로, 세상일에 정신을 빼앗겨 갈팡질팡하거나 판단을 흐리는 일이 없게 되었음을 말함.

488 불효막대 不孝莫大
부모에 대한 불효가 가장 큰 죄악이라는 의미.

489 불효유삼 不孝有三
부모(父母)에게 불효(不孝)하는 일에 세 가지가 있는데

첫째, 부모(父母)에게 영합하여 불의(不義)에 빠지게 하는 일,
둘째, 집이 가난하고 부모(父母)가 늙어도 벼슬하지 않는 일,
셋째, 장가를 가지 않고 자식(子息)이 없어 선조(先祖)의 제사(祭祀)를 끊는 일을 뜻함.

490 붕성지통 崩城之痛
성이 무너져 내리는 슬픔이라는 뜻으로, 남편의 죽음을 슬퍼하며 우는 아내의 울음을 이르는 말.

491 비례물동 非禮勿動
예의에 어긋나면 움직여서는 안 된다는 말.

492 비례물시 非禮勿視
예법(禮法)이나 예의(禮義)에 부합하지 않는 일이라면 그것을 쳐다보지도 말라는 뜻으로, 도리에서 벗어나는 남의 행동은 본받을 점이 없기 때문에 눈여겨볼 필요도 없다는 말.

493 비례물언 非禮勿言
예의에 부합하지 않는 일은 말해서는 안 된다는 뜻.

494 비백불난 非帛不煖
비단옷이 아니면 따뜻하지 않다는 뜻으로, 비단옷이 아니면 따뜻함을 느끼지 못할 정도로 쇠약해진 노년기를 이르는 말.

495 비불외곡 臂不外曲
팔꿈치는 밖으로 굽지 않는다는 뜻으로, 아무래도 가까운 관계에 있는 사람에게 마음과 정이 더 쏠린다는 말.

496 비아부화 飛蛾赴火
날아다니는 여름 나방이 불속으로 날아들어 간다는 뜻으로, 스스로 위험 속으로 뛰어들어 가 재앙을 초래하는 것을 이르는 말.

497 비육지탄 髀肉之嘆
넓적다리의 살이 찌는 것에 대한 탄식이란 뜻으로, 세월을 헛되이만 보내고 늙어 가면서 자신의 뜻을 펴지 못하고 아무 것도 이룬 것이 없음을 한탄하는 말.

498 비익연리 比翼連理
비익조(比翼鳥)와 연리지(連理枝)를 합한 말. 비익조는 암수가 각각 눈과 날개가 하나씩만 있어 짝지어야만 날 수 있는 전설상의 새이며, 연리지는 뿌리가 다른 나뭇가지가 서로 엉켜 마치 한 나무처럼 자라는 현상을 가리킨다. 부부의 사이가 아주 화목하고 서로 깊이 사랑함을 비유할 때 주로 쓰임.

499 비익조 比翼鳥
암컷과 수컷의 눈과 날개가 하나씩뿐이어서 짝을 짓지 아니하면 날지 못한다는 전설상의 새로, 부부 사이의 둘이 있을 수 없는 아름다운 사랑을 의미. 그리움, 애틋함, 우정을 상징하기도 함.

500 빈계지신 牝鷄之晨
암탉이 울어 새벽을 알린다는 의미인데, 실상은 암탉이 새벽에 울면 집안이 망한다는 뜻으로, 부인이 남편을 제쳐 놓고 집안일을 마음대로 처리함을 이르는 것을 말한다. 빈계사신(牝鷄司晨)도 같은 뜻.

501 빈이무원 貧而無怨
가난해도 그러나 원망을 하지 않는다는 뜻으로, 가난해도 세상에 대해 원망하지 아니함을 말함.

502 빈자소인 貧者小人
가난한 사람은 스스로 마음이 활발하지 못하기 때문에 남에게 굽히는 일이 많아 저절로 낮고 천한 소인이 된다는 말.

503 빈자일등 貧者一燈
가난한 사람이 정성을 다해 밝힌 등불 하나란 뜻으로, 어려운 처지에 있으면서도 부처님을 정성스럽게 섬기는 자세와 값진 선행을 일컫는 말. 진실하고 참다운 마음의 소중함을 비유한 말.

504 빈천친척리 貧賤親戚離
빈천하면 친척마저도 멀리한다는 뜻으로, 세력이 있거나 돈이 있을 때는 아첨하며 따르고, 돈이나 권세가 없어지면 푸대접하는 세상인심을 이르는 말.

505 빙장 聘丈
다른 사람의 장인을 이르는 말 또는 장인의 높임말.

506 빙청옥윤 氷淸玉潤
얼음과 같이 맑고 옥(玉)과 같이 윤이 난다는 뜻으로, 맑고 깨끗한 덕성(德性)을 비유하는 말이다. 장인(丈人)과 사위의 인물 됨됨이가 다 같이 뛰어남을 이르는 의미이기도 하다. 빙옥(氷玉)이라고도 함.

(사)

507 사가망처 徙家忘妻
집을 이사할 때 아내를 잊고 두고 간다는 뜻으로, 심한 건망증이 있는 사람을 의미하거나, 의리(義理)를 분별하지 못하는 어리석은 사람을 비유하여 이르는 말.

508 사고무친 四顧無親
사방을 둘러보아도 의지할 만한 친척이 전혀 없다는 뜻으로, 주위에 의지할 만한 사람이나 친척이 전혀 없어 외롭고 고독한 처지라는 말.

509 사군이충 事君以忠
충으로서 임금을 섬긴다는 의미.

510 사군지도 여부일체 事君之道 與父一體
임금을 섬기는 도리는 부모를 섬기는 것과 같다는 의미.

511 사기종인 舍己從人
자기의 이전 행위를 버리고 다른 사람의 착한 행실과 마음을 본받아 행한다는 뜻으로, 타인의 말과 행동을 거울삼아 자신의 언행(言行)을 바로잡는다는 말.

512 사단칠정 四端七情

사람의 본성에서 우러나는 네 가지 마음씨와 사람이라면 누구나 가지고 있는 일곱 가지의 자연적 감정을 가지고 있다는 의미. 맹자는 인간이 본래부터 선한 마음을 가지고 있다고 주장하는 성선설을 내세우며 이것을 사단(선을 싹틔우는 4개의 단서, 실마리)인 측은지심(惻隱之心), 수오지심(羞惡之心), 사양지심(辭讓之心), 시비지심(是非之心)으로 나누었는데, 사단(四端)은 각각 인(仁), 의(義), 예(禮), 지(智)의 사덕(四德)의 단서로 작용한다는 뜻.

① 측은지심(惻隱之心): 어려움에 처한 사람을 애처롭게 여기는 마음(仁)
② 수오지심(羞惡之心): 의롭지 못함을 부끄러워하고, 착하지 못함을 미워하는 마음(義)
③ 사양지심(辭讓之心): 겸손하여 남에게 사양할 줄 아는 마음(禮)
④ 시비지심(是非之心): 옳고 그름을 판단할 줄 아는 마음(智)

(* 칠정을 불가(佛家)에서는 희(喜: 기쁨)·노(怒: 분노)·우(憂: 근심)·구(懼: 두려움)·애(愛: 사랑)·증(憎: 증오)·욕(欲: 욕심)이라 하고, 유가(儒家)에서는 희(喜: 기쁨)·노(怒: 분노)·애(哀: 슬픔)·구(懼: 두려움)·애(愛: 사랑)·오(惡: 미움)·욕(欲: 욕심)이라고 풀이하고 있음)

513 사무여한 死無餘恨

죽은 뒤라도 조금도 남에게 원한이 없다는 뜻으로, 죽어도 한이 없다는 말.

514 사백사병 四百四病

사람의 몸을 이루고 있는 땅, 물, 불, 바람(地, 水, 火, 風)의 네 요소가 조화를 이루지 못할 때 각각 101가지씩 모두 404가지의 병이 생긴다는 의미.

515 사불급설 駟不及舌

네 마리 말이 끄는 빠른 마차일지라도 한번 해 버린 말을 붙들지 못한다는 뜻으로, 그만큼 말은 한번 하면 빨리 퍼지고 또 취소하기 어려운 것인 만큼 조심해야 한다는 말. 사람의 효심은 널리 빠르게 알려지지 않지만 나쁜 것은 바로 알게 되는 것이니 함부로 말하거나 헐뜯지 말아야 된다는 의미.

516 사불명목 死不瞑目
한이 많아 죽어서도 눈을 편히 감지 못한다는 뜻으로, 한이 깊이 맺혀 죽어서도 눈을 편히 감지 못한다는 말.

517 사생유명 死生有命
사람의 살고 죽음은 다 천명(天命)에 달려 있다는 뜻으로, 사람의 힘으로는 어찌할 수 없음을 이르는 말.

518 사서삼경 四書三經
유교의 교육 및 교양서적으로, 유교 교육의 가장 핵심적인 책이다. 《논어》, 《맹자》, 《중용》, 《대학》을 사서(四書), 《시경》, 《서경》, 《역경(주역)》을 삼경(三經)이라 한다.

519 사숙 私淑
직접 가르침을 받지는 않았으나 마음속으로 그 사람을 본받아서 도(道)나 학문을 닦는다는 뜻임.

520 사이비 似而非
겉으로 보기에는 비슷한 것처럼 보이나 실지로는 아주 다른 가짜라는 뜻으로, 겉과 속이 완전히 다름을 말함.

521 사이후이 死而後已
죽어야 그친다는 뜻으로, 죽을 때까지 있는 힘을 다해 노력함을 이르는 말.

522 사인여천 事人如天
동학사상으로 사람 대하기를 하늘같이 떠받들라는 말.

523 사자신중충 獅子身中蟲
불교 경전 중의 하나인 《범망경(梵網經)》에 나오는 말로, 사자를 죽음에 이르게 하는 사자 몸속의 벌레를 말하며 은혜를 원수로 갚는 배신자를 뜻하기도 함.

524 사족 蛇足
뱀의 발이라는 뜻으로, 공연히 하지 않아도 될 일을 하다가 일을 망친다는 말.

525 사즉동혈 死則同穴
죽어서 남편과 아내가 한 무덤에 묻힌다는 말.

526 사지 四知
하늘과 땅, 너와 내가 안다는 말로, 세상에 비밀은 없어 무슨 비밀이든지 언젠가는 반드시 드러나고야 만다는 의미.

527 사지오등 死之五等
신분에 따라 달리 나타내는 죽음의 다섯 가지 등급이란 뜻으로, 천자(天子)는 붕(崩), 제후(諸侯)는 훙(薨), 대부(大夫)는 졸(卒), 선비는 불록(不祿), 서인(庶人)은 사(死)라 함.

528 사차불후 死且不朽
죽더라도 썩어 없어지지 않는다는 뜻으로, 육체는 썩어 없어져도 그의 명성만은 그대로 후세에 길이 전해짐을 이르는 말.

529 사치과극 駟馳過隙
인생이란 땅 위에서 잠시 머무는 것으로, 비유하자면 네 마리 말이 끄는 수레가 질주하는 것을 문 틈새로 잠깐 보는 것과 같다는 말.

530 사친이효 事親以孝
신라 진평왕 때 원광법사가 알려 준 화랑이 지켜야 할 세속오계(世俗五戒) 중 하나로 효도로써 부모님을 섬긴다는 의미.

531 사친지효 양친지성 事親至孝 養親至誠
어버이를 섬김에는 지극(至極)한 효도(孝道)로써 해야 하고, 어버이를 봉양(奉養)함에는 지극정성(至極精誠)이 따라야 한다는 의미.

532 사택망처 徙宅忘妻
이사를 가면서 아내를 잊어버린다는 뜻으로, 정신이 나간 사람처럼 소중한 것을 놓쳐 버리는 얼빠진 사람을 일컫는 말.

533 사필귀정 事必歸正
모든 일은 반드시 바른길로 돌아간다는 뜻으로, 처음에는 잘못된 것처럼 보였던 일도 결국에는 반드시 올바른 이치에 맞게 돌아감을 이르는 말.

534 사해형제 四海兄弟
온 세상의 사람들은 모두 다 형제라는 뜻으로, 피붙이만 가까운 친지가 아니라 뜻을 같이하고 마음이 일치한다면 누구라도 형제와 같이 지낼 수 있다는 말.

535 사후약방문 死後藥方文
죽은 후에 약 처방이라는 뜻으로, 이미 때가 지난 후에 해결책을 내거나 후회해도 쓸모나 소용이 없다는 말.

536 산수 傘壽
우산의 나이, 사람 나이 80세를 이르는 말.

537 산전수전 山戰水戰
산에서도 싸우고 물에서도 싸운다는 뜻으로, 세상의 온갖 고난과 시련을 겪어서 경험과 지혜가 많음을 말함.

538 산해진미 山海珍味
산과 바다의 온갖 진귀한 산물로 만든 아주 잘 차린 맛 좋고 진귀한 음식이란 뜻으로, 엄청나게 잘 차린 음식을 이르는 말.

539 살신성인 殺身成仁
자신의 몸을 희생하여 인(仁)을 이룬다는 뜻으로, 올바른 도리인 인(仁)을 위해서라면 자신의 이익이나 욕망을 버리고 목숨을 희생해서라도 인(仁)을 행하겠다는 말.

540 살인부잡안 殺人不眨眼
사람을 죽이면서 눈도 깜짝거리지 않는다는 뜻으로, 극악무도한 성격이나 그런 사람을 비유할 때 쓰는 말.

541 살처구장 殺妻求將
아내를 죽여서 장수 자리를 얻는다는 뜻으로, 출세를 위해 아내 죽이는 것까지 서슴지 않는다는 말. 명성이나 이익을 위해서는 수단 방법을 가리지 않고 날뛰는 사람을 비꼬아 이르는 말이기도 함.

542 삼강오륜 三綱五倫
삼강(三綱)은 유교 도덕에서 기본이 되는 세 가지 강령(綱領)을 말한다.
① 군위신강(君爲臣綱): 임금은 신하의 벼리.
② 부위자강(父爲子綱): 아버이는 자식의 벼리.
③ 부위부강(夫爲婦綱): 남편은 부인의 벼리.

오륜(五倫)은 유학에서 사람이 지켜야 할 다섯 가지의 기본 도리를 말한다.
① 군신유의(君臣有義): 임금과 신하 사이에는 의가 있어야 함.
② 부자유친(父子有親): 아버지와 아들 사이에는 친함이 있어야 함.
③ 부부유별(夫婦有別): 부부 사이에는 서로 침범치 못할 인륜의 구별이 있어야 함.
④ 장유유서(長幼有序): 윗사람과 아랫사람 사이에는 엄격한 차례와 질서가 있어야 함.
⑤ 붕우유신(朋友有信): 벗과의 사이에는 신의가 있어야 함.

543 삼남사녀 三男四女

아들 셋과 딸 넷으로, 자녀가 많다는 말.

544 삼륜청정 三輪淸淨

부처님께서는 보시(布施)의 조건을 3가지로 말씀하셨는데, 이것을 삼륜청정이라 함.
① 주는 이의 마음이 깨끗해야 한다.
② 받는 이가 깨끗해야 한다.
③ 보시되는 물품이 청정해야 한다.

545 삼복백규 三復白圭

하루에 세 번씩이나 백규(白圭)의 시를 반복하여 읊조린다는 뜻으로, 말을 할 때는 신중하게 생각하고 하라는 의미.

546 삼부지양 三釜之養

삼부(三釜)를 받아서 봉양한다는 뜻으로, '지양(之養)'은 양육하다 혹은 부양하다의 의미임. 박(薄)한 봉록(俸祿)을 받아 부모님을 부양하며 효도할 수 있는 즐거움을 비유하는 말.
(* 부(釜)는 용량의 단위로 곡식 여섯 말 네 되)

547 삼불거 三不去
유교에서 칠거지악(아내를 내쫓을 수 있는 일곱 가지 경우)에 해당되어도 아내를 버려서는 안 되는 아래 3가지 경우.
① 시부모를 위해 삼년상을 치른 경우
② 혼인 당시 가난하고 천한 지위에 있었으나 혼인 후에 부귀를 얻은 경우
③ 이혼한 뒤에 돌아갈 만한 친정이 없는 경우

548 삼불혹 三不惑
유혹에 빠지지 말아야 할 세 가지. 곧, 술·계집·재물.

549 삼불효 三不孝
세 가지의 큰 불효라는 뜻.
① 부모를 불의(不義)에 빠지게 하는 일
② 부모가 늙고 집이 가난하여도 벼슬하지 않는 일
③ 장가가지 않고 자식이 없어 조상의 제사를 끊기게 하는 일

550 삼사 三徙
맹자(孟子)의 어머니가 맹자의 좋은 교육을 위하여 세 번이나 이사한 일.

551 삼사이행 三思而行
세 번 생각한 뒤에 행동한다는 뜻으로, 무슨 일이든 성급하게 행하면 실패하기 쉬우니, 심사숙고(深思熟考)하라는 말.

552 삼생지양 三牲之養
삼생(소·돼지·양)의 좋은 음식으로 부모님을 힘껏 봉양하여 보살핀다는 말.

553 삼성오신 三省吾身
날마다 세 번씩 자신을 돌아보며 자신의 행동을 반성(反省)하고 몸가짐을 바르게 한다는 뜻.

554 삼세지습 지우팔십 三歲之習 至于八十
세 살 버릇 여든까지 간다는 뜻으로, 어린 시절의 습관이 그대로 이어져서 오래도록 변하지 않아 고치기 어렵다는 말.

555 삼순구식 三旬九食
한 달 30일(삼순, 순은 열흘을 뜻하는 한자어)에 아홉 끼니밖에 먹지 못한다는 뜻으로, 집안이 몹시 가난하여 끼니를 자주 걸러야 할 정도로 매우 가난함을 말함.

556 삼인행 필유아사 三人行 必有我師
세 사람이 길을 가면 그중에 반드시 스승으로 받들 만한 사람이 있다는 뜻.

557 삼종지도 三從之道
《공자가어》에 나오는 여자(女子)가 지켜야 할 세 가지 법도(法度)라는 뜻으로, 어려서는 어버이께 순종(順從)하고, 시집가서는 남편(男便)에게 순종(順從)하고, 남편(男便)이 죽은 후에는 아들을 따라야 한다는 도리이나 현대에는 어울리지 아니하는 말이기도 함.

558 삼지지례 三枝之禮
셋째 나뭇가지 아래의 예라는 뜻으로, 비둘기는 예의가 있는 새라 어미 새가 앉은 나뭇가지로부터 셋째 가지 아래에 앉는다는 말. 하물며 비둘기도 그렇게 하는데 사람은 마땅히 부모를 공경해야 함을 비유하는 말.

559 삼효 三孝
세 가지 효행이라는 뜻으로, 가장 큰 효도는 어버이를 우러러 받드는 것이고, 그 다음가는 효도는 어버이를 욕보이지 않는 것이고, 그 다음가는 효도는 어버이를 잘 봉양하는 것임.

560 상가지구 喪家之拘
상갓집의 개란 뜻으로, 수척하고 초라한 모습으로 여기저기를 떠돌아다니며 얻어먹을 것만 찾아다니는 개의 모습처럼, 기운 없이 초라한 모습으로 이곳저곳 기웃거리며 얻어먹을 것만 찾아다니는 사람이나 좌절을 겪어 실의에 빠져 힘없는 모습을 한 사람을 일컫는 말.

561 상명지통 喪明之痛
울다가 눈이 멀 정도로 슬프다는 뜻으로, 아들이 죽은 슬픔을 비유적으로 이르는 말.

562 상봉하솔 上奉下率
위로는 부모님을 봉양하고, 아래로는 처자를 거느림.

563 상분 嘗糞
똥을 맛본다는 뜻으로, 부모의 병세를 살피려고 그 대변을 맛보는 지극한 효행을 이르는 말.

564 상분우심 嘗糞憂心
어버이 똥을 맛보며 그 병세를 진단하는 마음으로 근심하며 병수발 하는 효자의 정성을 이르는 말.

565 상선벌악 賞善罰惡
하느님은 죽은 후 선한 일을 행한 사람에게는 상을 끝없이 주시고, 악한 일을 행한 사람에게는 벌을 끝없이 주신다는 말.

566 상자지향 桑梓之鄕
조상의 무덤이 있는 고향이나 고향의 집을 비유적으로 이르는 말. 집 담 밑에 양잠(養蠶)에 쓰이는 뽕나무와 기구(器具)를 만드는 데 쓰이는 가래나무를 심어 자손들에게 조상을 생각하게 했다는 데에서 유래.

567 상전벽해 桑田碧海
뽕나무 밭이 변하여 푸른 바다가 되었다는 뜻으로, 세상이 몰라볼 정도로 바뀐 것을 비유하는 말.

568 상탁하부정 上濁下不淨
윗물이 흐리면 아랫물도 깨끗하지 못하다는 뜻으로, 윗사람의 행실이 바르지 않으면 아랫사람의 행실도 바를 수 없다는 말.

569 상하상안 上下相安
아래 위가 모두 서로 사이가 매우 좋고 편안하다는 말.

570 상행하효 上行下效
윗사람이 하는 대로 아랫사람이 그대로 모방(模倣)한다는 말로, 윗사람은 아랫사람에게 모범을 보여야 한다는 뜻.

571 상효지계 傷孝之戒
효를 상하게 하는 것을 경계하라는 뜻으로, 어버이의 죽음을 너무 슬퍼하다가 몸을 해칠 수 있으니 몸을 생각하라는 말.

572 새옹지마 塞翁之馬
변방에 사는 노인의 말이라는 뜻으로, 세상만사가 변화무쌍(變化無雙)하여 인생의 길흉화복(吉凶禍福)은 예측하기 어렵다는 말. 세상일이란 화가 복이 되기도 하고 복이 화가 되기도 한다는 의미.

573 색난 色難
자식이 늘 부드러운 얼굴빛으로 부모를 섬기기가 어렵다는 말, 또는 부모의 얼굴빛을 보고 그 뜻에 맞게 봉양하기가 어렵다는 말.

574 생기사귀 生寄死歸
사람이 이 세상에 사는 것은 잠깐 동안 몸을 맡겨 머무는 것이고, 죽음은 원래의 곳으로 되돌아간다는 뜻.

575 생동숙서 生東熟西
제사상을 차릴 때, 생것인 김치는 동쪽(오른쪽)에, 익힌 것인 나물은 서쪽(왼쪽)에 놓는 일.

576 생로병사 生老病死
불교(佛敎)에서 말하는 인간(人間)이 살아가다 보면 반드시 겪어야만 하는 네 가지 고통(苦痛). 즉 태어나고, 늙고, 병들고, 죽는 네 가지의 고통(苦痛)을 뜻함.

고사성어 311

577 생리사별 生離死別
살아서 헤어지는 것과 죽어서 영영 이별함을 이르는 말.

578 생불여사 生不如死
삶이 죽음만 못하다는 뜻으로, 몹시 어려운 지경에 빠져서 사는 것이 차라리 죽느니만 못하다는 말.

579 생자필멸 生者必滅
태어난 것은 빠름과 늦음의 차이는 있어도 반드시 언젠가는 죽는다는 뜻으로, 인생과 존재의 무상(無常)함을 이르는 말.

580 서모고의 徐母高義
서서 어머니의 고결한 절의라는 뜻으로, 《삼국지》에서 유비 휘하에 있던 서서는 조조의 모사인 정욱의 거짓 편지에 속아서 유비를 떠나게 된다. 서서의 노모는 서서가 계략에 넘어가서 조조에게 온 것을 알자 서서를 크게 꾸짖고 스스로 목을 매어 자결했다는 고사.

581 서시빈목 西施矉目
서시가 눈살을 찌푸린다는 뜻으로, 왜 그런지 이유도 모르고 무조건 남의 흉내를 내다가 비웃음거리가 됨을 이르는 말.

582 서제막급 噬臍莫及
배꼽을 물려고 하지만 입이 배꼽에 닿지 않는다는 뜻으로, 일을 그르친 뒤에는 후회를 해도 소용이 없다는 뜻으로 사용되는 말.

583 서하지통 西河之痛
서하의 고통이라는 뜻으로, 공자(孔子)의 제자인 자하(子夏)가 서하(西河)에 있을 때 자식을 잃고 너무 슬픈 나머지 소경이 된 고사에서 온 말로 자식을 잃은 슬픔을 이르는 뜻으로 사용됨.

584 석과불식 碩果不食
과일나무에 달린 큰 과실은 다 먹지 않고 남긴다는 뜻으로, 자기만의 욕심을 버리고 자손에게 복을 끼쳐 줌을 이르는 말.

585 선견지명 先見之明
앞일을 볼 줄 아는 총명함이란 뜻으로, 앞일을 내다보고 판단할 수 있는 지혜를 말함.

586 선고 先考
세상을 떠난 아버지, 즉 돌아가신 자기 아버지를 남에게 높여 이르는 말.

587 선공후사 先公後私
사(私)보다 공(公)을 앞세운다는 뜻으로, 어떤 일을 할 때 사사로운 일이나 이익보다 공익을 먼저 챙긴다는 말.

588 선례후학 先禮後學
먼저 예의를 배운 뒤에 학문을 하라는 뜻으로, 학문보다 예의가 먼저라는 말.

589 선영 先塋
조상들의 무덤이나 같은 가문 사람들의 무덤이 모여 있는 곳으로, 쉽게 말하면 선산을 말하는 것.

590 선화후과 先花後果
먼저 꽃이 피고 나중에 열매를 맺는다는 뜻으로, 먼저 딸을 낳고 나중에 아들을 낳는 게 좋다는 말.

591 설니홍조 雪泥鴻爪
눈이나 진흙 위에 기러기가 남긴 발자국이란 뜻으로, 눈 위에 남긴 기러기의 발자국이 눈이 녹은 뒤에는 없어지는 것처럼, 인생의 자취가 사라져 무상함을 비유하는 말.

592 설리구순 雪裏求筍
한겨울 눈이 쌓인 곳(속)에서 어머님께 드릴 죽순을 찾는 효를 이르는 말.

593 성묘 省墓
조상의 산소를 찾아가 간단한 제사와 함께 절로 조상께 문안의 인사를 올리는 의식.

594 성유단수 性猶湍水
사람의 성품은 세차게 흐르는 여울물 같다는 뜻으로, 성장하는 환경과 교육에 따라 악하게도 되고, 착하게도 된다는 말.

595 성중형외 誠中形外
마음속에 성실함이 있으면 반드시 그것이 바깥으로 나타난다는 의미로, 속마음에 들어 있는 것은 숨기려 해도 밖으로 나타나게 된다는 말.

596 세군 細君
본래는 제후의 부인을 일컫던 말인데, 남에게 자기 아내를 말하거나 남의 아내를 부를 때 쓴다.

597 세세불철 世世不轍
대대로 제사가 끊어지지 않는다는 뜻으로, 후손들이 조상을 잘 받들어 모시는 것을 뜻함.

598 세세상전 世世相傳
여러 대를 두고 전하여 내려옴. 대를 이어 전하여 옴.

599 세속오계 世俗五戒
속세에 사는 젊은이들이 지켜야 할 다섯 가지 계명이라는 뜻으로, 신라시대 원광법사가 화랑도들을 위해 정해 준 다섯 계율.
① 사군이충(事君以忠): 임금을 충성으로 섬김.
② 사친이효(事親以孝): 어버이를 효로써 섬김.
③ 교우이신(交友以信): 친구를 사귀는 데 신(信)을 바탕으로 함.
④ 임전무퇴(臨戰無退): 전장에 나가서 물러나지 않음.
⑤ 살생유택(殺生有擇): 살생은 가려서 해야 함.

600 세월부대인 歲月不待人
세월은 사람을 기다려 주지 않는다는 뜻으로, 세월은 한번 흘러가면 다시 오지 않으니 젊을 때 시간을 아껴서 부지런히 학문에 힘쓰라는 당부가 담긴 말.

601 세제기미 世濟其美
후손이 조상의 명예를 떨어뜨림이 없이 선대(先代)의 미덕을 잘 이어 간다는 말.

602 세태염량 世態炎涼
사정이 달라지면 그때마다 바뀌는 세태를 비유하는 말.

603 세한송백 歲寒松栢
추운 겨울의 소나무와 잣나무라는 뜻으로, 어떤 역경 속에서도 지조를 굽히지 않는 사람 또는 그 지조를 비유적으로 이르는 말.

604 소년이로 학난성 少年易老 學難成
소년은 늙기 쉬우나 학문은 이루기가 어렵다는 말.

605 소인한거위불선 小人閑居爲不善
소인(小人)은 하는 일 없이 홀로 있게 되면 좋지 않은 일을 한다는 의미.

606 소장지변 蕭墻之變
병풍 사이의 변이라는 뜻으로, 내부에서 일어난 변란 또는 형제간의 싸움을 말함.

607 속광 屬纊
고운 솜을 코밑이나 입에 대어 숨을 쉬나 알아본다는 뜻으로, 사람의 임종을 비유하는 말.

608 속모이리 屬毛離裏
털에 붙고 속에 붙는다는 뜻으로, 자식과 부모의 친밀한 관계(毛는 아버지, 裏는 어머니를 뜻한다)를 말함.

609 손강영설 孫康映雪
진(晉)나라의 손강(孫康)이 눈빛에 책(冊)을 비추어 읽었다는 이야기에서 유래한 말로, 고생 속에서 열심히 공부함을 비유하는 말.

610 손순매아 孫順埋兒
가난한 손순이 흉년이 들자 부모님을 봉양하기 위하여 식구를 줄이려고 아이를 땅에 묻으려다가, 땅속에서 돌종(石鐘)을 얻어 자식을 살리고 부모에게 효도하였으며 종교적인 구원까지 얻었다는 이야기.

611 송무학수 松茂鶴壽
소나무처럼 늘 푸르고 젊게 살고, 학처럼 건강하게 오래오래 살라는 뜻.

612 송백지무 松柏之茂
소나무와 잣나무가 엄동(嚴冬)에도 항상 푸르름과 같이 오래도록 영화를 누림을 이르는 말.

613 송양지인 宋襄之仁
송나라 양공의 어짊이라는 뜻으로, 자신의 처지도 모르면서 어리석은 대의명분을 내세우거나 자신에게 도움이 되지 않는 쓸데없는 동정이나 배려 또는 관용을 베풀다가 도리어 손해를 입는 것을 비유적으로 이르는 말. 혹은 신사(紳士)인 양 쓸데없이 인의(仁義)를 베풀다가 은혜를 원수로 갚는 일을 당하는 어리석음을 말하기도 함.

614 수구초심 首丘初心
여우는 죽을 때엔 자기가 태어나서 살았던 언덕 쪽으로 머리를 향하고 초심으로 돌아간다는 뜻으로, 고향을 절실히 그리는 향수를 표현하는 말.

615 수기치인 修己治人
자기의 몸과 마음을 닦은 후에 다른 사람을 다스림이라는 뜻으로, 자신을 수양해야만 남을 교화시킬 수 있음을 말함.

616 수복강녕 壽福康寧
오래도록 살되 복을 누리며, 몸이 건강하고 마음이 편안하다는 의미로, 수(壽)는 장수를, 복(福)은 재물을, 강녕(康寧)은 건강하게 마음이 근심 걱정 없이 편안하다는 뜻으로, 오래 복을 받으며 장수하는 것을 기원하는 것을 말함.

617 수신제가 修身齊家
먼저 자신의 몸을 바르게 닦고 난 이후에야, 집안을 잘 다스릴 수 있다는 의미.

618 수어지교 水魚之交
물과 물고기는 떨어지려야 떨어질 수 없는 사이라는 뜻으로, 부부나 군신 관계가 아주 친밀하여 떨어지려야 떨어질 수 없는 사이임을 일컫는 말.

619 수욕정이풍부지 자욕양이친부대 樹欲靜而風不止 子欲養而親不待
나무는 고요하고자 하나, 바람은 그칠 날이 없고
자식은 봉양하고자 하나, 부모님은 기다려 주지 않네.

620 수자부족여모 豎子不足與謀
더벅머리 어린아이와 더불어 일을 꾀할 수가 없다는 뜻으로, 사람 됨됨이가 어리고 경험이 부족한 사람과는 큰일을 도모할 수가 없다는 의미.

621 수적석천 水滴石穿
떨어지는 작은 물방울이 단단한 돌을 뚫는다는 뜻으로, 본래는 작은 잘못이라도 계속 누적되면 커다란 위험이 될 수 있음을 비유했으나, 현재는 보잘것없는 아주 작은 힘이라도 꾸준히 노력하면 큰일을 이룰 수 있음을 비유하는 말.

622 수적성천 水積成川
물이 모이면 시내를 이룬다는 뜻으로, 물방울도 쌓이면 내를 이룰 수 있듯이 작은 것이 모여 큰 것을 이룰 수 있다는 의미.

623 수전망조 數典忘祖
전적(典籍)은 찾아 열거하는데 자신의 조상은 잊어버린다는 뜻으로, 근본을 망각하거나 자기 나라 역사와 문화에는 무식한 것을 비유하는 말.

624 수족지애 手足之愛
형제간의 우애를 손발에 비유하여 일컫는 말.

625 수주대토 守株待兎
나무 그루터기에 앉아서 토끼를 기다린다는 뜻으로, 힘을 들이지 않고 요행으로 일이 성취되기를 바라거나, 앉아서 일이 성취되기만 기다린다는 말.

626 수즉다욕 壽則多辱
오래 살다 보면 욕된 일이 많다는 뜻으로, 오래 살수록 그만큼 고생스러운 일이나 망신스러운 일을 많이 겪게 된다는 말.

627 숙수지공 菽水之供
콩과 물로 드리는 공양이라는 뜻으로, 가난한 중에도 검소한 음식으로 정성을 다하여 부모를 봉양함을 이르는 말.

628 숙수지환 菽水之歡
콩을 먹고 물만 마시는 가난한 생활 속에서도 부모에게 효도하는 기쁨이라는 뜻으로, 가난한 중에도 부모를 잘 섬겨 그 마음을 기쁘게 함을 이르는 말.

629 숙흥온청 夙興溫凊
아침 일찍 일어나 계절에 따라 따뜻하게, 서늘하게 보살펴 드려야 한다는 의미.

630 순종효도 順從孝道
사람의 자식(子息) 된 자는 순종(順從)과 공경(恭敬)으로 효도(孝道)를 하라는 말.

631 순치보거 脣齒輔車
입술과 이, 수레의 덧방나무와 바퀴처럼 서로 도움이 필요하고 어느 한쪽만 없어도 안 되는 밀접한 관계를 뜻하는 말.

632 숭조상문 崇祖尙門
조상(祖上)을 높여 숭배(崇拜)하고 문중(門中)을 소중하게 위하는 것.

633 슬하 膝下
무릎 아래라는 뜻으로, 주로 부모나 조부모의 따뜻한 보살핌을 받는 영역을 이르는 말.

634 습심공친 拾椹供親
어머니를 위하여 뽕나무 열매 오디를 주워다 올리는 가상한 효성을 이르는 말.

635 시례지훈 詩禮之訓
공자가 아들 백어에게 시와 예를 배워야 하는 까닭을 말하여 주었다는 고사에서 나온 의미로, 아버지가 아들에게 주는 교훈을 이르는 말.

636 시부시자 是父是子
그 아비에 그 아들이라는 뜻으로, 그 아비를 닮은 그 자식이라는 의미에서 부자(父子)가 모두 훌륭함을 이르는 말.

637 식이위천 食以爲天
먹는 것으로 하늘을 삼는다는 뜻으로, 사람에게 먹는 것만큼 중요한 것이 없다는 것을 의미.

638 신겸처자 身兼妻子
자기 몸이 처자를 겸하였다는 뜻으로, 처자가 없어 몸소 아내와 자식의 일까지 겸함을 이르는 말. 홀로 있는 몸이 아니고 세 식구라는 의미.

639 신언서판 身言書判
중국 당나라 때 관리를 등용하는 시험에서 인재 등용의 기준으로 삼았던 용모(身), 언변(言), 글씨(書), 판단력(判)의 네 가지를 이르는 말. 자신의 생각이나 행동이 은연중에 나타나기 때문에 자신의 신언서판은 자신이 냉철하게 분석해 올바르게 정립해 나가야 한다는 의미.

640 신자치지본 身者治之本
자신의 몸부터 다스리는 것이 모든 일의 근본이라는 뜻으로, 자신을 다스리고 난 다음에야 더 큰 것을 할 수 있다는 의미를 일컫는 말.

641 신종추원 愼終追遠
부모(조상)의 장례를 엄숙하게 받들고 조상의 제사를 정성을 다해 올린다는 의미. 신종(愼終)은 부모(조상)의 임종을 신중히 한다는 뜻으로 장례를 극진하게 모신다는 말이며, 추원(追遠)은 먼 조상을 추모한다는 뜻으로 제사를 정성스럽게 올린다는 말.

642 신체발부 수지부모 身體髮膚 受之父母
　　불감훼상 효지시야 不敢毀傷 孝之始也

몸과 머리털과 피부는 부모로부터 받은 것이니
이를 상하게 하지 않는 것이 효의 시작이다.

(* 부모에게 물려받은 몸을 소중히 하는 것이 효도의 시작이라는 뜻)

643 신후지지 身後之地

살아 있을 때에 미리 잡아 두는 묏자리를 말함.

644 실가지락 室家之樂

부부 사이의 화목한 즐거움이라는 뜻.

645 실사구시 實事求是

청나라 고증학파가 내세운 학문 방법론. 사실에 토대하여 사물의 진리를 연구한다는 뜻으로, 사실에 근거하여 사물의 진상이나 진리를 탐구하려는 태도를 말함.

646 실이인원 室邇人遠

그리워하는 사람의 집은 가까우나 사람은 멀다는 뜻으로, 사모하면서 만나지 못해 애태우는 심정을 표현하는 말.

647 십시일반 十匙一飯

열 사람이 한 숟가락씩 보태면 한 사람분의 한 그릇 밥이 된다는 뜻으로, 여러 사람이 조금씩 힘을 합하면 한 사람을 돕기는 쉽다는 말.

(아)

648 아궁불열 我躬不閱
내 한 몸도 돌보지 못하는 처지라는 뜻으로, 자기 후손이나 친척 또는 다른 일을 걱정할 여지가 없다는 말.

649 아녀지채 兒女之債
자식들에게 드는 교육비(敎育費)나 혼비(婚費) 따위의 여러 비용.

650 악목도천 惡木盜泉
더워도 나쁜 나무 그늘에서는 쉬지 않으며 목이 말라도 도(盜)란 나쁜 이름이 붙은 샘물은 마시지 않는다는 뜻으로, 이는 아무리 곤란해도 부끄러운 행동은 하지 않고 사람 된 도리를 지킨다는 비유적 표현임.

651 악부파가 惡婦破家
악처는 남편(男便)의 일생(一生)을 망칠 뿐 아니라, 가정(家庭)의 평화(平和)를 파괴(破壞)하고, 자손(子孫)에게까지 나쁜 영향(影響)을 미친다는 말.

652 악인악과 惡因惡果
악한 원인에서 악한 결과가 생긴다는 뜻으로, 나쁜 일을 하면 반드시 나쁜 결과가 따르게 된다는 말.

653 안가입업 安家立業
가정이 안정된 상태가 되어야 자기 사업을 일으킬 수 있다는 의미.

654 안거낙업 安居樂業
편안하게 살면서 즐겁게 일함.

655 안로회소 安老懷少
노인을 편안하게 해 주고 어린 사람을 돌보아 준다는 의미.

656 안분지족 安分知足
자신의 분수를 지키며 처지와 형편에 만족할 줄 안다는 뜻.

657 안빈낙도 安貧樂道
가난하게 살더라도 편안한 마음으로 도를 지키며 즐긴다는 뜻으로, 구차(苟且)하고 가난한 생활 속에서도 그에 구속되지 않고 도(道)를 즐기면서 편안한 마음으로 살아가는 것을 일컫는 말.

658 안서 雁書
철 따라 이동하는 기러기 발에 묶은 편지라는 뜻으로, 먼 곳에서 전해 온 반가운 편지나 소식을 일컫는 말.

659 안심입명 安心立命
몸을 천명(天命)에 맡기고 삶과 죽음을 두려워하지 않는다는 의미.

660 안족 雁足
기러기의 발이란 뜻으로, 편지를 달리 일컫는 말.

661 안중지인 眼中之人
눈 속에 담고 있는 사람이라는 뜻으로, 친애하는 사람이나 늘 생각하며 한번 만나 보고 싶은 사람.

662 안하무인 眼下無人
눈 아래에 사람이 없다는 뜻으로, 사람됨이 방자하고 교만하여 남을 업신여기며 얕잡아 본다는 말.

663 앙불괴어천 仰不愧於天
하늘을 우러러 부끄럽지 않다는 뜻으로, 무엇에 대하여 조금도 양심에 꺼리는 바 없이 부끄럽지 않다는 말.

664 앙사부모 仰事父母
우러러 부모를 섬긴다는 의미.

665 앙사부육 仰事俯育
위로는 어버이를 섬기고, 아래로는 처자식을 보살핀다는 뜻.

666 애별리고 愛別離苦
사랑하는 사람과 헤어져야 하는 괴로움을 표현하는 말로, 불교에서 말하는 여덟 가지 괴로움(八苦) 중의 하나. 부모, 형제, 처자, 애인 등과 살아서도 이별하고, 죽어서도 이별하는 고통을 이르는 뜻으로, 이 세상의 덧없음을 비유하기도 함.

667 애옥급오 愛屋及烏
집을 사랑하면 그 집 지붕의 까마귀까지 좋아한다는 뜻으로, 누군가를 사랑하면 그 사람에 딸린 사람이나 물건까지 좋아하게 됨을 비유하는 말.

668 애이불비 哀而不悲
속으로는 슬퍼하지만 겉으로는 슬픔을 나타내지 않음.

669 애이불상 哀而不傷
슬퍼하되 정도를 넘지 않음.

670 애자지정 愛子之情
자식을 사랑하는 마음.

671 애지중지 愛之重之
매우 사랑하여 소중하게 여김을 이르는 말.

672 애친경장 愛親敬長
어버이를 사랑하고 어른을 공경한다는 뜻.

673 애훼골립 哀毀骨立
부모의 죽음을 슬퍼하여 몸이 바싹 여윔.

674 액호구친 搤虎求親
호랑이 목을 졸라 위급한 아버지를 구한다는 의미.

675 약관 弱冠
나이 20세에 관을 쓴다는 뜻으로, 남자의 나이 스무 살, 또는 스무 살 전후를 이르는 말. 약세, 약년, 약령이라는 호칭도 같은 뜻.

676 약득미과 귀헌부모 若得美果 歸獻父母
만약 맛있는 과실을 얻으면, 돌아가서 부모님께 드린다는 의미.

677 양반양장 讓畔讓長
밭의 경계를 서로 양보하고, 백성들은 나이 많은 사람에게 양보한다는 의미.

678 양봉제비 兩鳳齊飛
두 마리의 봉황새가 나란히 날아간다는 뜻으로, 형제가 나란히 출세와 영달의 길을 감을 이르는 말.

679 양생송사 養生送死
어버이를 섬김에 생전(生前)에는 잘 봉양하고, 사후(死後)에는 정중하게 장례(葬禮)를 지낸다는 뜻.

680 양아비로 養兒備老
자식을 길러서 자신의 노년기에 대비한다는 의미.

681 양약고구 良藥苦口
몸에 좋은 약은 입에는 쓰나 병에는 잘 듣는다는 뜻으로, 충언(忠言)은 귀에 거슬리나 행실에는 많은 도움을 준다는 의미로 사용.

682 양자방지부모은 養子方知父母恩
자식을 길러 보아야 부모의 은혜를 안다는 뜻으로, 자기 자식을 낳고 길러 보아야 지고지순(至高至純)한 부모의 은혜를 깨달을 수 있다는 의미.

683 양지성효 養志誠孝
뜻을 길러 효도에 정성을 다함.

684 양지지효 養志之孝
자기가 마음먹은 뜻을 이루기 위하여 끊임없이 노력하면서, 부모가 나를 양육한 뜻을 헤아려 항상 부모의 뜻을 받들고 마음을 기쁘게 해 드리는 효행을 이르는 말.

685 양친봉양 養親奉養
부모님을 잘 섬기고 모신다는 뜻.

686 양친지성 養親至誠
어버이를 봉양함에는 지극한 정성으로 해야 한다는 말.

687 양호유환 養虎遺患
호랑이를 길러서 근심을 남긴다는 뜻으로, 은혜를 베풀어 준 사람으로부터 도리어 해를 당함을 의미.

688 어동육서 魚東肉西
제사상에 음식을 차릴 때 생선은 동쪽에 놓고 고기는 서쪽에 놓는다는 말.

689 어변성룡 魚變成龍
물고기가 변하여서 용이 된다는 뜻으로, 아주 곤궁하던 사람이 부귀를 누리게 되거나 어릴 적에는 신통치 못하던 자가 자란 후 훌륭하게 됨을 비유하는 말.

690 어수지친 魚水之親
물고기와 물의 관계처럼 친(親)한 사이라는 뜻으로, 임금과 신하(臣下)의 친밀(親密)한 사이나 서로 사랑하는 부부(夫婦) 사이를 의미.

691 언능사귀 焉能事鬼
사람도 제대로 못 섬기는데 어찌 신령을 섬길 수 있겠냐는 뜻으로, 함께 있는 사람에게 잘하고 지금 삶에 충실하라는 말.

692 언어도단 言語道斷
말할 길이 끊어지고 막혔다는 뜻으로, 엄청나게 기가 막혀서 뭐라 말로써 표현하기 어려울 정도로 놀라운 상황이나 감정을 나타내는 데 사용됨.

693 엄모자부 嚴母慈父
엄한 어머니와 사랑이 깊은 아버지라는 의미로, 어머니는 자식을 엄하게 다루어야 하고, 아버지는 자식을 깊은 사랑으로 보살펴야 한다는 뜻.

694 엄부자모 嚴父慈母
엄한 아버지와 자애로운 어머니라는 뜻으로, 아버지는 자식을 엄하게 다루어야 하고, 어머니는 자식을 깊은 사랑으로 보살펴야 함을 이르는 말.

695 엄처시하 嚴妻侍下
엄한 아내를 모시고 지낸다는 뜻으로, 아내에게 쥐여사는 남편의 처지를 놀림조로 이르는 말.

696 엄친 嚴親
남에게 자기 아버지를 높여 이르는 말.

697 여고금슬 如鼓琴瑟
거문고와 비파의 합주처럼 부부 사이가 다정하고 화목하다는 말.

698 여리박빙 如履薄氷
살얼음을 밟는 것과 같다는 뜻으로, 살얼음을 밟고 걷는 것처럼 아주 조신(操身, 몸가짐이 조심스럽고 정숙)하게 행동한다는 것을 일컫는 말.

699 여양응호 如養鷹虎
배불리 먹이지 않으면 주인도 잡아먹는 범이나, 배가 부르면 날아가 버리는 매를 기르는 것처럼 사람을 쓰기가 어렵다는 뜻으로, 악인은 잘해 줘도 그 대가를 바라기가 어렵다는 말.

700 여어득수 如魚得水
물고기가 물을 얻은 것과 같다는 뜻으로, 사람을 제대로 만났거나 자신의 취향과 적성에 맞는 일을 만나 일의 활로를 찾게 됨을 비유해 이르는 말.

701 여족여수 如足如手
형제는 몸에서 떼어 놓을 수 없는 팔다리와 같다는 뜻으로, 형제간의 우애(友愛)가 두터움을 말함.

702 여필종부 女必從夫
아내는 반드시 남편(男便)을 따라야 한다는 말.

703 역부몽 役夫夢
일꾼의 꿈이라는 뜻으로, 인생의 부귀영화가 한낱 꿈과 같다는 의미를 담고 있음.

704 역자교지 易子敎之
내 자식과 남의 자식을 바꾸어 교육한다는 뜻으로, 자기 자식을 직접 가르치면 부자지간에 서로 노여움이 생기고 감정이 상하게 되는 등 폐단이 많아지므로 친구 사이에 서로 자식을 바꾸어 가르친다는 의미.

705 역지사지 易地思之
입장을 바꾸어서 생각한다는 뜻으로, 처지를 바꾸어서 상대편의 입장에서 생각해 본다는 말.

706 역책 易簀
침상을 바꾼다는 뜻으로, 학식과 덕망이 높은 사람의 죽음이나 임종을 이르는 말.

707 연리지지 連理之枝
연리지(連理枝)란 서로 다른 나무의 가지와 가지가 서로 붙어서 엉켜 있다는 뜻으로, 보통 효(孝)에 결부시킨 말로 사용했으나 요즘은 부부간의 깊은 애정을 비유해 쓰이고 있음.

708 연오십이지 사십구년비 年五十而知 四十九年非
50세가 되어서 비로소 49년간의 생활에 잘못이 많았음을 깨닫게 된다는 의미.

709 연익지모 燕翼之謀
제비 날개의 꾀함의 뜻이 아니고, 여기서 연의 뜻은 편안하다, 즐겁다는 뜻이고 익은 돕는다는 의미로, 조상이 자손을 돕기 위해 남겨 놓은 좋은 계교라는 의미로 부모의 사랑을 나타내는 말.

710 연작불생봉 燕雀不生鳳
제비와 참새는 봉황을 낳을 수 없다는 뜻으로, 불초(不肖)한 사람에게서 어진 자식이 나오기 어렵다는 말.

711 연작처당 燕雀處堂
처마 밑에 사는 제비와 참새라는 뜻으로, 안락한 생활에 빠져서 경각심을 잃고 장차 닥쳐올 재앙을 예측하지 못한다는 말.

712 연홍지탄 燕鴻之歎
제비와 고니의 탄식이라는 뜻으로, 여름새인 제비와 겨울새인 기러기가 만나지 못하는 것처럼 길이 어긋나거나 서로 소식 없이 만나지 못함을 한탄하는 말.

713 염념불망 念念不忘
항상 생각하여 잊지 않음을 뜻하는 말.

714 염량세태 炎涼世態
권세가 있을 때는 아부하고, 세력이 없어지면 푸대접하는 세속의 인심 태도를 말함.

715 영고성쇠 榮枯盛衰
꽃이 피고 시들고 성하고 쇠한다는 뜻으로, 인생이나 사물의 번성과 쇠락함이 서로 뒤바뀌는 현상.

716 영만지구 盈滿之咎
가득 차면 기울고 넘친다는 뜻으로, 만사가 다 이루어지면 도리어 화를 가져오게 될 수 있음을 뜻하는 말.

717 영설독서 映雪讀書
눈(雪) 빛에 비추어 책을 읽는다는 뜻으로, 가난을 무릅쓰고 학문함을 이르는 말.

718 예미도중 曳尾塗中
높은 벼슬에 올라 속박받기보다는 가난하더라도 속 편히 편안하고 즐겁게 오래 사는 것이 낫다는 것을 이야기할 때 쓰는 말.

719 오매불망 寤寐不忘
깨어 있으나 잠자고 있으나 잊지 못한다는 뜻으로, 늘 잊지 않고 그리워한다는 말.

720 오불취 五不取
아내로 취해서는 안 되는 아래 다섯 가지를 말함.
① 역모자를 낸 집
② 형을 받은 집
③ 악질병이 있는 집
④ 과부의 맏딸
⑤ 멋대로 자란 여자

721 오불효 五不孝
다섯 가지 불효의 행동으로, 아래 다섯 가지를 말함.
① 게으름
② 노름과 술을 즐김
③ 재물을 좋아하고 자기 처자식만 중하게 여김
④ 환락을 탐미함
⑤ 만용(蠻勇)으로 싸우기를 잘함

722 오상고절 傲霜孤節
매서운 서릿발에도 굴하지 않고 홀로 꼿꼿하게 절개를 지키는 충신(忠臣)이나 국화(菊花)를 비유적으로 이르는 말.

723 오옹즉약옹 吾翁卽若翁
나의 아버지가 바로 너의 아버지와 같다는 의미.

724 오조사정 烏鳥私情
까마귀가 새끼였을 적에 어미가 길러 준 은혜를 갚는 사사로운 정이라는 뜻으로, 까마귀 새끼가 자라서 길러 준 늙은 어미에게 먹이를 물어다 먹이듯이 자식이 성장하여 부모에게 효성을 다하려는 지극한 마음을 이르는 말.

725 오호통재 嗚呼痛哉
심각하게 괴로운 상황, 혹은 슬픈 상황에 처했을 때 사용하는 감탄사. 굳이 번역하자면 "아아… 괴롭구나…"라는 의미.

726 옥곤금우 玉昆金友
옥 같은 형과 금 같은 아우라는 뜻으로, 남의 형제를 아름답게 이르는 말.

727 옥불마무광 玉不磨無光
옥도 갈지 않으면 빛이 나지 않는다는 뜻으로, 뛰어난 소질을 가진 사람이라 하더라도 학문과 수양을 쌓지 않으면 훌륭한 인물이 못 된다는 말.

728 옥불탁불성기 玉不琢不成器
옥도 다듬지 않으면 쓸 만한 물건이 되지 못한다는 뜻으로, 아무리 뛰어난 사람이라도 학문이나 수양을 쌓지 않으면 훌륭한 인물이 될 수 없다는 말.

729 온고지신 溫故知新
옛것을 익히고 그것을 미루어서 새로운 것을 안다는 뜻으로, 지난날의 지식과 경험과 업적을 거울삼아 새로운 비전과 도리를 발견한다는 의미.

730 온청신성 溫淸晨省
겨울에는 따뜻하게 여름에는 시원하게 부모님의 잠자리를 돌보아 드리고, 아침저녁으로 부모의 안부(安否)를 살피는 일을 말함.

731 온청정성 溫淸定省
겨울에는 따뜻하게(溫), 여름에는 시원하게(淸), 밤에는 잠자리를 봐 드리고(定), 아침에는 문안을 여쭙는다(省)는 뜻으로, 자식이 효성을 다하여 부모(父母)를 섬기는 도리(道理)를 이르는 말.

732 완물상지 玩物喪志
물질이나 오락 등 좋아하는 것에만 푹 빠져서 원래 자신이 세운 원대한 이상과 포부를 잃어버린다는 뜻.

733 왕상리어 王祥鯉魚
왕상이라는 효자가 잉어를 얻었다는 뜻으로, 효성이 지극함을 비유하는 말. 삼국 시대 위(魏)나라 말 서진(西晉) 초 때 왕상의 이야기로, 그의 계모가 한겨울에 잉어를 먹고 싶다고 하자 옷을 벗고 얼음 위에 누워 얼음을 녹여 고기를 잡으려고 하니 잉어 두 마리가 뛰어올랐다는 이야기에서 유래되었음.

734 왕연지효 王延之孝
왕연(王延)의 효. 왕연은 진(晉)나라 사람으로 어버이를 섬김에 여름에는 부채질을 해 드리고, 겨울에는 자기 몸으로 이부자리를 따뜻하게 해 드리며 효성이 지극했음.

735 왕자불간 내자가추 往者不諫 來者可追
이전에 저질렀던 수많은 실수는 어쩔 수 없지만, 앞으로 올 일에 대해서는 좀 더 현명하게 대처할 수 있다는 뜻.

736 요동시 遼東豕
요동의 돼지라는 말로, 견문이 좁아 세상일을 모르고 저 혼자 득의양양함을 비유하는 말.

737 요절 夭折
젊은 나이에 죽음, 즉 단명을 의미하는 말.

738 요조숙녀 窈窕淑女
행동거지와 말씨가 얌전하고 품위가 있으며 정숙한 여자를 말함.

739 욕급부형 辱及父兄
자식의 잘못이 부모 형제까지 욕되게 한다는 뜻.

740 욕불가종 欲不可從
사람의 욕정(欲情)은 한량(限量)이 없으므로 욕심나는 대로 함부로 행동해서는 안 되고, 절제하지 않으면 재앙(災殃)을 입는다는 말.

741 욕효부모 하불경사 欲孝父母 何不敬師
부모님께 효도를 하고자 한다면, 어찌 스승을 공경하지 않겠는가?

742 우공고문 于公高門
우공(于公)이 문을 높게 하여 수레가 드나들게 하였다는 뜻으로, 음덕을 쌓으면 자손 대대로 융성해진다는 의미.

743 우공이산 愚公移山
우공(愚公)이 산을 옮긴다는 뜻으로, 남이 보기엔 불가능할 것처럼 보이지만 어떤 일이든 끊임없이 노력하면 언젠가는 목적을 반드시 달성할 수 있다는 말.

744 우로지택 雨露之澤
이슬과 비의 덕택이라는 뜻으로, 임금 또는 부모님의 넓고 큰 은혜를 비유적으로 이르는 말.

745 우부우부 愚夫愚婦
어리석은 지아비와 어리석은 지어미를 뜻하는 말.

746 우이독경 牛耳讀經
소귀에 경 읽기란 뜻으로, 어리석은 사람은 아무리 가르치고 일러 주어도 알아듣지 못함을 의미하는 말.

747 우적쟁사 遇賊爭死
한(漢)나라에 조효(趙孝)라는 사람의 동생인 예(禮)가 적군의 포로가 되었다. 형제간의 우애가 깊던 조효는 적진으로 가서 동생 대신에 자신을 죽여 달라고 간청했다. 적장이 그 형제애에 감동하여 두 사람을 다 풀어 주었다는 고사.

748 운중백학 雲中白鶴
구름 속을 나는 흰 학이라는 뜻으로, 인품이 고상한 사람을 가리켜 말함.

749 원걸종양 願乞終養
(조)부모가 돌아가실 때까지만이라도 봉양(奉養)하기를 원한다는 뜻으로, (조)부모에 대한 지극한 효성(孝誠)을 이르는 말.

750 원수불구근화 遠水不救近火
먼 곳에 있는 물은 가까운 데의 불을 끌 수 없다는 뜻으로, 무슨 일이든 멀리 있는 것은 급할 때에 소용이 없음을 비유하여 이르는 말.

751 원앙금침 鴛鴦衾枕
원앙을 수놓은 이불과 베개. 부부가 함께 덮는 이불과 베개를 이르는 말.

752 원앙지계 鴛鴦之契
원앙새와 같이 금슬이 좋은 부부 사이란 뜻으로, 원앙은 그 사이가 금슬이 좋다 하여 생사를 같이하자는 좋은 부부의 상징으로 불리고 있음.

753 원친불여근린 遠親不如近隣
서로 돕고 살아가는 데는 먼 곳에 사는 친척보다는 가까운 이웃 사람이 더 낫다는 뜻.

754 원형이정 元亨利貞
하늘이 갖추고 있는 네 가지 덕 또는 사물의 근본원리로, 《주역(周易)》에서 말하는 천도의 네 가지 원리를 가리킴. 세상의 모든 것이 생겨나서 자라고 이루어지고 거두어진다. 즉 원(元)은 봄으로 만물의 시초, 형(亨)은 여름으로 만물의 성장함, 이(利)는 가을로 만물이 여묾, 그리고 정(貞)은 겨울로 만물을 거둠을 뜻하는데, 이처럼 원형이정은 모든 일을 체계적으로, 단계별로 해 나가야 함을 의미하며, 우리 삶에 많은 교훈을 주는 내용. 한편 원은 인(仁), 형은 예(禮), 이는 의(義), 정은 지(智)를 뜻하기도 함.

755 원화소복 遠禍召福
재앙을 물리쳐 멀리하고 복을 불러들인다는 뜻.

756 월영즉식 月盈則食
달이 차면 반드시 이지러진다는 뜻으로, 무슨 일이든지 한 번 흥(興)하면 한 번은 망(亡)하게 됨을 이르는 말.

757 월조소남지 越鳥巢南枝
남쪽에 있는 월나라에서 온 새가 언제나 고향에 가까운 남쪽으로 뻗은 가지에 둥우리를 짓는다는 뜻으로, 월조(越鳥)가 남쪽 고국을 생각하며 남쪽 가지에 집을 짓듯이 고향을 잊지 못하고 그리워하는 마음을 이르는 말.

758 월하노인 月下老人
달빛 아래 늙은이란 말이다. 그러나 이것은 달빛을 구경하는 노인의 뜻이 아니고 인간 세계의 부부의 인연을 맺어 주는 명계(冥界) 또는 저승의 노인을 말한다. 그래서 중매를 서는 사람을 월하노인이라 부르기도 하고, 이를 약해서 월노(月老)라고도 함.

759 월하빙인 月下氷人
달빛 아래의 노인과 얼음 위의 사람이라는 뜻. 월하노인(月下老人)의 전설과 얼음 위에 있는 사람이라는 빙상인(氷上人)의 합성어로, 부부의 인연을 맺어 준다는 전설상의 노인을 말함.

760 위민부모 爲民父母
백성의 부모가 된다는 뜻으로, 임금은 온 백성의 어버이가 되고, 고을의 원(員)은 고을의 어버이가 됨을 일컫는 말.

761 위자지도 爲子之道
부모에 대한 자식으로서의 도리를 이르는 말.

762 위친지도 爲親之道
자식으로서 부모를 섬기는 도리.

763 유구개비 有口皆碑
모든 사람의 칭송이 자자하다는 의미.

764 유방백세 流芳百世
향기로운 냄새가 백 세대까지 흘러간다는 뜻으로, 올바른 일을 위해 고난과 어려움이 있더라도 초심으로 변함없이 밀고 나가, 사람들의 아낌을 받고 역사에 기록되어 훌륭한 명성이나 공적이 후세에 길이 전해진다는 의미.

765 유복지친 有服之親
복제(服制)에 따라 상복을 입어야 하는 가까운 친척을 말함.

766 유부유자 猶父猶子
아버지 같고 자식 같다는 뜻으로, 삼촌과 조카 사이가 좋음을 이르는 말.

767 유비무환 有備無患
미리 준비가 되어 있으면 걱정할 필요가 없다는 뜻으로, 사전에 미리 모든 준비가 되어 있으면 뒤에 올 일에 대한 근심이나 걱정할 것이 없음을 이르는 말.

768 유유상종 類類相從
무리와 무리가 서로 쫓고 따름이라는 뜻으로, 같은 부류끼리 서로 따르고 쫓으면서 어울린다는 의미.

769 유자가교 孺子可教
젊은이가 재주가 있어 가르칠 만하다는 뜻으로, 열심히 공부하는 아이를 칭찬할 때 쓰는 말.

770 유필유방 遊必有方
먼 곳에 놀러 갈 때에는 반드시 자신의 행방을 알려야 한다는 뜻으로, 부모가 생존해 계실 때에는 되도록 멀리 떠나 있지 말아야 하고, 비록 멀리 떠나 있을지라도 늘 소식을 전할 수 있게 반드시 일정한 곳에 머물러야 한다는 의미.

771 육적회귤 陸績懷橘
육적(陸績)이 귤을 가슴에 품는다는 뜻으로, 갸륵하고 지극한 효성을 일컫는 말.

772 윤형피면 尹邢避面
윤씨(尹氏)와 형씨(邢氏)가 얼굴을 피한다는 뜻으로, 서로 질투하거나 반목하여 만나기를 꺼려 하는 것을 비유하는 말.

773 은감불원 殷鑑不遠
은나라가 보아야 할 거울은 먼 데 있지 않다는 뜻으로, 은(殷)나라가 거울로 삼아 나라를 다스리는 귀감은 멀리 있지 않고 바로 전대(前代)의 하(夏)나라가 망한 것을 거울삼아 경계하라는 고사에서 나온 말. 즉 타인의 실패를 자신의 거울로 삼아 주의하라는 의미.

774 은불위친 隱不違親
속세(俗世)를 떠나 산속에 은거하여 살면서도 어버이 섬기기를 게을리하지 않음.

775 은인자중 隱忍自重
숨기고 참으며 자신을 무겁게 한다는 뜻으로, 자신을 드러내지 않고 괴로움을 감추고 참고 견디면서 몸가짐을 신중하게 행동한다는 말.

776 음덕양보 陰德陽報
남모르게 덕행을 쌓은 사람은 훗날 그 보답을 받게 된다는 말로, 드러내 놓고 하지 않더라도 자신이 행한 덕은 언젠가 그 보답을 받는다는 뜻.

777 음수사원 굴정지인 飮水思源 掘井之人
물을 마실 때 그 물의 근원을 생각하고 우물을 판 사람을 생각하며 감사해야 한다는 뜻으로, 모든 일의 근원을 잊지 말라는 의미.

778 음지전양지변 陰地轉陽地變
양지가 음지 되고 음지가 양지 된다는 뜻으로, 세상일은 좋은 것이 나빠질 수 있고 나쁜 것이 좋아질 수 있듯이 돌고 돈다는 의미.

779 음회세위 飮灰洗胃
재(灰)를 마셔 위(胃) 속의 더러운 것을 씻어 낸다는 뜻으로, 악(惡)한 마음을 고쳐서 선(善)으로 돌아감을 비유해 이르는 말.

780 의금주행 衣錦晝行
비단옷을 입고 낮에 다닌다는 뜻으로, 입신출세하여 고향에 돌아감을 비유하여 이르는 말.

781 의리불폐불경 衣履不敝不更
옷이나 신발이 낡기 전(前)에는 새것을 쓰지 않는다는 뜻으로, 검약(儉約)함을 이르는 말.

782 의문의려 倚門倚閭
문간에 기대어 기다리고 마을 어귀에 세운 문에 기대어 기다린다는 뜻으로, 외출한 자녀가 무사히 돌아오기만을 기다리는 어머니의 간절한 마음을 비유하는 말.

783 의문지망 倚門之望
문간에 기대어 기다린다는 뜻으로, 외출한 자녀가 무사히 돌아오기를 기다리는 어머니의 간절한 마음을 비유하는 말.

784 의방지훈 義方之訓
의로운 방법의 가르침. 즉 올바른 길로 들도록 가르친다는 뜻으로 주로 부모의 자식 교육을 의미.

785 의불배친 義不背親
의(義)가 있는 사람은 어버이를 거역하지 않는다는 말.

786 의식족이 지예절 衣食足而 知禮節
입는 것, 먹는 것이 넉넉해야 예의와 예절을 알고 지킬 수 있다는 말.

787 이고위감 以古爲鑑
옛것을 오늘의 거울로 삼는다는 뜻으로, 옛 성현의 말씀을 거울로 삼아 행동한다는 것을 의미.

788 이부동모 異父同母
아버지는 다르고 어머니는 같다는 의미.

789 이부형제 異父兄弟
어머니는 같고 아버지는 서로 다른 형제를 의미.

790 이성지락 二姓之樂
부부간의 사랑, 화목한 즐거움을 뜻함.

791 이성지합 二姓之合
서로 다른 두 성씨가 합하였다는 뜻으로, 남녀의 혼인을 상징하는 말.

792 이소능장 以少凌長
젊은 사람이 나이 많은 사람을 능멸하여 무례한 언동을 한다는 말.

793 이순 耳順
귀가 순해짐. 사람 나이 60세를 일컬음.

794 이시목청 耳視目聽
귀로 보고 눈으로 듣는다는 뜻으로, 눈치가 빠르고 총명한 사람이나 도를 깊이 깨우친 사람을 일컫는 말.

795 이식위천 以食爲天
밥을 하늘로 여긴다는 뜻으로, 사람이 살아가는 데에 먹는 것이 가장 중요하다는 말.

796 이심전심 以心傳心
마음으로써 마음을 전한다는 뜻으로, 말을 안 해도 마음에서 마음으로 뜻이 통한다는 말.

797 이십사효 二十四孝
역사상 효성(孝誠)으로 이름을 떨쳤던 스물네 명의 효자를 말함.

798 이인동심 기리단금 二人同心 其利斷金
두 사람이 마음이 맞아 합심하면 그 날카로움이 단단한 쇠라도 끊을 수 있다는 뜻으로, 합심하면 안 될 일이 없음을 의미.

799 이인위감 以人爲鑑
타인으로 거울을 삼는다는 뜻으로, 다른 사람의 선악(善惡)을 거울삼아 자신의 행실을 바로잡는다는 의미.

800 이현부모 효지종야 以顯父母 孝之終也
부모의 이름을 드러나게 함이 효도의 끝이라는 말.

801 이화위귀 以和爲貴
화합을 귀하게 여긴다는 뜻으로, 가족 간 화목이 가장 중요하다는 말.

802 이효상효 以孝傷孝
효로써 효를 상하게 한다는 뜻으로, 효자가 효성이 지극한 나머지 어버이의 죽음을 너무 슬퍼하다가 병이 나거나 죽음에 이르는 말.

803 익자삼우 손자삼우 益者三友 損者三友
"유익한 벗(益友)이 세 가지이고 손해되는 벗(損友)이 세 가지이다. 벗이 정직하고, 신의가 있으며, 문견(聞見)이 많으면 유익하고, 벗이 편벽되고, 아첨을 잘하며, 말만 잘하면 해로운 벗이다."라고 공자가 한 말로, 좋은 친구를 가까이하고, 나쁜 친구를 멀리하는 일은 인생에서 매우 중요하다는 가르침임.

804 인과응보 因果應報
원인에 따라 결과가 있으니 행한 대로 결실을 얻는다는 뜻으로, 어떤 일이 있으면 그에 해당하는 과보(果報)를 받게 된다는 의미. 선행에는 좋은 결과가, 악행에는 나쁜 결과가 따른다는 말.

805 인금구망 人琴俱亡
사람과 거문고가 함께 죽는다는 뜻으로, 가까운 사람의 죽음에 대한 애도(哀悼)의 정(情)을 비유한 말.

806 인면수심 人面獸心
얼굴은 사람의 모습을 하고 있으나 마음은 짐승과 같다는 뜻으로, 사람의 도리를 지키지 못하면서 남의 은혜를 모르고 배은망덕(背恩忘德)하거나 행동이 몹시 흉악하고 음탕한 사람을 비유하는 말.

807 인명재천 人命在天
사람의 목숨은 하늘에 달려 있다는 뜻으로, 인간이 장수를 할지 단명을 할지는 운명에 달려 있기 때문에 사람의 노력으로 어떻게 할 수 없다는 의미.

808 인비목석 人非木石
사람은 나무나 돌이 아니라는 말. 즉 사람은 누구나 감정과 분별력을 가지고 있고 사람은 생명과 감정을 가진 동물로 생명이 없는 돌이나 감정이 없는 나무와는 다르다는 의미. 그러나 흔히 사람은 희로애락(喜怒哀樂)의 감정을 가지고 있으며, 목석(木石)과 같이 무정하지 않다는 뜻으로 쓰이고 있음.

809 인비인 人非人
사람의 모습을 했지만 사람이 아니란 뜻으로, 사람의 도리를 지키지 못하고 배은망덕하거나 행동이 흉악한 사람을 이르는 말.
즉 사람답지 않은 사람을 말한다. 비슷한 말로는 인면수심(人面獸心)이 있다.

810 인사불성 人事不省
사람의 정신이나 의식이 없는 상태를 의미하며, 제 몸에 벌어지는 일을 모를 정도로 정신(精神)을 잃은 상태(狀態)를 말함.

811 인사유명 人死留名
사람은 죽어서 이름을 남긴다는 뜻으로, 사람의 삶이 헛되지 아니하면 그 이름이 길이 남는다는 말.

812 인생무상 人生無常
사람의 삶은 참으로 덧없다는 뜻으로, 인생에는 영원한 것이 없어서 아무리 튼튼해 보여도 결국 다 스러져 간다는 인생의 허무함을 이르는 말.

813 인생조로 人生朝露
인생은 아침에 해가 뜨면 사라지는 아침 이슬과 같다는 뜻으로, 인생은 덧없고 허무하다는 말.

814 인심난측 人心難測
사람의 마음은 헤아리기 어렵다는 뜻으로, 사람의 마음은 그 깊이를 잴 수가 없다는 말.

815 인심여면 人心如面
사람마다 얼굴이 각기 다르듯이 사람의 마음도 천차만별로 같은 것이 없다는 말.

816 인자무적 仁者無敵

어진 사람에게는 적이 없다는 뜻으로, 어진 사람은 모든 사람을 사랑하므로 천하에 적대(敵對)하는 사람이 없다는 의미.

817 인지상정 人之常情

사람의 보통 감정이라는 뜻으로, 사람이면 누구나 가지는 보통의 마음을 이르는 말.

818 인지장사 기언야선 人之將死 其言也善

사람이 죽음을 앞두고 하는 말은 선하다는 뜻으로, 사람은 죽을 때가 되면 착해진다는 말.

819 일각천금 一刻千金

일각(一刻)은 천 개의 금덩어리만 한 가치가 있다는 뜻으로, 일각(一刻)이나 일촌(一寸)이나 약 15분 정도 되는 짧은 시간을 뜻함. 아무리 짧은 시간도 천금과 같이 매우 소중하니 시간을 헛되이 쓰지 말고 아껴 쓰라는 의미.

820 일구월심 日久月深

날이 오래고 달이 깊어 간다는 뜻으로, 그저 날이 가고 달이 간다는 의미이지만 세월이 흐를수록 무언가 바라는 마음이 더욱 간절하다는 말.

821 일년지계 막여수곡 一年之計 莫如樹穀

일 년을 위한 계획을 하는 데는 곡식을 심는 것만 한 일이 없다는 의미.

822 일모도원 日暮途遠

날은 저물어 가는데 갈 길은 멀다는 뜻으로, 날이 저물어(늙고 쇠락해) 앞으로 할 일은 많은데 남은 시간이 없어 목적(目的)한 것을 쉽게 달성(達成)하기 어려운 상태를 비유한 말.

823 일박서산 日薄西山

늙어서 죽을 때가 가까워졌음을 이르는 말.

824 일반지은 一飯之恩

밥 한 끼니 얻어먹은 은혜라는 뜻으로, 아주 조그만 은혜도 잊지 않고 보답하는 것을 비유하는 말.

825 일반천금 一飯千金

밥 한 끼를 얻어먹고 천금을 주어 은혜를 갚는다는 뜻으로, 은혜(恩惠)를 후하게 보답(報答)함을 비유한 말.

826 일부종사 一夫從事

열녀는 한 남편만을 섬긴다는 뜻.

827 일심동체 一心同體

한마음 한 몸이라는 뜻으로, 서로 굳게 뭉치거나 의를 같이한다는 말.

828 일야십기 一夜十起

하룻밤에 열 번도 더 일어난다는 뜻으로, 병자를 극진히 간호하는 것을 비유하는 말.

829 일어탁수 一魚濁水
한 마리의 물고기가 물 전체를 흐리게 만든다는 뜻으로, 한 사람의 잘못으로 여러 사람이 피해를 입게 됨을 말함.

830 일일삼성 一日三省
하루에 세 번 자기가 한 행위나 생각을 반성하는 것을 이르는 뜻으로, 하루에 세 번 자신의 행동을 뒤돌아보면서 자신의 잘못을 책망하고 수양에 힘쓴다는 의미.

831 일일여삼추 一日如三秋
하루가 삼 년같이 생각된다는 뜻으로, 기다리는 마음이 매우 간절하여 몹시 애를 태우며 기다린다는 말.

832 일장춘몽 一場春夢
한바탕의 봄꿈이라는 뜻으로, 헛된 부귀영화나 인생의 허무함을 비유적으로 이르는 말. 인생의 영고성쇠(榮枯盛衰)의 변천이 끊임없고 허망하다는 의미.

833 일촌광음 불가경 一寸光陰 不可輕
아주 짧은 시간이라도 가볍게 여겨서는 안 된다는 뜻으로, 시간의 소중함을 일깨워 주는 말.

834 일취월장 日就月將
날마다 달마다 끊임없이 성장하고 발전한다는 뜻으로, 학문이 날이 가고 달이 갈수록 쉼 없이 계속 빠르게 진보하는 것을 이르는 말.

835 일편단심 一片丹心
한 조각의 붉은 마음이란 뜻이며, 속뜻은 진심에서 우러나오는 변치 아니하는 참된 마음. 주로 특정 인물이나 단체 혹은 사물에 대한 절대적인 지지나 애정이 변치 않는다는 의미로 자주 사용됨.

836 입립개신고 粒粒皆辛苦
쌀 한 톨 한 톨마다 모두 고생이 배어 있다는 뜻으로, 농부의 수고로움과 곡식의 소중함을 일컫는 말.

837 입봉모의 入奉母儀
집에 들어와서는 어머니를 받들어 종사해야 함을 일컫는 말.

838 입신양명 立身揚名
몸을 세워 이름을 세상에 드날린다는 뜻으로, 자신의 뜻을 확립하고 이름을 드날린다는 말이며 사회적으로 인정받고 출세하여 세상에 이름이 유명해지는 것을 이르는 의미. 출세하여 세상에 이름을 떨치는 것이 부모에게 효도하는 길 즉, 이름을 더욱 날려서 부모를 드러나게 하는 것이 진정한 효도라는 말.

839 입이착심 入耳着心
귀에 들어온 것을 마음속에 붙인다는 뜻으로, 한번 들은 충고나 경구를 마음속에 잘 간직하여 잊지 않는다는 말.

(자)

840 자가약롱중물 自家藥籠中物
자기 집 약장(약롱) 속의 물건이라는 뜻으로, 자기가 언제든지 마음대로 쓸 수 있는 물건을 비유한 말로, 항상 곁에 없어서는 안 될 꼭 필요한 물건이나 인물을 의미.

841 자강불식 自强不息
스스로 마음을 굳세게 다지며 쉬지 않고 노력함이라는 뜻으로, 자연은 춘하추동 쉼 없이 돌아가듯이 인간도 자연의 순환을 본받아 한시도 쉬지 않고 배우고 노력을 한다는 의미. 즉 스스로 강해지려면 쉼 없이 노력하고, 수양(修養)에 힘을 기울여 게을리하지 않아야 한다는 말.

842 자격지심 自激之心
스스로를 치는 마음이라는 뜻으로, 자기가 한 어떠한 일에 대하여 스스로 미흡하게 여기는 마음.

843 자당 慈堂
남의 어머니의 존칭. 즉 남의 어머니를 높여 부르는 말.

844 자두연기 煮豆燃萁
콩대를 땔감으로 하여 콩을 삶는다는 뜻. 콩과 콩대는 같은 뿌리에서 자라난 것이면서도 서로 해친다는 의미로, 형제나 혈육이 서로 시기하여 다투고 죽이려 하는 것을 비유하여 이르는 말.

845 자로부미 子路負米
자로(子路)가 쌀 짐을 진다는 뜻으로, 공자의 제자인 자로는 가난해 매일 남의 쌀을 등짐으로 져서 백 리 밖까지 운반해 주고 그 품삯으로 부모를 봉양했다는 고사에서 나온 말. 가난한 생활 속에서도 부모를 봉양하는 지극한 효성을 이르는 말.

846 자막집중 子莫執中
변통성(變通性)이나 융통성(融通性)이 없고 임기응변(臨機應變)할 줄 모르는 사람을 일컫는 말로, 중국 전국시대에 자막(子莫)이라는 사람이 중용(中庸)만을 지켰다는 데서 유래한 말.

847 자모지심 慈母之心
자애로운 어머니의 마음을 뜻함.

848 자모패자 慈母敗者
자애로운 어머니 밑에서 도리어 방자하고 버릇없는 자식이 나온다는 뜻으로, 자식에 대한 사랑이 지나치면 자식이 버릇없는 사람이 된다는 말.

849 자문포혈 恣蚊飽血
모기가 어버이에게는 얼씬도 못 하게 하기 위해 모기가 배부르게 자신의 피를 빨도록 스스로 옷을 벗고 혼자 모기에 물려 어버이를 보호하고 시봉(侍奉)한다는 말.

850 자부사군 資父事君
아버지를 자료(資料)로 하여 임금을 섬길지니, 아버지 섬기는 효도로 임금을 섬겨야 한다는 뜻.

851 자손만대 子孫萬代
후손에서 후손으로 이어지는 오래도록 내려오는 여러 대(代)를 이르는 말.

852 자솔이정 숙감부정 子帥以正 孰敢不正
스스로 앞장서서 바르게 행동한다면 누가 감히 바르지 않게 행동하겠냐는 뜻으로, 위에 있는 사람이 바른 도리로서 아랫사람을 거느린다면, 아랫사람은 자연히 바른 일을 하게 된다는 말.

853 자수성가 自手成家
자기 손으로 집안을 이룸이라는 뜻으로, 물려받은 재산이 없이 혼자 힘으로 벌어서 집안을 일으켜 세우거나 큰 재산을 모아 성공함을 말함.

854 자승자강 自勝者强
자신을 이기는 사람이 진정으로 강한 사람이라는 뜻으로, 세상에서 가장 강한 사람은 자기 자신을 이길 수 있는 사람이라는 말.

855 자승자박 自繩自縛
자신이 꼰 새끼로 자기 몸을 옭아 묶는다는 뜻으로, 자신이 한 말과 행동 때문에 자신이 옭혀 들어가 괴로움을 당하게 된다는 말.

856 자업자득 自業自得
스스로 저지른 일로 인해 스스로가 얻게 된다는 뜻으로, 자기가 저지른 잘못의 대가를 자기가 되돌려받음을 의미.

857 자오반포 慈烏反哺
자애로운 까마귀의 돌이켜 먹임이라는 뜻으로, 까마귀가 다 자란 후에 늙은 어미에게 먹이를 물어다 준다는 데서 자식이 부모의 은혜를 갚음을 비유하는 말.

858 자욕양이친부대 子欲養而親不待
자식이 부모에게 봉양하고자 하나, 부모는 기다려 주지 않는다는 뜻으로, 효도를 다하지 못한 채 부모를 잃은 자식의 슬픔을 가리키는 말로, 부모가 살아계실 때 효도를 다하라는 의미가 담겨 있음.

859 자위부은 子爲父隱
자식(子息)은 아버지를 위(爲)해 아비의 나쁜 것을 숨긴다는 뜻으로, 부자지간(父子之間)의 천륜(天倫)을 이르는 말.

860 자조 慈烏
새끼가 어미에게 먹이를 날라다 주는 인자한 새라는 뜻으로, 까마귀를 이르는 말.

861 자피생충 自皮生蟲
가죽에 난 좀이 가죽을 먹게 되면 마침내 가죽도 없어지고 좀도 살 수 없게 된다는 뜻으로, 형제나 한집안 사람끼리 싸움을 이르는 말.

862 작수성례 酌水成禮
물 한 그릇만 떠 놓고 혼례를 치른다는 뜻으로, 가난한 집안에서 구차하게 혼례를 치르는 것을 이르는 말.

863 잔배냉적 殘杯冷炙
마시다 남은 술잔과 다 식은 구운 고기라는 뜻으로 보잘것없는 음식을 비유적으로 이르는 의미이나, 귀인이나 부자 같은 권력자에게서 버림받은 치욕을 비유한 말.

864 장상명주 掌上明珠
손바닥 위의 맑은 구슬이라는 뜻으로, 극진한 사랑을 받는 사람을 말함.

865 장생불로 長生不老
늙지 아니하고 오래 산다는 의미로 도교에서 궁극적으로 추구하는 가치로 알려져 있음.

866 장야지음 長夜之飮
밤새도록 술을 마신다는 뜻으로, 방탕한 생활을 비유하는 말.

867 장욕취지 필선여지 將欲取之 必先與之
무엇인가를 얻기 위해서는 먼저 주어야 한다는 뜻.

868 장중보옥 掌中寶玉
손안에 있는 보배로운 옥이라는 뜻으로, 매우 사랑하는 자식이나 매우 귀중한 물건을 일컫는 말.

869 재하도리 在下道理
아랫사람으로서 어른을 섬기는 도리를 뜻함.

870 저수하심 低首下心
머리를 숙이고 자신을 낮춘다는 의미.

871 적빈여세 赤貧如洗
가난한 정도가 마치 집안을 물로 씻어 낸 듯 아무것도 없이 깨끗하다는 뜻으로, 매우 가난하여 세간이 아무것도 없다는 말.

872 적선 積善
선행(善行)을 쌓는 일을 뜻하며, 좋은 일을 많이 한 사람에게는 후일 자손이 반드시 보답으로 복을 누리게 된다는 말.

873 적선지가 필유여경 積善之家 必有餘慶
착한 일을 많이 해 선을 쌓은 집에는 반드시 경사가 있다는 말로, 좋은 일을 많이 한 사람은 자신뿐 아니라 후손에 이르기까지 큰 복을 누린다는 말.

874 적수단신 赤手單身
맨손과 홀몸이라는 뜻으로, 가진 재산도 없고 의지할 데도 없는 외로운 몸을 이르는 말.

875 전거지감 前車之鑑
앞 수레의 가르침이란 뜻으로, 지난날의 실패를 교훈으로 삼아 다시는 실패하지 않도록 대비해야 한다는 것을 뜻함.

876 전금후거 前襟後裾
형은 앞에서 부모의 옷깃을 끌고, 아우는 뒤에서 부모의 옷깃을 당긴다는 말로, 사이좋은 형제를 일컬음.

877 전도유랑 前度劉郎
지난번의 유랑이라는 뜻으로, 유랑이란 사람이 다시 왔다는 말. 세월이 많이 흘러 옛 고향으로 돌아옴을 이르는 의미.

878 전문거호 후문진랑 前門拒虎 後門進狼
앞문의 호랑이를 막으니, 뒷문에서 이리가 나온다는 뜻으로, 하나의 어려움이 지나자 또 다른 어려움이 이어 닥침을 나타내는 말로서, 재화(災禍)가 빈번(頻煩)히 닥침을 비유하는 말.

879 전분세락 轉糞世樂
개똥밭에 뒹굴어도 저승보다는 이 세상이 더 즐겁다는 뜻.

880 전인교육 全人敎育
사람이 가지고 있는 모든 자질을 발굴하여 온전한 사람으로 육성하려는 교육. 이는 학술 중심 교육과는 반대로, 지식 전달에 치우친 교육에서 탈피하여, 체(體), 덕(德), 지(知)의 균형 잡힌 발달을 지향하는 교육을 가리키는 말.

881 전전반측 輾轉反側
전전(輾轉)은 수레바퀴가 한없이 회전하는 것이며, 반측(反側)은 옆으로 뒤척이는 것을 말한다. 따라서 전전반측이란 이리저리 뒤척이며 잠을 이루지 못한다는 뜻으로, 근심과 괴로움이 많아 누워 뒹굴면서 잠을 이루지 못함을 이르는 말.

882 절발역주 截髮易酒
머리카락을 잘라 술로 바꾼다는 뜻으로, 가난한 집에 자식의 친구가 찾아와서 어머니가 머리카락을 잘라서 팔아 술을 대접하는 지극한 자식에 대한 모정(母情)을 이르는 말.

883 절차탁마 切磋琢磨
뼈나 상아는 자르고 깎고, 옥이나 돌은 쪼아서 갈고닦아 빛나게 한다는 뜻으로, 부지런히 학문과 덕행을 갈고닦으며 수양에 수양을 한다는 의미.

884 절효정문 節孝旌門
충신, 효자, 열녀 등을 표창하기 위하여 세우는 붉은색 칠을 한 문을 의미.

885 접동잔서 楪東盞西
제사상 차릴 때에 접시는 동쪽에, 잔은 서쪽에 놓는다는 의미.

886 정문입설 程門立雪
정씨 집 문에 서서 눈을 맞는다는 뜻으로, 제자가 스승을 존경하며 성실하게 공부하려는 자세나 태도를 일컫는 말.

887 정성온청 定省溫淸
아침, 저녁으로 부모(父母)의 이부자리를 보살펴 안부(安否)를 묻고, 따뜻하고 서늘하게 해 드린다는 뜻으로, 자식(子息)이 부모(父母)를 섬기는 도리(道理)를 이르는 말.

888 정신일도 하사불성 精神一到 何事不成
정신을 한곳으로 집중하면 못 할 일이 없다는 의미로, 정신을 집중하여 노력하면 어떤 어려운 일이라도 성취할 수 있다는 말.

889 정중지와 井中之蛙
우물 안 개구리라는 뜻으로, 우물 안에 사는 개구리가 자신의 집인 우물만을 전부로 알고, 그 우물 밖의 세상은 상상조차 하지 못하는 상태를 의미하며, 견문이 좁고 세상물정에 어두운 어리석은 사람을 비유하여 이르는 말. 감정지와(坎井之蛙)와 같은 말.

890 정충보국 精忠報國
정성과 충성을 다해 나라에 보답한다는 뜻으로, 오직 한마음으로 국가에 충성한다는 말.

891 정훈 庭訓
집 뜰에서의 가르침이라는 뜻으로, 아버지가 아들에게 내리는 교육, 즉 가정교육을 의미.

892 제불여형 弟不如兄
어떤 일에 있든 아우가 형보다 못하다는 뜻.

893 제영구부 緹縈救父
중국 한(漢)나라의 순우공(淳于公)이 형벌을 받아 사형을 당하게 되었다. 그에게 제영(緹縈)이란 딸이 있었는데 자신이 관비(官婢)가 되어도 좋으니 아버지의 죄를 면해 달라고 간청하여, 그 뜻을 가상히 여긴 임금이 사형을 감해 주었다는 고사.

894 제행무상 諸行無常
우주의 만물은 항상 돌고 변하여 잠시도 한 모습이나 모양으로 머무르지 않으므로 인생은 덧없는 것이며, 한번 성한 것은 반드시 쇠하게 마련이라는 성자필쇄(盛者必衰)의 이치를 담고 있음. 이는 세상의 모든 일이 덧없음을 의미하는 말로 해석하기도 함.

895 조강지처 糟糠之妻
집이 몹시 가난하여 술지게미(糟)와 쌀겨(糠)로 끼니를 이어 가며 고생을 함께 하면서 어려움을 헤쳐 온 아내란 뜻으로, 어렵고 힘들고 곤궁할 때부터 어려움을 같이 겪어 온 본처를 가리키는 말.

896 조고여생 早孤餘生
어려서 어버이를 여의고 자란 사람.

897 조부 祖父
① 아버지의 아버지를 이르는 말.
② 부모의 아버지와 한 항렬에 있는 남자를 통틀어 이르는 말.

898 조불식석불식 朝不食夕不食
아침도 굶고 저녁도 굶는다는 뜻으로, 몹시 가난하여 끼니를 많이 거르고 지낸다는 말.

899 조석정성 朝夕定省
밤에는 부모의 잠자리를 보아 드리고, 이른 아침에는 부모의 밤새 안부를 묻는다는 뜻으로, 부모를 잘 섬기고 효성을 다함을 이르는 말.

900 조실부모 早失父母
어려서 부모를 여의는 것을 이르는 말.

901 조여청사 모성설 朝如青絲 暮成雪
아침에는 푸른 실 같던 머리털이 저녁에는 눈처럼 하얗게 되었다는 뜻으로, 세월이 빨리 흘러 어느덧 말년이 다가온 것을 한탄할 때 쓰는 말.

902 조율이시 棗栗梨柿
제사에 쓰는 대추, 밤, 배, 감 따위의 4가지 과일을 뜻함. 차례상과 제사 음식에 올리는 과일은 대추, 밤, 배, 감, 계절 과일 순으로 놓아야 한다는 의미.

903 존년상치 尊年尙齒
나이 든 노인들을 존경하고 그분들의 식견과 경륜을 존중해야 한다는 말.

904 존로애유 尊老愛幼
노인을 존경하고, 아이를 사랑한다는 의미.

905 종기소행 從其所行
아랫사람은 윗사람의 명령보다는 그 행동을 보고 배운다는 의미.

906 종두득두 種豆得豆
콩을 심으면 콩을 얻게 된다는 뜻으로, 원인에 따라 결과가 생긴다는 말.

907 종선여등 종악여붕 從善如登 從惡如崩
선을 좇는 일은 산을 오르는 것과 같고, 악을 좇는 일은 무너지는 것과 같다는 뜻으로, 좋은 일을 배우기는 어렵지만 나쁜 일을 배우기는 쉽다는 말.

908 종천지통 終天之痛
하늘 아래 또 있을 것 같지 않은, 더할 수 없는 커다란 슬픈 일을 의미하는 말.

909 좌불수당 坐不垂堂
마루 끝에는 앉지 않는다는 뜻으로, 위험(危險)한 일을 가까이 하지 않음을 이르는 말.

910 좌식산공 坐食山空
일을 하지 아니하고 앉아서 먹기만 하면 산도 없앨 수 있다는 뜻으로, 산더미 같은 재산도 놀고먹기만 하면 결국 다 없어지게 됨을 비유하여 이르는 말.

911 좌우명 座右銘
늘 곁에 두고 교훈으로 삼는 격언을 뜻하는 의미로, 일상의 경계로 삼는 말이나 글을 이르는 말.

912 좌포우혜 左脯右醯
제사상을 차릴 때에 육포는 왼쪽에, 식혜는 오른쪽에 놓는다는 의미.

913 주경야독 晝耕夜讀
낮에는 밭을 경작하고(생산 활동), 밤에는 책을 읽는다(학습 활동)는 뜻으로, 어려운 여건 속에서도 꿋꿋이 학문에 정진함을 이르는 말.

914 주공삼태 周公三笞
주공(周公)이 내린 세 차례의 매질이라는 뜻으로, 엄격한 훈련과 교육을 받고 성장해야 바른 인간으로 성장한다는 뜻. 인간 교육의 엄격함을 강조하는 데 사용하는 말.

915 주낭반대 酒囊飯袋
술을 담는 부대와 밥을 담는 주머니라는 뜻으로, 무능해서 술과 음식을 축내며 일은 아니하는 무능한 사람을 이르는 말.

916 주마가편 走馬加鞭
달리는 말에 채찍질한다는 뜻으로, 잘하는 사람을 더욱 잘하도록 격려한다는 말.

917 주시행육 走尸行肉
달리는 송장과 걸어 다니는 고깃덩어리를 말하며, 이는 살아 있되 아무런 쓸모가 없는 사람을 의미.

918 죽백수명 竹帛垂名
죽백(竹帛, 역사서)에 이름을 기록한다는 뜻으로, 명예로운 이름을 후세에 길이 남김을 비유하여 이르는 말.

919 중오필찰 중호필찰 衆惡必察 衆好必察
여러 사람이 미워하더라도 반드시 살펴야 하고, 여러 사람이 좋아하더라도 반드시 살펴야 한다는 뜻으로, 여러 사람들이 좋아하거나 미워하는 것들에 대해 직접 살피고 판단해야 함을 강조하며, 부화뇌동(附和雷同)하지 않는 것이 중요하다는 가르침.

920 즐풍목우 櫛風沐雨
바람으로 머리를 빗고, 빗물로 목욕을 한다는 뜻으로, 긴 세월 객지에서 방랑하며 온갖 고생을 다 함을 비유한 말.

921 지강급미 舐糠及米
처음에는 겨를 핥다가 나중에는 쌀까지 먹는다는 뜻으로, 욕심이 점점 커짐을 이르는 말.

922 지극정성 至極精誠
더할 수 없이 극진한 정성이라는 뜻.

923 지독지정 舐犢之情
어미 소가 송아지를 핥아 주며 귀여워한다는 뜻으로, 어버이가 자녀를 사랑하는 지극한 정에 비유하는 말. 지독지애(舐犢之愛)와 비슷한 말.

924 지란옥수 芝蘭玉樹
타인의 뛰어난 자제에 대한 경칭.

925 지명지년 知命之年
천명(天命)을 아는 나이라는 뜻으로, 나이 오십을 이르는 말.

926 지사미타 至死靡他
죽음에 이르러도 다른 마음을 갖지 않는다는 뜻으로, 남편과 사별한 아내가 정절을 지켜 죽을 때까지 재혼하지 않음을 일컫는 말.

927 지성감천 至誠感天
정성이 지극하면 하늘을 감동시킨다는 뜻으로, 무슨 일에든 정성을 다하면 하늘도 감동하여 아주 어려운 일도 순조롭게 풀리어 좋은 결과를 맺는다는 말.

928 지어지처 止於止處
정처 없이 어디든지 이르는 곳에서 머물러 잔다는 말.

929 지은보은 知恩報恩
남에게 입은 은혜를 알고, 그 은혜를 갚는다는 뜻.

930 지자막여부 知子莫如父
아들의 됨됨이는 아버지만큼 알 수가 없다는 뜻으로, 자식에 관해서 가장 잘 아는 사람은 그의 아버지라는 말.

931 지족불욕 知足不辱
만족(滿足)할 줄 알아야 모욕(侮辱)을 당하지 않는다는 뜻.

932 지족자부 知足者富
가난하더라도 족한 것을 알아 현재에 만족하는 사람은 부자라는 말.

933 지천명 知天命
하늘의 뜻(天命)을 안다는 뜻으로, 나이 50세를 의미.

934 지피지기 백전백승 知彼知己 百戰百勝
적을 알고 나를 알면 백 번 싸워도 백 번 이긴다는 뜻으로, 상대방의 사정과 자신의 사정을 모두 자세하게 알면 실패가 없다는 말.

935 지행합일 知行合一
지식과 행동은 하나가 되어야 한다는 뜻으로, 참된 지식은 반드시 실행이 따라야 함을 이르는 말.

936 직계비속 直系卑屬
자기로부터 직계(直系)로 이어져, 아래로 내려간 혈족을 이르는 말.

937 직계존속 直系尊屬
조상으로부터 직계로 이어져 내려와 자기에게 이르는 사이의 혈족으로 부모, 조부모 등을 이르는 말.

938 직궁증부 直躬證父

직궁(直躬)이라는 사람이 지나치게 정직하여 양(羊)을 훔친 아버지를 관가(官家)에 고발하고 증인이 된다는 고사(故事)에서 나온 말로, 너무 지나친 정직은 도리어 정직이 아님을 비유해 이르는 말.

939 진수성찬 珍羞盛饌

진귀한 반찬으로 성대하고 푸짐하게 잘 차린 음식을 비유하는 말.

940 진인사대천명 盡人事待天命

사람이 할 수 있는 노력을 다한 후에(盡人事) 하늘에 그 일의 성패 결과를 맡기고 기다린다(待天命)는 뜻으로, 자신이 할 수 있는 최선의 노력을 다한 다음에 하늘의 뜻에 맡겨야 한다는 말.

941 진충보국 盡忠報國

충성을 다하여 나라의 은혜에 보답한다는 뜻으로, 조국과 민족을 위하여 몸과 마음을 바쳐 충성을 다한다는 말.

942 질풍경초 疾風勁草

세찬 바람이 불어야 억센 풀을 알 수 있다는 뜻으로, 위급하거나 곤란한 경우를 당해 봐야 의지와 지조가 굳은 사람을 알 수 있게 됨을 비유하는 말.

943 질풍지경초 판탕식성신 疾風知勁草 板蕩識誠臣

세찬 바람이 불어야 억센 풀인지 알 수 있고,
나라가 어지러워야 진실한 신하를 알아본다.

(차)

944 차래지식 嗟來之食
남을 업신여기면서 무례한 태도로 불러서 주는 음식이란 뜻으로, 즉 업신여기며 푸대접으로 주는 음식이라는 말.

945 착금현주 捉襟見肘
옷깃을 당기면 팔꿈치가 드러난다는 뜻으로, 생활이 극도로 빈한(貧寒)하거나 이것저것 미처 돌볼 수 없는 딱한 사정을 비유하는 말.

946 참척지변 慘慽之變
자손이 부모나 조부모보다 일찍 죽는 변고(變故)를 뜻하는 말.

947 창해상전 滄海桑田
푸른 바다가 변하여 뽕나무밭이 된다는 뜻으로, 오랜 세월이 지나면 모든 것이 크게 바뀌고 인생이 덧없음을 이르는 말.

948 채신지우 採薪之憂
땔나무를 만들어야 하는 근심이라는 의미로, 병이 들어 산에 가서 나무를 해 올 수 없다는 뜻으로 자기의 병을 겸손하게 이르는 말.

949 처성자옥 妻城子獄
아내라는 성(城)과 자식이라는 감옥(監獄)에 갇혀 있다는 뜻으로, 아내와 자식이 딸린 사람은 집안일에 얽매여 다른 일을 자유로이 할 수 없음을 일컫는 말.

950 척단촌장 尺短寸長
척(尺)도 짧을 때가 있고 촌(寸)도 길 때가 있다는 뜻으로, 어떤 사람이든지 물건이든지 장점도 있고 단점도 있음을 비유하는 말.

951 척친익기 滌親溺器
어버이의 변기를 손수 씻어 대소변 수발을 하고 매일 목욕도 시켜 드리는 효부의 정성스러운 효성을 이르는 말.

952 척호척기 陟岵陟屺
호(岵)와 기(屺)라는 산에 오른다는 뜻으로, 객지(客地)에 나가 있는 자식이 고향에 계신 부모를 그리워하여, 자주 산에 올라 고향 쪽을 바라본다는 말. 호(岵)는 숲이 무성한 산, 기(屺)는 민둥산을 의미.

953 척확지굴 이구신야 尺蠖之屈 以求信也
자벌레가 몸을 구부리는 것은 다시 펴기 위해서라는 뜻으로, 미래의 성공을 위하여 현재의 굴욕이나 어려움을 참아야 하는 것을 비유하는 말.

954 천도무친 天道無親
하늘의 뜻은 편애하는 일이 없이 언제나 착한 사람의 편에 선다는 뜻으로, 지극히 공평무사한 것을 일러 하늘의 이치라 한다는 말.

955 천도부도 天道不諂
하늘이 선한 사람에게는 복을 주고, 악(惡)한 사람에게는 화(禍)를 주는 것은 조금도 의심할 바 없다는 말.

956 천도시야비야 天道是也非也
천도, 즉 하늘의 이치가 옳은지 그른지 헷갈린다는 뜻으로, 인간의 얄궂은 운명에 대해 한탄하는 말. 삶의 정도를 지키고 살아가는 사람이 오히려 벌을 받고 그렇지 못한 자들이 별 탈 없이 살 수도 있다는 불공정한 세태를 비판하는 말.

957 천망회회 소이불실 天網恢恢 疎而不失
하늘의 그물은 넓고 커서 엉성해 보이지만 빠뜨리는 법이 없다는 뜻으로, 만물을 감싸고 있는 하늘의 그물은 그물눈이 성긴 듯이 보여도 결코 악인을 빠뜨리는 법이 없이 반드시 잡아서 천벌을 내린다는 말로 나쁜 일은 반드시 대가를 받는다는 의미.

958 천보이복 天報以福
선을 행하는 사람은 하늘로부터 복을 받고, 불의를 행하는 자는 하늘이 화를 내리신다는 뜻.

959 천붕지통 天崩之痛
하늘이 무너지는 것 같은 슬픔이라는 뜻으로, 제왕이나 스승, 부모의 상사(喪事)를 당한 큰 슬픔을 이르는 말.

960 천생배필 天生配匹
하늘에서 미리 정하여 준 배필이라는 뜻으로, 나무랄 데 없이 신통히 꼭 알맞은 한 쌍의 부부를 이르는 말.

961 천생연분 天生緣分
하늘이 짝지어 맺어 준 연분. 즉 잘 어울리는 한 쌍의 부부를 뜻하는 말.

962 천성지효 天性至孝
선천적으로 타고난 지극한 효성(孝誠)을 의미.

963 천시지리인화 天時地利人和
하늘이 주는 운은 지리상의 이로움만 못하고, 지리상의 이로움도 사람들 사이의 화합만 못하다는 뜻.

964 천신만고 千辛萬苦
천 번 매운맛을 보고 만 번 쓴맛을 본다는 뜻으로, 온갖 어려운 고비를 다 겪으며 심하게 고생함을 이르는 말.

965 천우신조 天佑神助
하늘이 돕고 신이 도우신다는 뜻으로, 세상의 모든 것들이 도와준다는 말.

966 천인공노 天人共怒
하늘과 인간이 함께 노한다는 뜻. 세상의 그 어떤 누구든지 보거나 들었을 때 화날 만한 일들을 저질렀을 때, 즉 패륜을 저질렀을 때나 심각한 환경파괴를 저질렀을 때, 이외에도 이것들과 맞먹는 만행을 저질렀을 때 등등의 일들에 대해서 사용되는 표현이다.

967 천자지효 天子之孝
천자(天子)가 행(行)하는 효도(孝道)라는 뜻으로, 단순한 효도를 넘어 권력을 지닌 자가 그 권력 아래의 사람들에게 보여 주어야 할 모범적인 행동, 그리고 그 권력을 올바르게 사용하는 방법에 대한 철학적인 사유도 함께 담고 있는 표현.

968 천정배필 天定配匹
하늘에서 정해 준 배필. 곧 잘 어울리는 한 쌍의 부부를 뜻함.

969 천존지비 天尊地卑
하늘을 존중하고 땅을 천시한다는 뜻으로, 윗사람만 받들고 아랫사람은 천하게 여긴다는 말.

970 천종지성 天縱之聖
하늘이 낸 거룩한 사람이란 뜻으로, 공자를 일컫는 말.

971 천학비재 淺學菲才
학문이나 지식이 얕고 재주가 변변치 않다는 뜻으로, 자기 학식을 겸손하게 이르는 말.

972 철면피 鐵面皮
얼굴에 철판을 깐 낯가죽이라는 뜻으로, 낯가죽이 두꺼워 뻔뻔스럽고 부끄러워할 줄 모르거나 또 그런 사람을 비유하여 이르는 말.

973 철부지급 轍鮒之急
수레바퀴 자국에 고인 물 속에 있는 붕어의 위급함이라는 뜻으로, 곤궁한 처지나 다급한 위기를 비유할 때 쓴다.

974 철숙음수 啜菽飮水
콩을 먹고 물을 마신다는 뜻으로, 집이 가난함에도 부모에게 효도(孝道)를 극진히 함을 이르는 말.

975 청경우독 晴耕雨讀
날씨가 맑으면 밭을 갈고, 비가 오면 책을 읽는다는 뜻으로, 부지런히 일하며 열심히 공부함을 말함.

976 청운지지 靑雲之志
하늘 높이 있는 푸른 구름에 다다르려 한다는 뜻으로, 출세하여 높은 지위에 오르고자 하는 마음을 뜻함.

977 청천벽력 靑天霹靂
푸른 하늘에서 치는 날벼락이라는 뜻으로, 뜻밖에 일어난 큰 변고(變故)나 사고(事故)를 의미.

978 청출어람 靑出於藍
푸른색은 쪽빛에서 나왔지만 쪽빛보다 더 푸르다는 뜻으로, 일상에서는 스승과 제자 관계에서, 제자가 스승보다 더 뛰어나다는 의미와 뛰어난 제자를 평할 때 인용하는 말.

979 체악지정 棣鄂之情
화려하게 만발한 산앵두나무의 모습에서 느끼는 정이라는 뜻으로, 형제간의 두터운 우애를 비유하는 말.

980 초로인생 草露人生
풀잎에 맺힌 이슬과 같은 인생의 삶이란 뜻으로, 허무하고 덧없는 인생을 비유적으로 말함.

981 초지일관 初志一貫
처음에 세운 뜻을 변하지 않고 끝까지 밀고 나간다는 말.

982 촌초심 寸草心
한 치 풀과 같은 보잘것없는 마음이라는 뜻으로, 부모의 은혜에 보답하려는 자식의 마음을 이르는 말.

983 촌초춘휘 寸草春暉
풀 한 포기와 봄날의 햇볕이라는 뜻으로, 부모의 은혜는 일만 분의 일도 갚기 어려움을 비유하여 이르는 말. 한낱 풀 한 포기가 그를 길러 준 봄날의 햇볕에 어떻게 보답할 수 있겠냐는 뜻으로, 촌초(寸草)는 봄풀로 자식의 효심을, 춘휘(春暉)는 봄볕으로 부모의 은혜에 비유하는 말.

984 추부가중보 醜婦家中寶
못생긴 아내는 집안의 보물이라는 의미.

985 추원보본 追遠報本
조상의 덕을 추모(追慕)하여 제사(祭祀)를 정성스럽게 지내고, 자기가 태어난 근본을 잊지 않고 은혜를 갚는다는 말.

986 추월한강 秋月寒江
가을 달과 차가운 강이라는 뜻으로, 유덕(有德)한 사람은 그 마음이 맑기가 가을 달과 찬 강물 같다는 의미.

987 추정 趨庭
자식이 부모의 가르침을 받는다는 의미.

988 축록자불견산 逐鹿者不見山
사슴을 쫓는 사람은 산을 보지 못한다는 뜻으로, 명예와 이욕(利慾)에 미혹된 사람은 그 이익에 눈이 멀어 응당해야 할 도리를 저버리거나 자신에게 닥쳐오는 위험을 보지 못한다는 비유적 표현. 또한 한 가지 일에 마음을 뺏기는 사람은 다른 일을 생각하지 않는다는 의미로 쓰이기도 함.

989 춘부장 春府丈
남의 아버지에 대한 존칭. 즉 상대방의 아버지를 높여 부르는 말.

990 춘훤 椿萱
춘당(椿堂)과 훤당(萱堂)을 아울러 이르는 말. 즉 남의 부모를 높여 부르는 말.

991 출가외인 出嫁外人
출가한 딸은 남이나 마찬가지라는 의미로 쓰이는 말.

992 출고반면 出告反面
외출할 때에 알리고, 돌아와서는 얼굴을 보여 드린다는 뜻으로, 자식 된 도리는 외출할 때 반드시 부모에게 행선지를 말씀드리고, 돌아와서는 반드시 부모 앞에 나아가 얼굴을 뵙고 돌아왔음을 알려야 한다는 말.

993 출이반이 出爾反爾
너에게서 나온 일은 결국 너에게로 다시 되돌아간다는 뜻으로, 자기가 행한 일은 자기가 그 결과를 받는다는 말.

994 출천지효 出天之孝
하늘이 낸 효자라는 뜻으로, 정성이 지극한 효자나 효성을 이르는 말.

995 충려지경 充閭之慶
손님이 집 안에 가득 참이라는 뜻으로, 손님이 집 안 문설주까지 가득 찰 정도로 집안이 번성했다는 의미로 쓰이거나 득남(得男)을 축하하는 말로도 사용됨.

996 충언역이 忠言逆耳
충성스러운 말은 귀에 거슬린다는 뜻으로, 진심 어린 충고와 간언은 듣기가 고역스럽지만 이를 참고 듣고서 따른다면 매우 유익하다는 의미.

997 충효겸전 忠孝兼全
충성과 효도를 모두 겸하여 갖추고 있다는 뜻으로, 충효쌍전(忠孝雙全)도 같은 의미.

998 충효인경 忠孝仁敬
가정에서는 나라에 충성하고 효도하는 법도를 전승하도록 하고(家傳忠孝), 사회에서는 대대로 남에게 인자하고 공경하는 가풍을 지키도록 하라(世守仁敬)는 준말. 세종 임금께서 전의(全義) 이씨(李氏)에게 내린 글씨의 내용.

999 취공비집공휴 吹恐飛執恐虧
불면 날아갈까 쥐면 터질까 걱정한다는 뜻으로, 부모(父母)가 자식(子息)을 애지중지함을 이르는 말.

1000 취모멱자 吹毛覓疵
털을 입으로 불어 가며 털 속에 있는 작은 흉터를 찾아낸다는 뜻으로, 억지로 남의 약점을 악착같이 들춰내려는 야박하고 가혹한 행동을 비유적으로 이르는 말.

1001 취생몽사 醉生夢死
술에 취한 듯 살다가 꿈을 꾸듯이 죽는다는 뜻으로, 아무 하는 일 없이 한평생을 의미 없이 멍청하게 살다가 허망하게 죽음을 비유적으로 이르는 말.

1002 취세아 嘴細鴉
까마귓과의 새를 통틀어 이르는 말로, 어미 새에게 먹이를 물어다 준다고 하여 반포조 또는 효조라 칭하기도 함.

1003 층층시하 層層侍下
부모, 조부모 등이 살아 계셔서 모두 위로 모시고 사는 처지라는 뜻으로, 즉 위로 모시는 어른이 많아서 마음대로 처신하기가 곤란하다는 말.

1004 친상탕약 親嘗湯藥
병환인 어버이에게 탕약을 올리기 전에 항상 직접 탕약의 맛을 보고 드린다는 뜻으로, 약수발의 치성을 다한다는 의미.

1005 친통구쾌 親痛仇快
자기편 사람들은 가슴 아프게 하고, 적(敵)들은 통쾌(痛快)하게 한다는 뜻으로, 제 살 파먹는 어리석은 짓을 비유(比喩)하는 말.

1006 친후 親候
주로 편지글에서, 부모의 기거나 건강 상태 따위를 이르는 말.

1007 칠거지악 七去之惡
여자가 가져서는 안 되는 일곱 가지 나쁜 악(惡)이란 말로 아내를 일방적으로 내쫓을 수 있는 일곱 가지 경우를 뜻하며, 줄여서 칠출(七出), 칠거(七去)라고도 한다.
① 시부모를 잘 섬기지 않는 것(不順父母)
② 자식이 없는 것(無子)
③ 음란한 것(不貞)
④ 투기가 있는 것(嫉妬)
⑤ 나쁜 병이 있는 것(惡疾)
⑥ 말이 많은 것(多言)
⑦ 도벽이 있는 것(竊盜)

1008 칠보지재 七步之才
일곱 걸음을 걸을 동안에 시를 지을 수 있는 재주라는 뜻으로, 시를 빨리 잘 짓는 아주 뛰어난 글재주를 이르는 말.

1009 침점침초 寢苫枕草
거적자리에서 자고 풀을 베개 삼아 눕는다는 뜻으로, 부모의 상중에 지키던 예절로 자식 된 자는 어버이가 흙속에 묻혀 있음을 슬퍼하여 아주 검소해야 함을 이르는 말. 침점침괴(寢苫枕塊)도 비슷한 말.

(카)

1010 쾌도난마 快刀亂麻
어지럽게 뒤얽힌 삼의 가닥을 잘 드는 칼로 베어 버린다는 뜻으로, 어지럽게 뒤얽힌 문제나 정황(情況)을 과감하고 시원스럽게 처리한다는 의미로 사용되는 말.

1011 쾌독파거 快犢破車
기세 좋은 송아지가 수레를 깨뜨린다는 뜻으로, 기세 좋은 송아지는 흔히 끄는 수레를 부서뜨리는 것처럼 장래에 큰일을 하려는 젊은이는 스스로를 경계해야 함을 비유하여 이르는 말.

1012 쾌락불퇴 快樂不退
쾌락은 물러나지 않는다는 의미로, 쾌락에 한번 빠지면 그 맛을 잊지 못해 계속 쾌락을 추구한다는 뜻.

1013 쾌마가편 快馬加鞭
달리는 말에 채찍을 가한다는 뜻으로, 잘하는 사람에게 더 잘하라고 격려한다는 말.

1014 쾌의당전 快意當前
현재 상황을 즐기거나 현 상태에 만족하는 것을 의미하는 말.

1015 쾌행무호보 快行無好步
빠르게 걸으면 발걸음이 고르지 못하다는 뜻으로, 급하게 일을 하면 결과가 좋지 않음을 비유하여 이르는 말.

(타)

1016 타산지석 他山之石
다른 산의 거칠고 쓸모없는 돌이라도 자기의 옥(玉)을 가는 데에 소용이 된다는 뜻으로, 다른 사람의 하찮은 언행, 허물, 실패도 자기의 지혜와 인격을 닦는 데에 큰 도움이 됨을 비유해 이르는 말.

1017 탁덕양력 度德量力
자기의 덕행과 능력을 깊이 헤아려 살핀다는 의미.

1018 탄도괄장 吞刀刮腸
칼을 삼켜 장을 긁어낸다는 뜻으로, 잘못된 마음을 없애고 새사람이 됨을 이르는 말.

1019 태산북두 泰山北斗
중국 제일의 명산 태산(泰山)과 하늘의 북두칠성(北斗七星)의 줄임말로, 어떤 분야의 권위자, 제일인자, 학문·예술 분야의 대가이거나 세상 사람들이 우러러 받들거나 가장 존경받는 사람을 일컬음. 오늘날 이 말은 태두(泰斗), 산두(山斗)라는 약칭으로 통용되며, 특히 학술적 업적이 뛰어난 학자를 가리키는 데 적용되는 말.

1020 태산퇴양목괴 泰山頹梁木壞
태산(泰山)이 무너지고 대들보가 꺾인다는 뜻으로, 한 시대의 스승이나 존경하는 인물의 죽음을 비유하여 이르는 말.

1021 토고납신 吐故納新
묵은 것을 토해 내고 새것을 들이마신다는 뜻으로, 낡고 좋지 않은 것을 버리고 새롭고 좋은 것을 받아들이는 기공 요법의 하나. 최근에는 오래되어 나쁜 것을 버리고 새롭고 좋은 것을 받아들이라는 의미로 더 많이 쓰임.

1022 토사구팽 兎死狗烹
토끼 사냥이 끝나면 사냥개를 삶아 먹는다는 뜻으로, 필요할 때는 소중히 여기면서 써먹다가 쓸모가 없어지면 가혹하게 버려진다는 말. 적국을 정복한 뒤에 전공(戰功)이 있었던 충신이 죽음을 당하게 됨을 비유한 말.

1023 토사호비 兎死狐悲
토끼가 죽자 여우가 슬퍼한다는 뜻으로, 같은 처지나 무리의 불행한 일을 함께 슬퍼함을 비유하는 말.

1024 토우목마 土牛木馬
흙으로 만든 소와 나무로 만든 말이라는 뜻으로, 겉은 훌륭하나 실속이 없는 것처럼, 가문만 좋을 뿐 아무 재능이 없는 무능한 사람을 이르는 말.

(파)

1025 파경 破鏡
깨진 거울 또는 거울을 깨뜨리는 것을 뜻하는 의미로, 부부간에 금슬(琴瑟)이 좋지 않아 이별을 하거나 이혼하는 것을 비유하는 말.

1026 파경부조 破鏡不照
깨진 거울은 다시 비추이지 않는다는 뜻으로, 부부간의 이별이나 이혼(離婚)을 의미하거나 헤어진 부부는 다시 결합하기 어렵다는 말.

1027 파경중원 破鏡重圓
깨진 거울이 다시 둥근 모습을 되찾는다는 뜻으로, 생이별한 부부가 다시 결합하여 가정을 꾸림을 이르는 말.

1028 파과지년 破瓜之年
오이가 깨지는 해라는 뜻으로, 여자의 나이 16세 또는 남자의 나이 64세를 이르는 말.

1029 파락호 破落戶
몰락한 오래된 가문을 뜻하며, 재산이나 권력이 있는 집안의 자손으로서 집안의 재산을 몽땅 털어먹는 난봉꾼을 지칭하기도 함.

1030 파렴치한 破廉恥漢
체면이나 부끄러움을 모르는 뻔뻔스러운 사람을 이르는 표현.

1031 파부균분 破釜均分
가마솥을 깨뜨려 똑같이 나눈다는 뜻으로, 인간들의 욕심이 얼마나 크고 어리석은지를 보여 주는 말.

1032 파사현정 破邪顯正
사견(邪見)과 사도(邪道)를 깨뜨리고 정법(正法)을 드러내는 것을 뜻하기도 하고, 사악하고 그릇되고 잘못된 생각을 버리고 올바른 도리를 따른다는 의미이기도 함.

1033 파파노인 皤皤老人
머리털이 온통 하얗게 센 늙은이를 칭하는 표현.

1034 판관사령 判官使令
아내의 말을 거역할 줄 모르는 남자를 놀리는 말.

1035 패가망신 敗家亡身
집안의 재산을 모두 탕진하고 자신의 몸까지 망침이라는 뜻으로, 신세를 망쳤다는 말.

1036 패막대어부자지 敗莫大於不自知
실패의 원인 중에서 자신을 알지 못하는 것보다 더 큰 것은 없다는 말.

1037 패자역손 悖子逆孫
도리에 어그러져 패악하고 불순한 자손이라는 뜻.

1038 편모슬하 偏母膝下
홀로 남은 어머니를 모시고 살아가는 처지를 이르는 말.

1039 평지돌출 平地突出
평지에 산이 우뚝 솟는다는 뜻으로, 변변하지 못한 집안에서 돌보아 주는 사람 없이 출세함을 비유하여 이르는 말.

1040 포만무례 暴慢無禮
하는 짓이 사납고 거만하며 예의가 없다는 말.

1041 포목소사 抱木燒死
나무를 껴안고 불에 타 죽었다는 뜻. 개자추(介子推)는 중국 춘추시대 사람인데, 일설에 의하면 한식(寒食, 찬밥 먹는 날)의 기원이 된 인물로 어머니를 모시고 산에 들어가 나무를 부둥켜안고 노모와 같이 불에 타 죽었다는 말이 전해짐.

1042 포복구지 匍匐救之
급(急)히 서둘러 구(救)한다는 뜻으로(포복은 손과 발이 함께 간다는 말이므로), 남의 상사(喪事)에 힘을 다하여 도움을 이르는 말.

1043 포식난의 飽食煖衣
밥을 배불리 먹고 옷을 따뜻하게 입는다는 뜻으로, 근심 없이 편안한 삶을 뜻하는 말. 혹은 지나치게 편안한 것은 패륜(悖倫)을 낳는다는 경계의 뜻으로도 쓰임.

1044 포통서하 抱痛西河
서하(西河)에서 고통을 품는다는 뜻으로, 공자(孔子)의 제자인 자하(子夏)가 서하(西河)에 있을 때, 그의 아들을 잃고 너무 비통한 나머지 실명한 고사에서 유래되어 자식을 잃고 대단히 슬퍼하는 일을 이르는 말로 사용.

1045 표사유피 인사유명 豹死留皮 人死留名
표범은 죽어서 가죽을 남기고 사람은 죽어서 이름을 남긴다는 뜻으로, 짐승도 죽으면 가죽을 남겨 세상에 유익을 주는데 하물며 사람은 더 훌륭한 일을 해서 길이 기억될 이름을 후세에 남겨야 한다는 말.

1046 풍비박산 風飛雹散
바람에 날리고 우박이 이리저리 어지럽게 흩날린다는 뜻으로, 사업의 실패로 식솔들이 뿔뿔이 흩어져 살게 된 상황을 비유하는 말.

1047 풍수지탄 風樹之嘆
나무는 고요해지려고 하나 바람이 멎지 않음을 한탄한다는 뜻으로, 부모를 여읜 뒤에야 생전에 효도하지 못함을 뉘우치고 후회하는 자식의 비통한 슬픈 탄식을 비유하여 이르는 말. 부모(父母)에게 효도(孝道)를 다하려고 생각할 때에는 이미 돌아가셔서 그 뜻을 이룰 수 없는 슬픔을 나타내는 말. 풍수지감(風樹之感), 풍목지비(風木之悲)라고도 함.

1048 풍우대상 風雨對牀
바람과 비가 마주치듯이 형제나 벗이 침상에 나란히 누워 마주 보는 상황을 비유적으로 표현한 것으로, 이는 서로의 신뢰와 우정을 강조하는 표현임.

1049 풍찬노숙 風餐露宿
바람이 부는 곳에서 먹고, 이슬을 맞으면서 잔다는 뜻으로, 객지를 떠돌아다니며 모진 고생스러운 생활을 함을 비유.

1050 풍촉잔년 風燭殘年
바람 앞의 촛불 같은 남은 해라는 뜻으로, 나이가 많아 여생이 얼마 남지 않은 것을 비유하여 이르는 말. 목숨이 몹시 위태로운 것을 의미하는 표현이기도 함.

1051 피마대효 披麻戴孝
상복을 입고 허리에는 삼끈을 맨다는 뜻으로, 상복을 입고 효를 다한다는 뜻.

1052 필부필부 匹夫匹婦
평범한 남자와 평범한 여자를 뜻하는 말로, 세상에 살아가는 많은 사람들을 대표하는 의미.

(하)

1053 하기이성 下氣怡聲
기를 낮추고 음성을 부드럽게 한다는 뜻으로, 자식이 부모님을 섬기는 도리를 이르는 말.

1054 하동사후 河東獅吼
하동 땅의 사자가 울부짖는다는 뜻으로, 질투심이 강하고 성질이 사나운 부인을 일컫는 말. 남편이 아내를 두려워함을 조롱하는 말로 공처가를 의미하기도 함.

1055 하학상달 下學上達
아래로부터 배워서 위에 이른다는 뜻으로, 낮고 쉬운 것부터 차츰 배워 올라가서 점차 깊고 어려운 이치를 깨달음을 비유하는 말.

1056 하해지택 河海之澤
큰 강이나 넓은 바다와 같이 크고 넓은 혜택이라는 뜻으로, 임금이나 어버이의 은혜를 이르는 말.

1057 학발쌍친 鶴髮雙親
학의 털과 같이 머리가 하얗게 센 부모님을 상징하는 표현.

1058 한단지몽 邯鄲之夢
한단이란 도시에서 꾼 한바탕 꿈이라는 뜻으로, 꿈에서 깨어나 보니 인간 삶에 부귀영화(富貴榮華)도 뜬구름처럼 덧없고 헛됨을 깨닫고 욕망을 절제하게 된 것을 비유하는 데 쓰는 말.

1059 한아 寒鴉
겨울철에 찾아오는 떼까마귀를 일컫는 말.

1060 할고료친 割股療親
자기 허벅지의 살을 잘라 내어 부모의 병을 치료한다는 뜻으로, 지극한 효행을 비유하여 이르는 말.

1061 할반지통 割半之通
자기 몸의 반쪽을 칼로 베어 잘라 내는 고통이란 뜻으로, 형제자매가 죽은 슬픔을 비유적으로 이르는 말.

1062 할육충복 割肉充腹
제 살을 베어 자기 배를 채운다는 뜻으로, 혈족(血族)의 재물을 빼앗아 가로챈다는 말.

1063 항려 伉儷
남편과 아내로 이루어진 짝을 뜻함.

1064 항산 항심 恒産 恒心
일정한 생산이 있으면 마음이 변치 않는다는 뜻으로, 일정한 직업과 재산을 가진 자는 마음에 그만큼 여유가 있으나, 그렇지 않은 자는 정신적으로 늘 불안정하여 하찮은 일에도 동요함을 이르는 말.

1065 해로동혈 偕老同穴
부부가 한평생을 살면서 같이 늙고, 죽어서는 한 무덤에 묻힌다는 뜻으로, 생사를 같이하자는 부부의 굳은 언약을 일컫는 말.

1066 해의추식 解衣推食
자기의 옷을 벗어 주고, 밥을 남에게 준다는 뜻으로, 다른 사람을 따뜻하게 배려하여 은혜를 베푸는 것을 말함.

1067 행용공모 行傭供母
행인 품팔이로 돈을 벌어 어머니를 공양한다는 뜻의 표현.

1068 향당상치 鄕黨尙齒
마을에서 나이가 가장 많은 노인을 존경한다는 말.

1069 현모양처 賢母良妻
자식에게는 현명한 어머니이고, 남편에게는 훌륭한 아내를 뜻하는 말.

1070 현부영부귀 화육친 賢婦令夫貴 和六親
현명한 부인은 남편을 귀하게 하고, 또한 일가친척을 화목하게 한다는 의미.

1071 현어형제 賢於兄弟
형제들보다 더 현명(賢明)하다는 의미로 쓰이는 표현.

1072 혈육지신 血肉之身
혈육의 몸이라는 뜻.

1073 혈육지친 血肉之親
부자(父子), 형제(兄弟), 자매(姉妹) 등의 혈족 또는 겨레붙이를 뜻함.

1074 혈혈무의 孑孑無依
홀몸으로 의지할 곳이 없다는 의미의 표현.

1075 형망제급 兄亡弟及
맏형이 아들 없이 죽었을 때에, 다음 아우가 형 대신 그 가통을 잇는다는 의미.

1076 형설지공 螢雪之功
반딧불의 불빛과 눈에서 반사되는 빛을 이용하여 이룬 성공이란 뜻으로, 가난 속에서 어려움을 이겨 내고 공부하여 대성(大成)함을 일컫는 말.

1077 형우제공 兄友弟恭
형은 아우를 사랑하고, 아우는 형을 공경한다는 뜻으로, 형제간에 서로 우애 깊게 지내야 한다는 의미.

1078 형제수족 兄弟手足
형제는 손발과 같아서 화목하고 우애가 있어야 한다는 뜻으로, 형제는 한번 잃으면 다시는 얻을 수 없다는 말.

1079 형제이이 兄弟怡怡
이이(怡怡)는 화목한 모양을 의미하며, 형제간에 화기애애한 것을 이르는 표현.

1080 형제혁장 兄弟鬩墻
형제가 집 안에서 싸운다는 의미로, 친족끼리 내부에서 서로 다툼을 이르는 말.

1081 형제화목 부모희지 兄弟和睦 父母喜之
형제가 화목하면 부모께서 기뻐하신다는 의미.

1082 호마망북 胡馬望北
호(胡)나라의 말이 호나라 방향인 북쪽을 바라본다는 뜻으로, 고향을 몹시 그리워함을 이르는 말.

1083 호부견자 虎父犬子
호랑이 아비에 개 새끼라는 뜻으로, 훌륭한 아버지에 비해 못난 자식을 일컫는 말.

1084 호부호모 呼父呼母
아버지라고 부르고 어머니라고 부른다는 뜻으로, 곧 부모로 모심을 이르는 말.

1085 호부호형 呼父呼兄
아버지를 아버지라 부르고 형을 형이라 부른다는 의미.

1086 호손사아 壺飧食餓
물에 만 밥을 항아리에 넣어 배고픈 사람에게 베풀어 준다는 뜻으로, 남을 도와준 사람은 반드시 보답을 받는다는 의미.

1087 호시 怙恃
믿고 의지한다는 뜻으로, 부모를 이르는 말.

1088 호의순모 戶衣順母
지푸라기 옷을 입고도 어머니께 순종한다는 뜻.

1089 호천망극 昊天罔極
하늘이 넓고 끝이 없다는 뜻으로, 어버이의 은혜가 하늘같이 끝없이 넓고 커서 갚을 길이 없음을 비유하는 의미로, 주로 부모님의 제사에서 축문(祝文)에 쓰이는 말.

1090 호천통곡 呼天痛哭
너무나 애통하여 하늘을 부르며 큰 목소리로 운다는 말.

1091 호형호제 呼兄呼弟
서로 형이니 아우니 하고 부른다는 뜻으로, 친형제처럼 매우 가깝게 지내는 사이를 이르는 말.

1092 호호백발 皞皞白髮
온통 하얗게 센 머리 또는 그런 머리의 노인을 이르는 말.

1093 혼승백강 魂昇魄降
죽은 사람의 넋은 하늘로 올라가고, 그 몸은 땅 속에 들어가 묻힌다는 말.

1094 혼정신성 昏定晨省
저녁에는 잠자리를 보살펴 정해 드리고 이른 아침에는 문안을 드려 밤사이 부모의 안부를 살핀다는 뜻으로, 부모를 잘 섬기고 효성을 다함을 이르는 말.

1095 홍동백서 紅東白西
제사 모실 때 제물을 차려 놓는 순서로, 붉은 과일은 동쪽에 흰 과일은 서쪽에 두는 것을 말함.

1096 홍상교처 紅裳敎妻
아내 행실은 다홍치마 적부터 그루를 앉힌다는 뜻으로, 아내를 순종하게 하려면 시집오자마자 버릇을 가르쳐야 한다는 말.

1097 홍안백발 紅顔白髮
나이가 들어 머리는 하얗지만, 얼굴은 붉고 윤기가 난다는 말.

1098 홍익인간 弘益人間
우리나라의 교육 이념으로 널리 인간 세상을 이롭게 하라는 뜻. 단군신화에 나오는 고조선의 건국 이념이자 인본주의, 이타주의 등의 사상을 담고 있다.

1099 화기소장 禍起蕭墻
재앙이 궁궐이나 가정 안에서 일어난다는 뜻으로, 내부에서 재앙(災殃)이나 화(禍)가 일어나는 것을 비유하는 말.

1100 화기애애 和氣靄靄
온화하고 화목한 분위기가 넘쳐흐른다는 뜻.

1101 화복동문 禍福同門
화와 복은 같은 문으로 들어온다는 뜻으로, 화나 복이나 모두 자신이 자초하는 것임을 비유하는 말.

1102 화복무문 禍福無門
화나 복이 오는 문은 정해져 있지 않다는 뜻으로, 각자가 행한 선악에 따라 화복을 받는다는 말.

1103 환갑 還甲
육십갑자의 갑(甲)으로 돌아온다는 뜻으로, 우리 나이 61세를 가리키는 말.

1104 환과고독 鰥寡孤獨
외롭고 의지할 데 없는 사람을 이르는 네 가지 경우를 일컫는 말.
① 늙어서 아내 없는 사람(홀아비)
② 늙어서 남편 없는 사람(홀어미)
③ 어려서부터 어버이 없는 아이(고아)
④ 늙어서 자식이 없는 사람(독신)

1105 환부역조 換父易祖
아버지와 할아버지를 바꾼다는 뜻으로, 18~20세기 초에 다른 가문의 족보에 자기 집안 계보를 끼워 넣거나 성(性)이나 본관(本貫)을 바꾸는 행위, 또는 족보상 조상 계보를 조작하는 행위를 말하는데, 문벌(門閥)을 높이기 위하여 부정한 수단으로 절손(絶孫)된 양반(兩班)의 집을 이어 자기의 조상을 바꾸는 일을 뜻하는 표현.

1106 황향선침 黃香扇枕
황향(黃香)이 베개에 부채질을 한다는 뜻으로, 효심이 지극함을 뜻함. 중국 한(漢)나라 때 황향이라는 효자가 여름이면 부모님의 베개에 미리 부채질을 해 두어서 시원하게 주무실 수 있도록 했고, 겨울이면 자신의 체온으로 미리 이부자리를 덥혀서 따뜻하게 주무실 수 있도록 했다는 이야기에서 유래됨.

1107 회귤유친 懷橘遺親
귤을 품에 넣어 어버이께 가져다드린다는 뜻으로, 줄여서 회귤(懷橘)이라고도 한다. 고사(故事)의 주인공인 육적(陸績, 188~219)의 이름을 붙여 육적회귤(陸績懷橘)이라 부르기도 함.

1108 회자정리 會者定離
만난 사람과는 반드시 헤어짐이 있다는 뜻으로, 사람의 힘으로는 어찌할 수 없는 이별의 아픔을 나타내는 인생의 무상함을 말함.

1109 효감동천 孝感動天
효를 통해서 하늘이 감동하여 코끼리가 대신 밭을 갈아 주고, 새들이 나타나 우순을 대신하여 김을 매어 준 이야기.

1110 효당갈력 孝當竭力
부모를 섬길 때에는 마땅히 힘을 다하여야 한다는 의미.

1111 효덕지본 孝德之本
효는 모든 행동의 근본이라는 의미.

1112 효백행지본 인백행지상 孝百行之本 忍百行之上
효도는 모든 행동과 도덕의 근본이고, 인내는 모든 행동과 도덕의 최상이라는 뜻.

1113 효봉구고 孝奉舅姑
효성스럽게 시부모를 봉양함.

1114 효성충천 孝誠沖天
효성이 하늘에 닿을 정도로 지극하다는 의미.

1115 효쇠어처자 孝衰於妻子
효는 처자식에게서 쇠퇴해진다는 뜻으로, 사람은 처자를 가지면 부모를 섬기는 효심이 쇠해짐을 비유함.

1116 효애기자 梟愛其子
올빼미는 그 새끼를 사랑하지만, 새끼는 자란 후에 그 어미를 잡아먹는 데서, 은혜를 원수로 갚음을 이르는 말.

1117 효위백행지본 孝爲百行之本
효도하는 것이 백 가지 행동의 근본이라는 표현.

1118 효의위선 孝義爲先
효도와 정의가 가장 우선이라는 뜻으로, 효와 의가 인륜의 가장 으뜸 되는 덕목임을 이르는 말.

1119 효이애자 孝以愛子
자식을 사랑하는 지극한 마음으로 부모님께 효도하라는 뜻.

1120 효자불궤 孝子不匱
효자는 다함이 없다는 뜻으로, 효자의 효성은 지극하여 한 사람이 효도를 다하면 이것에 감화되어 잇달아 효자가 나옴을 이르는 말.

1121 효자애일 孝子愛日
효자는 날을 아낀다는 뜻으로, 될 수 있는 한 오랫동안 부모에게 효성을 다하여 섬기고자 하는 마음을 비유적으로 이르는 말.

1122 효자종치명 부종난명 孝子從治命 不從亂命
효자(孝子)는 부모가 정신이 맑을 때 내린 유언은 따르지만, 정신이 어지러울 때 내린 유언은 따르지 않는다는 의미의 표현.

1123 효자지문 孝子之門
효자가 난 가문(家門)이라는 뜻.

1124 효자지선 孝慈之先
어버이에 대한 효도와 자식에 대한 사랑은 모든 행실의 으뜸이라는 뜻.

1125 효제위인지본 孝弟爲仁之本
효도하고 공경하는 것이 인덕의 근본이 된다는 의미.

1126 효제충신 孝悌忠信
어버이에 대한 효도, 형제 사이의 우애, 임금에 대한 충성, 친구 사이의 신의를 통틀어 이르는 말.

1127 효조 孝鳥
효도하는 새라는 뜻으로, 새끼가 커서 부모를 봉양할 줄 아는 새, 즉 까마귀를 이르는 말. 까마귀는 자라서 어미에게 먹이를 물어다 주어 보은한다는 데에서 유래한 말.

1128 효친봉선 孝親奉先
부모에게 효도하고 조상을 잘 받들라는 뜻.

1129 후목난조 朽木難雕
썩은 나무는 새기기가 어렵다는 뜻으로, 전도가 암담하거나 가르칠 가치가 없는 사람을 일컫는 말.

1130 후안무치 厚顔無恥
얼굴이 두꺼워서 부끄러움이 없다는 뜻으로, 뻔뻔스러워 부끄러워할 줄 모르는 것을 말함.

1131 후회막급 後悔莫及
일이 잘못된 뒤에 아무리 뉘우쳐도 소용이 없다는 뜻으로, 후회가 매우 큼을 말함.

1132 훈지상화 壎篪相和
형은 고전악기인 훈을 불면 아우는 고전악기인 지를 불어 화답한다는 뜻으로, 형제가 서로 우애하고 화합함을 비유하여 이르는 말.

1133 휴로부약 携老扶弱
노인을 부축하고 어린애의 손을 잡는다는 뜻으로, 노인과 아이를 보호한다는 말.

1134 흉중생진 胸中生塵
가슴에 먼지가 생긴다는 뜻으로, 사람을 잊지 않고 생각은 오래 하면서 만나지 못함을 일컫는 말.

1135 흥가입업 興家立業
가정을 번성하게 만들고 자신의 생업이나 사업을 성공적으로 세운다는 의미.

1136 희로애락 喜怒哀樂
기쁨과 분노와 슬픔과 즐거움의 사람의 감정 네 가지를 일컫는 말.

1137 희색만면 喜色滿面
기쁜 빛이 얼굴에 가득함을 뜻하는 표현.

1138 희수 喜壽
77세를 이르는 표현.

孝와 관련된 명언명구

(가)

가난한 집안의 자식들이 부유한 집 자식들보다 가족에 대한 사랑이 끈끈하고 부모에 대한 효성이 깊은 것은 너무나 당연한 일이다. 커서 어른이 되면 가족에게 이런 가난을 면해 주겠다고 결심하였다.
- 앤드류 카네기

가르치는 것은 두 번 배우는 것이다.
- 조셉 주베르

가장(家長)이 확실하게 지배하는 가정에는 다른 데서 찾아 볼 수 없는 평화가 깃든다.
- 괴테

가장 중요한 것은 가족입니다.
- 월트 디즈니

가장 큰 효는 부모님의 뜻을 존중하는 것이요, 다음이 욕되게 하지 않는 것이요, 마지막이 봉양하는 것이다.

- 예기

가정과 가정생활의 안전과 향상이 문명의 중요 목적이요, 모든 산업의 궁극적 목적이다.

- C. W. 엘리어트

가정에는 도덕이 있다. 이것은 (사악함까지도 포함한) 모든 것이 경의를 표하는 인상 깊은 덕의 형상이다. 다음으로 질서와 신중함이 있다. 그리고 끝으로 자기 이익이 있다.

- 장 자크 루소

가정에서 아내에게 기를 펴지 못하고 지내는 남편은 밖에서도 굽실거리며 쩔쩔매게 된다.

- 워싱턴 어빙

가정에서 행복해지는 것은 온갖 염원의 궁극적인 결과이다.

- 사무엘 존슨

가정은 가장 사랑받으면서도 가장 나쁜 행동을 하는 곳입니다.
- 마조리 페이 힝클리

가정은 그대가 그곳에 가야만 할 때, 그들이 받아들여야 하는 곳이다.
- 로버트 프로스트

가정은 나의 대지이다. 나는 거기서 나의 정신적인 영양을 섭취하고 있다.
- 펄 벅

가정은 누구나 '있는 그대로'의 자신을 표시할 수 있는 유일한 장소이다.
- 마거릿 미드

가정은 어떠한 형태의 것이든 인생의 커다란 목표이다.
- J. G. 홀랜드

가정은 행복을 저축하는 곳이지 행복을 캐내는 곳이 아니다. 얻기 위해 이루어진 가정은 반드시 무너지고, 주기 위해 이루어진 가정은 행복하게 된다.
- 우치무라 간조

가정을 사랑하는 마음에 애국심이 뿌리박고 있다.

- 찰스 디킨스

가정을 지키고 잘 다스리는 데에는 두 가지 훈계의 말이 있다. 첫째, 너그럽고 따뜻한 마음으로 집안을 다스리지 않으면 안 된다. 그리고 정이 골고루 미치면 아무도 불평하지 않는다. 둘째, 낭비를 삼가고 절약해야 한다. 절약하면 식구마다 아쉬움이 없다.

- 채근담

가정의 퇴화는 가정의 단결에 금이 가게 하고, 아이들에게 필요한 안전감을 그들로부터 빼앗고, 게다가 사회적·생산적인 책임 있는 어른의 생활을 자연스럽게 보고 배우는 방법까지도 빼앗을 우려가 있다. 그러니까 가정의 성격과 그 일터와의 관계는 변화된다 할지라도 가정은 이후에도 없어서는 안 된다. 만일 가정이 무너진다면 그것은 대비극이라고 나는 생각한다.

- 아놀드 토인비

가정이란 어떠한 형태의 것이든 인생의 커다란 목표이다.

- J. G. 홀랜드

가정이야말로 고달픈 인생의 안식처요, 모든 싸움이 자취를 감추고 사랑이 싹트는 곳이요, 큰 사람이 작아지고 작은 사람이 커지는 곳이다. 가정은 안심하고 모든 것을 맡길 수 있으며, 서로 의지하고 사랑하며 사랑받는 곳이다.

- 허버트 조지 웰스

가정이여, 폐쇄된 가정이여, 나는 너를 증오한다.

- 앙드레 지드

가족과 함께 만든 추억이 전부이다.

- 캔디스 캐머런 뷰어

가족관계는 가정적이고 종교적일 때, 즉 온 가족이 하나인 신을 믿고 그 계율을 따를 때 비로소 확고해지고 행복한 것이 된다. 그렇지 않은 가정은 기쁨이 아닌 괴로움의 샘이다.

- 톨스토이

가족들의 더할 나위 없는 귀염둥이였던 사람은 성공자의 기분을 일생 동안 가지고 살며, 그 성공에 대한 자신감은 그를 자주 성공으로 이끈다.

- 지그문트 프로이트

가족들이 서로 맺어져 하나가 되어 있다는 것이 정말 이 세상에서의 유일한 행복이다.

- 마리 퀴리

가족들이 서로 주고받는 미소는 기분이 좋다. 특히 서로의 마음을 신뢰하고 있을 때에는.

- 존 키블

가족에게 자상하지 않으면 헤어진 뒤에 후회한다.

- 로버트 드 니로

가족에 대한 사랑과 친구에 대한 존경은 부와 특권보다 훨씬 더 중요하다.

- 찰스 쿠럴트

가족은 마음속에서 가장 큰 곳을 차지합니다.

- 알렉산더 포프

가족은 마음으로 만들어진 것이다.

- 리처드 바크

가족은 미국 생활의 토대이며, 강한 가족이 강한 국가를 만든다.

- 빌 클린턴

가족은 삶의 보물이다.

- 도로시 뉴턴

가족은 서로를 사랑하고 이해해야 한다.

- 톨스토이

가족은 아무도 뒤처지거나 잊히지 않는다는 것을 의미한다.

- 데이비드 오그던 스티어스

가족은 여러분이 선택하는 것이 아닙니다. 가족은 당신이 그들에게 있는 것처럼 신이 당신에게 준 선물입니다.

- 데스몬드 투투

가족은 우리가 처음으로 사랑을 배우는 곳이다.

- 도로시 게일

가족은 우리를 인도하는 나침반입니다. 높은 곳을 향해 나아갈 수 있도록 영감을 주고, 때때로 흔들릴 때 위안을 주는 존재입니다.

- 브래드 헨리

가족은 우리의 모든 것입니다.

- 파울로 코엘료

가족은 우리 인생의 시작이자 끝입니다.

- 앤서니 브랜든

가족은 유전자에 의해 정의되는 것이 아니라, 사랑을 통해 만들어지고 유지됩니다.

- 아말리아 가노자

가족은 자연의 걸작 중 하나다.

- 조지 산타야나

가족은 중요한 게 아니라 모든 것이다.

- 마이클 J. 폭스

가족은 폭풍우가 몰아치는 인생의 바다에서 구명조끼입니다.

- J. K. 롤링

가족을 빼고는 쓸 만한 소재를 생각할 수 없다. 가족은 다른 모든 사회 영역의 상징이다.

- 안나 퀸드랜

가족의 범위 내에 들어 있는 모든 조부와 조모는 서로 부모가 되며, 그들의 자녀들, 다시 말해서 아버지들과 어머니들의 경우도 마찬가지이다. 또한 이 후자의 자녀들은 공동 부부로서 제3집단을 형성하며, 그 자녀들, 즉 제1집단의 증손들은 제4집단을 형성한다.

- 프리드리히 엥겔스

가족이란 네가 누구 핏줄이냐가 아니야. 네가 누구를 사랑하느냐는 거야.

- 트레이 파커

갈 곳이 있다는 것은 집입니다. 사랑할 사람이 있다는 것은 가족입니다. 이 두 가지가 모두 있다는 것은 축복입니다.

- 도나 헤지스

감사는 정중함의 가장 아름다운 표현이다.

- 자크 마리탱

강남(江南)의 귤나무를 강북(江北)에 심으면 귤이 아닌 탱자가 열린다.

- 회남자

개인은 자신의 삶 속에서 타인과의 관계를 통해 윤리적 책임을 다해야 한다. 그 책임 중 하나는 가까운 사람들에 대한 사랑과 의무를 충실히 수행하는 것이다.

- 쇠렌 키르케고르

개인의 집은 임금도 침입할 수 없는 성곽이다.

- 랠프 월도 에머슨

거리 바닥과 시골의 고루한 사람들이 학술과 예의는 모르지마는 능히 자기 몸을 잊고 어버이를 생각함이 성심(誠心)에서 나와서 하는 일이니 또한 칭송할 만하다.

- 송기

거울을 마주하면 당신 자신의 얼굴만 볼 수 있을 뿐이지만 당신의 아이를 마주하면 마침내 다른 모든 이들이 어떻게 당신을 보아 왔는지 알 수 있다.

- 다니엘 래번

결혼은 생애를 통하여 의지가 되는 다정한 반려를 주려고 한다. 결혼은 상대에게 행복을 주는 능동적인 사랑보다도 도리어 이쪽을 행복하게 만들어 받는 수동적인 사랑의 상냥스러운 전도를 열어 보인다.

- 스탕달

결혼의 성공은 적당한 짝을 찾는 데 있는 것이 아니라 적당한 짝이 되는 데에 있다.

- 텐드우드

경(卿)이라는 높은 지위의 신분이 되어도 가족 관계의 모임에 있어서는 부친이나 형보다 상석에 앉아서는 안 되는 것이다.

- 예기

고결하게 죽는 것이 목숨을 건지는 것보다 더 좋다.

- 아이스킬로스

공경하는 마음으로써 효도하기는 쉬워도 사랑하는 마음으로써 효도하기는 어렵다.

- 장자

관직에 있으면서 사정(私情)을 행하면 관직을 잃은 후에 후회하고, 부유할 적에 절약해 쓰지 않으면 시기가 지난 후에 후회하고, 사물을 보고 배워 두지 않으면 필요하게 된 때에 후회하게 되며, 술 취했을 때 함부로 지껄이면 깨어난 때에 후회하고, 몸이 성할 적에 휴양하지 않으면 병든 다음에 후회한다.

- 명심보감

교육은 세상을 변화시킬 수 있는 가장 강력한 무기이다.

- 넬슨 만델라

교육의 목적은 개개인으로 하여금 자신의 교육을 계속하게 하는 데 있다.

- 존 듀이

국가란 다수의 가정과 가정에 공통된 사항들에 대한, 최고의 주권에 의한 정당한 통치이다.

- 장 보댕

국민정신 속에 어버이 마음과 자녀 마음이 깃들게 되면 이것은 온 백성의 순수하고 성스러운 복의 근원이 된다.

- 페스탈로치

군자는 부모의 잘못을 생각지 않으며 그 좋은 점을 공경한다.

- 논어

그가 아버지의 역할을 받아들였기 때문에 자식은 신비롭고도 한없이 중요한 것, '보호자'를 가질 수 있게 되었다.

- 팀 울프

그녀에게 아버지란 이름은 사랑의 다른 표현이다.

- 패니 펀

그대가 새벽에 저자로 나가 떡을 사는 것을 보는데, 부모에게 드린다는 말은 듣지 못하고 자식에게 준다는 말만 들었다. 부모는 아직 먹지도 않았는데 자식이 먼저 배가 부르니 자식의 마음은 부모의 마음이 좋아하는 것에 비하지 못하리라. 그대에게 권하노니, 떡 살 돈을 많이 내어 사실 날도 얼마 안 남은 늙은 부모님을 잘 봉양하라.

- 명심보감

그대가 태어난 가정이 바로 '도덕과 국가의 학교'이다. 가정에서의 인성교육은 중요하다.

- 페스탈로치

그 사람됨이 부모에게 효도하고 어른께 공손하면서 상사에게 반항하는 사람은 드물다.

- 논어

그 아들의 선악은 그 아비의 행동을 보면 알 수가 있다. 그 사람을 모르겠거든 그 친구를 보면 안다.

- 잡편(雜篇)

그 어떤 강제에 의해서 우리들은 결코 행복하게 될 수는 없다.

- 콜르리지

그 임금을 알고자 하면 먼저 그 신하를 보고, 그 사람을 알고자 하면 그 벗을 보고, 그 아버지를 알고자 하면 먼저 그 자식을 보라. 임금이 거룩하면 그 신하가 충성스럽고, 아버지가 인자하면 그 자식이 효성스럽다.

- 왕량

그 자의 현재의 모습은 교육이 그렇게 만든 것이다. 바른 모습도 잘못된 것도 모두 교육의 결과이다.

- 순자

글을 읽음은 집을 일으키는 근본이요, 이치에 쫓음은 집을 보존하는 근본이요, 부지런하고 검소함은 집을 다스리는 근본이요, 온화함은 집을 정제하는 근본이다.

- 채근담

기색을 조심하라. 부모를 섬기는 데 있어서는 부드러운 기색으로 대하도록 한다. 이것을 조심하지 않으면 효행이라고 할 수가 없다. 색이란 단지 언색뿐만 아니라 태도 언행의 모든 행실이 다 포함된다.

- 논어

길은 가까운 데 있거늘 사람들은 먼 데서 찾는다.
일은 쉬운 데 있거늘 사람들은 어려운 데서 찾는다.
사람마다 부모를 부모로 섬기고 어른을 어른으로 섬기면 온 천하가 화평해지거늘.

- 맹자

깊고 무거운 부모님의 크신 은혜 베푸신 큰 사랑 잠시도 그칠 새 없네. 앉으나 일어서나 마음을 놓지 않고 멀거나 가깝거나 항상 함께하시네. 어머님 연세 백 세가 되어도 팔십 된 자식을 항상 걱정하시네. 부모님의 이 사랑 언제 끊어지리이까. 이 목숨 다할 때까지 미치오리.

- **부모은중경**

꿀벌이 다른 동물보다 존경받는 것은 부지런하기 때문이 아니라 다른 자를 위해서 일하기 때문이다.

- R. M. 크리소스톰

(나)

나는 그의 아버지를 아는데, 그대는 내가 그를 알 수밖에 없다고 생각하지 않는가?

- 칼릴 지브란

나는 나무에서 잎사귀 하나라도 의미 없이는 뜯지 않는다. 한 포기의 들꽃도 꺾지 않는다. 벌레도 밟지 않도록 조심한다. 여름밤 램프 밑에서 일할 때 날개가 타 버린 많은 벌레가 책상 위에 떨어지는 것을 보기보다는 차라리 창문을 닫고 무더운 공기를 호흡한다. 인간에게는 천지간 생명권의 질서와 은택에 감사하고 이를 애호하고 보전·관리해야 하는 중보자적 책임이 있다. 하물며 자기를 길러 주신 분에게 은혜에 감사하고, 노후를 보전, 관리해야 하는 인도적 책임이 있다.

- 알버트 슈바이처

나는 네 살 때 목숨이 오락가락할 정도로 크게 아팠다. 가족들은 내 머리맡에 촛불 하나를 켜 놓은 채 어찌할 줄을 몰라 울기만 했다고 들었다.

- 미하일 고르바초프

나는 단순한 심부름을 맡으며 자립하는 법, 젖소의 젖 짜는 법(7살), 말 다루는 법(8살)을 배웠고 어른이 하는 만큼 그 일을 할 수 있었다. 아버지의 가르침이 생생하게 기억난다. 아버지가 내게 실용적인 가르침을 준 것(사업의 원칙과 방식)에 대해 지금까지도 무척 감사하고 있다.

- 존 록펠러

나는 성장하는 과정에서 좋은 스승과 좋은 벗을 많이 만나 큰 도움을 받았다. 그러나 무엇보다도 아버지로부터 받은 사랑과 교훈, 그리고 모범이 가장 훌륭한 교훈이었다.

- 발포아

나는 신들이 인간을 위해 모든 나라에서 똑같이 지켜지는 법률을 만들었다고 생각한다. 인간들 사이에는 신들을 경배하는 것이 으뜸가는 법이다. 부모에게 효도한다는 것도 어디서나 적용되는 신들이 만든 법이다.

- 히피아스

나는 아버지를 매우 존경했고 또 아버지가 매우 명확하고도 힘 있는 추리력을 동반한 높은 학식을 가진 것을 알고 있었다. 아버지가 자주 반복해서 들려준 이 원리는 나의 정신에 지대한 영향을 주었다.

- 파스칼

나는 아버지를 쏙 빼닮았으며 너무도 일찍 죽은 아버지의 나머지 생을 이어서 사는 것 같다.

- 프리드리히 니체

나는 어머니의 눈물을 거역하지 않는 그런 아들을 친구로 갖기를 원한다.

- 장 샤를르 라크 레텔레

나는 일곱 아이의 인성 교육을 위해 새벽녘에 읽은 글 중에서 좋은 글귀를 모아 아이들이 항상 보고 마음에 새기면서 행할 수 있도록 집 안 이곳저곳에 붙여 두었다. 그리고 나도 그 글귀대로 행했다.

- 신사임당

나는 죽어 간다는 사실을 조금도 두려워하지 않는다. 지금 자연스럽게 죽어 간다면 얼마나 즐거울까 하고까지 생각한다. 하지만 나도 이렇게 사람으로 태어났으니 무엇인가 보람 있는 삶을 살아갈 의무가 있다.

- 에이브러햄 링컨

나는 친구를 잘 사귀지 못할 때가 있었다. 그러나 내 어머니는 언제나 나의 친구였다. 언제나.

- 테일러 스위프트

나는 한국에 와서 인간 존중의 전통을 갖고 있는 문화를 발견했습니다. 노인을 존중하고 어린이를 보호하며 또한 죽음을 존중하는 것에 나는 감동을 받았습니다. 노인과 양친의 죽음을 망각한 문화는 파멸입니다. 가장 진보했다고 자부하고 있는 서양인들에게 한국의 문화유산은 자랑되어야 합니다.

- 게오르규

나는 할아버지로부터 다른 어느 것보다 먼저 예절 바른 품행과 심기의 평온을 가져야 한다는 것을 배워 알았다.

- 아우렐리우스

나는 항상 나를 따라다니는 어머니의 기도를 기억한다.
그 기도는 내 인생에서 늘 나와 함께하였다.

- 에이브러햄 링컨

나라를 구할 충성된 신하는 효자의 가문에서 나온다.

- 후한서

나를 낳아 고생하며 길러 주신 부모님!
그 은혜 보답하려 하나 길이 없도다.

- 부모은중경

나를 아버지로 만들어 준 자식을 키울 수 있게 해 주는 것은 바로 용기이다.

- 버락 오바마

나무가 물과 햇빛을 사랑하듯 나는 내 어머니를 사랑한다. 어머니는 내가 성장하고, 번영하며, 높은 목표에 도달할 수 있도록 도와준다.

- 테리 가일멧

나무는 가을이 되어 잎이 떨어진 뒤라야 꽃 피던 가지와 무성하던 잎이 다 헛된 영화였음을 알고, 사람은 죽어서 관 뚜껑을 닫기에 이르러서야 자손과 재화가 쓸데없음을 안다.

- 채근담

나무는 고요하고자 하나 바람이 멈추지 아니하고,
자식은 효도하고자 하나 어버이가 기다리지 않는다.

- 한시외전

나무와 풀은 자기 자손이 제 곁에서 자라지 않도록 마음을 쓴다. 그렇지 않으면 자손들 때문에 질식되고 말기 때문이다.

- 앙드레 지드

나무 한 그루, 짐승 한 마리 죽이는 것도 때를 맞추지 않으면 효가 아니다.

- 예기

나에게는 정중한 장례가 필요 없다. 나는 천지로써 관을 삼고, 해와 달로써 보석을 삼고, 대자연의 모든 것으로써 행렬을 삼을 것이니, 여기에 무엇을 더할 것이냐.

- 장자

나에게 착하게 하는 자는 나 또한 착하게 하고, 나에게 악하게 하는 자라도 나 또한 착하게 하라. 내가 이미 다른 사람에게 악하게 하지 아니하였다면 다른 사람이 나에게 악하게 하는 일이 없을 것이다.

- 장자

나의 나 된 것은 오직 나의 어머니로 인함이라.

- 존 애덤스

나의 모친 헬레네는 제일 가까운 아들들이 베를린을 떠난 후 해마다 그들의 처소에 와서 수 주일을 보내다 가는 습관이 있었다.

- 막스 베버

나의 부모는 책을 읽고 쓸 줄을 몰랐다. 나 역시 정식 학교 수업을 받지 못했다. 그러나 정직한 아버지와 사랑을 주는 어머니가 있었다. 어머니는 저녁때는 아이들을 주변에 둘러앉게 하고 기도문을 암송하거나 성경 이야기를 들려주는 것을 좋아했다. 어머니는 병에 걸려 숨을 거두기 전에 아이들을 침대 곁에 불러 모아 놓고 아버지에게, 형제자매에게 그리고 세상에 좋은 사람이 되어야 한다고 당부했다.

- 에이브러햄 링컨

나의 아버지가 나에게 그랬던 것처럼 나도 나의 아들에게 좋은 아버지가 될 수 있기를 바랄 뿐이다.

- 칼빈 존슨

나의 아버지가 나의 손을 잡아 주지 않았을 때에도, 아버지는 항상 나의 등 뒤에 계셨다.

- 린다 포인덱스터

나의 아버지는 그 어떤 누가 줄 수 있는 선물보다 더 큰 선물을 주셨다. 바로 나를 믿어 주신 것이다.

- 짐 발바노

나의 아버지는 나에게 특별한 것을 해 주지는 않으셨다. 아버지는 그냥 아버지가 해야 할 일을 했을 뿐이다. 그냥 거기에 있어 주는 것 말이다.

- 맥스 루케이도

나의 아버지는 어머니를 평생 사랑하고 아끼며 살았다. 결혼하고 나서 부모는 할아버지 집으로 들어가서 함께 살았다.

- 미하일 고르바초프

나의 어머니는 가늘고 작은 몸을 가지고 있었지만 커다란 마음을 가지고 계셨다. 이 마음은 모두를 반겨 주었고 이곳에서 기쁨을 발견하는 숙소와 같은 곳이었다.

- 마크 트웨인

나의 어머니는 나에게 효심과 아량의 모범, 사악함—행위뿐만 아니라 생각조차도—을 버려야 한다는 모범, 그리고 부자들의 일상 습관과 아주 다른 검소한 생활의 모범을 보여 주셨다.

- 아우렐리우스

나의 어머니는 내가 본 여성 중에서 가장 아름다운 사람이다. 나의 인생의 성공은 나의 어머니에게 받은 도덕적, 지적, 신체적 교육 덕분이다.

- 조지 워싱턴

나의 어머니는, 아름답고 부드러우면서도 강철 같으신 분입니다. 저는 늙어서도 어머니처럼 되고 싶습니다.

- 조디 피콜트

나의 어머니와 아버지는 나를 교육시키기 위해 믿을 수 없을 정도로 많이 일하셨다.

- 베네딕트 컴버배치

나의 집이란 장소가 아니라 사람들이다.

- 로이스 맥마스터 부졸드

나의 할아버지는 서부개척자로서 1786년 켄터키의 황무지에서 옥수수밭을 일구다가 인디언들에 의해 희생되었다. 부모님은 그의 이름을 따서 나의 이름을 에이브러햄이라고 지었다.

- 에이브러햄 링컨

나이 오십이 되어 지난 49년의 잘못을 깨닫는다.

- 회남자

난 아버지가 되고 나서야 내 아버지가 왜 그렇게 많이 우울해하셨는지 이해하게 되었다.

- 애덤 샌들러

날마다 한 가지씩 새로운 것을 배워라. 그러면 결코 늙지 않으리라.

- 루이스 L. 헤이

낡았으나 편안한 의자가 하나도 없는 집은 혼이 없는 곳이다.

- 메이 사턴

남에게 어떠한 행동을 하였느냐에 따라 그 사람의 행복도 결정된다. 남에게 행복을 주려고 하였다면 그만큼 자신에게도 행복이 온다. 자녀가 맛있는 것을 먹는 것을 보고 어머니는 행복을 느낀다. 자기 자식이 좋아하는 모습은 어머니의 기쁨이기도 하다. 그리고 이 이치는 부모나 자식 사이에만 적용되는 것이 아니다.

- 플라톤

남에게 입은 조그마한 은혜에 대해서는 감사할 줄 알면서, 자기를 낳아 주고 길러 주신 부모님의 은혜를 잊어버리는 사람들이 많다.

- 송강 정철

남을 위해 일하는 것이 최대의 행복이고 즐거움이었다.

- 루트비히 판 베토벤

내가 나이가 들수록 아버지가 더욱 똑똑해지는 것 같다.

- 팀 러서트

내가 성공을 했다면, 오직 천사와 같은 어머니의 지지와 격려 덕이다. 나의 존재, 나의 희망은 모두 어머니에게서 나왔다.

- 에이브러햄 링컨

내가 어버이에게 효도하면 내 자식도 또한 나에게 효도하리니, 나 자신이 이미 효도하지 못했으면 내 자식이 어찌 나에게 효도하리오.

- 강태공

내가 이미 수천 번도 넘게 말했지만 나는 이 자리서 한 번 더 말하고 싶다. 세상에서 부모가 되는 일보다 더 중요한 직업은 없다.

- 오프라 윈프리

내가 죽었다가 다시 태어난다면 한국에 태어나고 싶다. 한국의 홍익인간 사상은 21세기를 주도할 세계 평화 사상이다.

- 게오르규

내가 진심으로 믿는 유일한 사랑은 자녀를 향한 어머니의 사랑뿐이다.

- 칼 라거펠트

내 목숨이 있는 동안은 자식의 몸을 대신하기 바라고, 죽은 뒤에는 자식의 몸을 지키기 바란다.

- 불경

내 부모님은 나의 기둥이셨고 지금도 그러하다. 내가 영점이나 40점을 받더라도 용기를 불어넣어 주신 분은 부모님뿐이셨다.

- 코비 브라이언트

내 아이를 가르치되, 그가 가야 할 길로 인도하라. 부모는 자녀가 자유롭게 선택할 수 있도록 지도해야 한다. 무엇을 하든 훌륭한 사람이 되라.

- 에이브러햄 링컨

내 아이에게 말한다.
"나는 하루 매 순간 너를 생각하고 있어."

- 미셸 오바마

내 어머니를 글로 표현하자면 그녀는 완벽한 힘의 허리케인이라고 쓰겠다. 그것은 더할 나위 없는 강력한 힘이다.

- 마야 안젤루

내 어버이를 경애함으로써 남의 부모에게까지 미치며, 나의 자녀를 사랑함으로써 남의 어린애에게까지 미친다. 어버이를 친애함으로써 사람들을 사랑하게 되며, 사람들을 사랑하게 됨으로써 다시 만물을 애호하게 되는 것이다.

- 맹자

내 집 노인을 공경하는 마음으로 남의 노인도 공경하라.

- 맹자

내 한 몸은 곧 백천만 대의 선조가 전한 것을 물려받은 것이다. 그렇다면 감히 내 몸이 곧 나만의 소유라고 말하겠는가?

- 장현광

냄새나는 똥 더미 세상에서 확신할 수 있는 것은 아무것도 없지. 엄마의 사랑뿐이야.

- 제임스 조이스

냉랭하고 텅 빈 이 세상에서는 어머니의 품 안에서나 찾을 수 있는 그런 깊고 강하며 영원한 사랑을 찾을 길이 없다.

- 펠리시아 헤만스

너는 어떤 말과 행동을 할 때도 조상을 생각하라.

- 서경(書經)

너와 나, 그리고 어른들은 괜찮다. 우리는 좋은 시절을 살아 봤으니까. 정말 끔찍한 것은 그런 기회를 한 번도 가져 보지 못한 어린이들이 전쟁으로 죽어 갈 수도 있다는 것이다.

- 존 F. 케네디

너 자신을 알라.

- 소크라테스

너희는 부모에게 효도해야 하느니라.
부모가 아니면 사람들이 어떻게 세상에 태어날 수 있으랴? 부모가 있으므로 우주의 근본이 되는 이 몸이 있으며, 사람의 도리가 있으니, 이 모두가 부모의 은혜가 아니고 무엇이랴?
그러므로 부모가 살아 계실 때는 지성으로 봉양하고 부모가 세상을 떠난 후에는 영가를 잘 천도하여 왕생극락을 발원해야 하느니라.

또 자신의 부모가 아니더라도 병든 노인이나 나이 많은 노인을 대할 때, 마치 내 부모를 대하듯 공경해야 하느니라. 그렇게 할 때, 불·법·승 삼보와 천인, 용이나 모든 선신들이 항상 보호하며, 힘든 지경을 당할지라도 세세생생 많은 사람들의 도움을 받을 수 있느니라.
그렇게 해야만 사람으로 떳떳하게 살아갈 수 있을 뿐만 아니라, 그 수명 또한 길어지고 자손 대대로 많은 복을 누리며 부귀하게 살 수 있다. 이 가르침을 어기고 부모에게 불효하는 자는 그 자식이 화를 받을 것이며, 늙고 병약해지면 버림받으리라.

- 불경

네가 한 언행은 너에게로 돌아간다.

- 증자

네 부모를 공경하라.
네 이웃을 내 몸과 같이 사랑하라.

- 성경

네 자식들이 너에게 해 주기를 바라는 것과 똑같이 네 부모에게 행하라.

- 소크라테스

노년을 맞이하기 위한 노하우 따윈 없다. 그러나 노년이 된 이후에는 특별한 기술이 필요하다. 그것은 불쾌한 시간은 떨쳐 버리고 스스로의 힘으로 유쾌한 날들을 만드는 노력이다.

- 괴테

노인만큼 인생을 사랑하는 사람은 없다.

- 소포클레스

노인에게 가장 심한 상처를 주는 것은 후손들이 자신의 돈을 흥청망청 쓸지도 모른다는 사실이다.

- 존 록펠러

노인을 견디기 어렵게 만드는 것은 정신적, 육체적 약화가 아니라, 추억의 무거운 짐이다.

- 윌리엄 서머싯 몸

노인의 모습을 그토록 슬프게 하는 것은 즐거움이 없어지기 때문이 아니라 희망이 없어지기 때문이다.

- 장 파울

누구나 생물학적 아버지가 될 수 있지만, 진정한 아빠가 되기 위해서는 누군가에게 특별하게 생각되어야 한다.
그래서 나는 당신을 아빠라고 부른다. 당신은 나에게 매우 특별하기 때문이다. 왜냐하면 당신은 나에게 삶의 게임을 가르쳐 주었고, 그것을 올바르게 플레이하는 법을 가르쳐 주었기 때문이다.

- 웨이드 보그

누구보다도 내가 지금 나로 살아 있는 모든 것이 그분의 덕이라고 내가 믿고 있는 나의 어머니가 계셨다.

- 성 아우구스티누스

누군가를 사랑한다는 것은 자신을 그와 동일시하는 것이다.

- 아리스토텔레스

눈물로 걷는 인생의 길목에서 가장 오래, 가장 멀리까지 배웅해 주는 사람은 바로 우리 가족이다.

- 허버트 조지 웰스

뉘라서 까마귀를 검고 흉타하였던고
반포보은(反哺報恩)이 그 아니 아름다운가
사람이 저 새만 못함을 못내 슬퍼하노라.

- 박효관

늙는 것은 짜증 나는 일이다. 하지만 그것만이 오래 사는 유일한 방법이다.

- 샤를 오귀스탱 생트뵈브

늙는 것처럼 쉬운 일은 없다. 가장 어려운 것은 아름답게 늙어 가는 것이다.

- 앙드레 지드

늙은 사람의 말을 공손히 받들고 젖내 나는 입으로 하여금 길고 짧은 것을 다투지 말라.

- 명심보감

(다)

다른 것들이 우리를 변화시킬 수 있지만, 우리는 가족으로부터 시작하고 가족으로 끝납니다.

- 안토니 브란트

다른 사람들의 환심을 사기 위해 부모님에게 화를 내지 말라. 다른 사람들은 당신을 위해 자신을 희생하지 않는다.

- 미상

다른 사람을 곤경에 빠뜨리지 말라. 상처를 주지도 받지도 말라. 타인을 대우하는 것은 곧 자신을 대우하는 것이다.

- 빌 게이츠

다른 사람의 인격을 판단할 수 있는 유일한 길은 그 사람의 행위에 근거하는 수밖에 없다.

- 아리스토텔레스

다른 이들의 감정을 존중하라. 당신에게는 아무것도 아닐 수 있지만 그들에게는 그것이 전부일 수 있기 때문이다.

- 로이 베넷

다섯 가지 가르침의 조목은 다음과 같다:
어버이와 자식 사이에는 친함이 있어야 하며,
임금과 신하 사이에는 의리가 있어야 하며,
남편과 아내 사이에는 분별이 있어야 하며,
어른과 아이 사이에는 차례가 있어야 하며,
친구와 친구 사이에는 믿음이 있어야 한다.

- 성리서

단군은 민족의 왕이며 아버지이며 주인이다. 그가 한국 민족에게 내린 헌법은 한마디로 요약된다. 그것은 홍익인간이다. 가능한 한 많은 사람에게 복을 주는 일이다. 한국인은 다른 많은 종교를 받아들였지만, 단군의 법은 변함없이 5천여 년 동안 계속 유지되고 있다. 왜냐하면 단군의 법은 어떠한 신앙과도 모순이 되지 않기 때문이다. 그것은 결국 모든 종교나 철학의 이상적인 형태로 '최대한의 인간을 위한 최대한의 행복' 또는 모든 인류를 위한 행복과 평화이다.

- 게오르규

단연코 인생이 주는 최고의 상은 할 만한 가치가 있는 일에서 온 힘을 다할 기회이다.

- 시어도어 루스벨트

당신 아이를 당신이 아는 것에 맞추려고 하지 마라. 그는 당신이 사는 시대와는 다른 시대에 태어났다.

- 타고르

당신은 당신의 아이들이라는 화살을 쏘기 위해 있어야 할 활과 같은 존재이다. 화살이 잘 날아갈 수 있도록 활이 잘 지탱해 주어야만 화살이 멀리, 정확히 날아갈 수 있는 법이다.

- 칼릴 지브란

당신의 나이가 얼마든 당신에겐 항상 어머니가 필요하다.

- 미상

당신의 어머니가 당신에게 묻기를 '내가 조언 하나 해도 될까?'라고 하시는 것은 형식적인 것에 불과하다. 당신이 '예' 혹은 '아니오'로 답하는 것과 상관없이 그것을 듣게 될 테니까 말이다.

- 에르마 봄벡

당신이 어렸을 때 당신은 당신의 아버지가 슈퍼맨이라고 생각했을 것이다. 그리고 나이가 들었을 때 알게 될 것이다. 그때의 아버지는 단지 망토를 두른 평범한 사람이라는 것을 말이다.

- 데이브 아텔

당신이 엄마가 되면 당신의 생각이 절대 하나일 수 없을 것이다. 왜냐하면 어머니들은 항상 두 가지를 생각하기 때문이다. 한 가지는 자신을 위한 생각, 다른 한 가지는 아이들을 위한 생각이다.

- 소피아 로렌

대개 집안의 자식은 부모가 미리 가르치고 억제하지 않으면 반드시 방자하게 되고, 이어 끝없이 방자하다가는 혹 어미를 꾸짖는 데까지 이르나 이것은 자식도 물론 자식의 도리를 못한 것이지만 자식을 이 지경에 이르도록 한 부모 또한 잘못이다.

- 퇴계 이황

대부분의 아버지는 자기 아들보다 돈을 더 사랑한다.

- 체스터필드

대종사 말씀하시기를 자기 가정에서 부모에게 효도하고 형제간에 우애하는 사람으로 남에게 악할 사람이 적고, 부모에게 불효하고 형제간에 불목하는 사람으로 남에게 선할 사람이 적나니, 그러므로 유가에서 "효(孝)는 백행(百行)의 근본이라" 하였고, "충신(忠臣)을 효자의 문에서 구한다" 하였나니, 다 사실에 당연한 말씀이니라.

- 원불교 경전

대효(大孝)란 지효(至孝)를 말함이다.
한 사람이 능히 한 나라 사람들을 감동시키고,
또 능히 천하의 사람들을 느끼도록 하나니,
천하의 지성(至誠)이 아니면 어찌 이에 이르리오,
사람이 느끼면 하늘도 또한 느끼느니라.

- 동학(천도교)

더 나은 미래를 만들기 위한 가장 확실한 방법은 한 세대를 올바르게 교육하는 것이다.

- 프레드릭 더글러스

돈에 관해 자식을 교육시키는 가장 손쉬운 방법은 그 부모가 돈이 없는 것이다.

- 캐서린 화이트혼

돈에 맞춰 일하면 직업이고 돈을 넘어 일하면 소명입니다.
칭찬에 익숙하면 비난에 마음이 흔들리고 대접에 익숙하면 푸대접에 마음이 상합니다. 문제는 익숙해져 길들여진 내 마음입니다.
집은 좁아도 같이 살 수 있지만 사람 속이 좁으면 같이 못 삽니다.

- 백범 김구

돈으로 살 수 없는 중요한 열다섯 가지:
시간, 행복, 내적인 평화, 진실성, 사랑, 성격, 매너, 건강, 존중, 도덕성, 신뢰, 인내, 품격, 상식, 존엄성

- 로이 베넷

돈을 모아서 자손에게 남겨 준다 하더라도 자손이 반드시 다 지킨다고 볼 수 없으며, 책을 모아서 자손에게 남겨 준다 하여도 자손이 반드시 다 읽는다고 볼 수 없다. 남모르는 가운데 음덕을 쌓음으로써 자손을 위한 일을 하는 것보다 못하다.

- 사마온공

돌아가신 뒤에 황소를 잡아 제사 지내는 것이 살아 계실 때에 닭 한 마리 잡아 드리는 것만 못하니라.

- 연수약언

동서고금의 성공하고 행복한 사람들을 연구해 보니 모두 효를 행하며 인생을 산 사람들이었다. 어릴 때 사랑을 받고 자랐고, 그 사랑을 준 사람을 기억하며 사는 사람은 성공하고 행복한 삶을 살고 있더라.

- 일효 고영기 박사

두 팔에 자식을 안고 있는 어머니를 보는 것처럼 매력 있는 일은 없다. 그리고 여러 자식에게 둘러싸인 어머니처럼 존귀한 것은 없다.

- 괴테

딸에 대한 아버지의 사랑만큼 천사 같은 애정은 없다. 아내에 대한 사랑에는 욕망이 있고, 아들에게는 야망이 있지만, 딸에게는 말로 표현할 수 없는 뭔가가 있다.

- 조지프 애디슨

딸이 어머니의 일생을 더 자세히 알수록, 그 딸은 더욱 강해진다.

- 아니타 디아먼트

때때로 아이들은 그들의 효도 의무를 잊는다.

- 압둘라 아마드 바다위

때때로 어머니의 힘은 자연법칙보다 더 위대하다.

- 바버라 킹솔버

뜻을 세웠으면 사사로운 정은 잊어버려라.

- 안중근

(마)

마른 빵 한 조각을 먹으며 화목하게 지내는 것이, 진수성찬을 가득히 차린 집에서 다투며 사는 것보다 나으리라.

- 성경

만약 궁녀나 창녀의 자녀가 양부모에게 '당신은 나의 아버지 또는 어머니가 아니다'라고 말한다면, 그의 혀는 뽑힐 것이다.

- 함무라비

만약 당신의 아들딸에게 단 하나의 재능만을 줄 수 있다면 열정을 주어라.

- 브루스 바튼

만약 어떤 사람이 다른 사람의 눈을 멀게 하면, 그의 눈도 멀게 될 것이다.

- 함무라비

만약 어떤 사람이 다른 사람의 뼈를 부러뜨린다면, 그의 뼈도 부러질 것이다.

- 함무라비

만약 인간의 행위나 말, 사상에 탁월한 면이 있다면, 그것은 어머니의 사랑 때문이다.

- 마초네스 드 스파다라

만약 자식이 그의 부모를 폭행한다면, 그의 손은 잘릴 것이다.

- 함무라비

만일 착하지 않는 일을 하고서 이름을 세상에 나타낸 자는, 사람들이 비록 해(害)하지 못하지만 하늘이 반드시 벌할 것이다.

- 장자

만족할 줄 알면 욕됨이 없고, 멈출 줄 알면 위태롭지 않으며, 장구할 수 있다.

- 노자

매일 아침 잠자리에서 일어날 때 미소 짓는 것, 기회가 가득 찬 하루하루에 감사하는 것, 깨끗한 손으로 나의 일에 임하는 것, 내가 무슨 일을 하든 그 일을 정말로 내 인생에 가장 아름다운 천직이라 생각하고 일하는 것, 모든 사람들에게 내 얼굴의 미소와 내 가슴의 사랑으로 대하는 것, 친절하고 예의 바른 사람이 되는 것, 낮에 최선을 다해 일했기에 잠자리에 들 때는 피곤과 기쁨의 이중주로 달콤한 잠에 드는 것, 그런 식으로 나의 일생을 보낼 수 있다면.

- 토머스 데커

맹목적인 모성애 때문에 파멸한 인간이 위험한 소아병으로 파멸한 인간보다 많다.

- 오크라이크너

먹는 나이는 거절할 수 없고, 흐르는 시간은 멈추게 할 수 없다. 생장(生長)과 소멸(消滅), 성(盛)하고 쇠(衰)함이 끝나면 다시 시작되어 끝이 없다.

- 장자

먼저 마음을 채워 주는 사람은 어머니이다.

- 에이미 탄

모든 것은 오로지 마음먹기에 달려 있다.

- 석가모니

모든 게 지옥같이 힘들 때 조금도 움찔하지 않고 너의 곁에 있어 주는 사람들은 바로 가족이다.

- 짐 버처

모든 아들의 첫 번째 슈퍼히어로는 그의 아버지다. 나에게도 그랬다. 나에게 있어서 아버지란 슈퍼맨과 배트맨을 합쳐 놓은 것과 같은 존재였다.

- 타이거 슈로프

모든 여성은 자신의 어머니처럼 된다. 그것은 자신의 비극이다. 그러나 남자는 그렇지 않지. 남자들은 그저 그 자신이야.

- 오스카 와일드

모든 인간의 일생은 하나님의 손에 의해서 쓴 동화에 불과한 것이다.

- 안데르센

모든 종교는 도덕을 전제로 한다.

- 칸트

모든 행복한 가정들은 서로 서로 닮은 데가 많다.
그러나 모든 불행한 가정은 불행한 이유가 제각기 다르다.

- 톨스토이

모성애의 위엄, 숭고함, 상냥함, 영원함과 거룩한 의미를 무엇으로 표현하랴.

- 토마스 드윗 탈마지

목숨이 길면 창피당할 일이 많은 법이다.

- 장자

몸이란 것은 부모의 가지이니 어찌 공경하지 아니하랴?
자기 몸을 공경하지 아니하면 이는 곧 부모를 상하게 함이며, 부모를 상하게 함은 그 뿌리가 상함이니, 그 뿌리가 상하면 가지도 따라서 상하게 된다.

- 공자

몹시 추운 겨울날 허름한 시골 초가집 아궁이 부엌에서 쪼그려 앉아 짚이나 솔가지로 뜨거운 밥을 해 주시던 할머니 모습, 그 정성으로 오늘의 내가 있건만 이젠 효도할 길 없네. 살아 계실 때 효도 못 한 후회로 눈물만 흐르네.

- 일효 고영기 박사

무릇 사람 된 자로 어버이에게 마땅히 효도해야 한다는 것을 모르는 이는 없으되, 실제로 효도를 하는 이가 매우 드문 것은 어버이의 은혜를 깊이 알지 못하는 까닭이다…. 날마다 밝기 전에 일어나서 세수하고 머리를 빗고 의관을 갖춘 후에 부모의 침소에 나아가 기색을 낮추고 음성을 부드럽게 하여 덥고 추운 것에 안부를 여쭙고, 날이 저물어 어두워지면 부모의 침소에 가서 이부자리를 보아 드리고 덥고 추운 것을 살피며, 곁에서 모실 때에는 항상 화평하고 기쁜 안색으로 공경스럽게 응대하여 매사 성의를 극진히 하여 받들어 모시되 출입할 때에는 반드시 절하고 말씀드려야 한다.

- 율곡 이이

무릇 효도는 모든 덕행의 근본이다. 모든 가르침이 효도에서 시작되는 것이다.

- 효경

무엇이 하나님을 섬기는 것인가?
그것은 바로 그의 자녀들을 사랑하는 것이다.

- 미드라시

물과 불은 기운은 있으되 생명이 없고, 풀과 나무는 생명이 있으되 지각(知覺)이 없으며, 새와 짐승은 지각이 있으되 의(義)로움이 없다. 사람은 기운도 있고 생명도 있고 지각도 있으며 의로움까지 지니고 있다. 그래서 천하에서 가장 존귀하다는 것이다.

- 순자

미국에서 가장 인상 깊은 점은 부모가 자식에게 복종하는 방식이다.

- 에드워드 8세

(바)

바탕이 성실한 사람은 항상 편안하고 이익을 보지만,
방탕하고 사나운 자는 언제나 위태롭고 해를 입는다.

- 순자

박애도 자애도 먼저 가정에서부터 시작돼야 한다.

- 찰스 램

반중(盤中) 조홍(早紅)감이 고와도 보이나다
유자(柚子) 아니라도 품음직도 하다마는
품어가 반길 이 없을세 글로 설워하나이다.

- 박인로

방법을 가르치지 말고 방향을 가리켜라.
가르치면 모범생을 길러 낼 수 있지만
가리키면 모험생을 길러 낼 수 있다.

- 데이브 버제스

방 안에서 자기 아이들을 위해 전기 기차를 매만지며 삼십 분 이상을 허비할 수 있는 남자는 어떤 남자이든 사실상 악한 인간이 아니다.
- 이고르 스트라빈스키

배우자와 자식을 사랑하는 마음으로 부모를 섬기면 마음과 정성을 다하여 효도함이니라.
- 명심보감

백발의 어머님 강릉에 계시는데
이 몸 서울 향해 홀로 떠나는 마음
고개 돌려 북촌을 때때로 바라보니
흰 구름 나는 하늘 아래 저녁 산이 푸르구나.
- 신사임당

보화는 쓰면 다함이 있고, 충성과 효도는 누려도 다함이 없다.
- 경행록

부귀할 때면 부모를 봉양하기가 쉬우나 부모는 늘 마음이 편치 않고, 가난하고 천하면 자식을 기르기 어렵지만 자식을 굶주리고 춥게 하지는 않는다. 한 가지 마음에 두 가지 길이니 자식 위하는 마음이 부모 위하는 마음 같지는 않네. 그대에게 권하노니 부모 섬김을 자식 기르듯

하고 무릇 집이 넉넉지 못한데 미루지 말라.

- 명심보감

부모가 늙어 기력이 약해지면 의지할 사람은 자식과 며느리밖에 없다. 아침저녁으로 부드러운 말로 위로하고, 따뜻하고 부드러운 음식과 잠자리를 마련해 드리고, 즐겁게 말 상대를 해 드림으로써 노년의 쓸쓸함을 덜어 드리도록 하여라.

- 부모은중경

부모가 무고히 살아 계시고 형제도 무고함이 인생의 첫째가는 행복이다.

- 맹자

부모가 사랑해 주시면 기뻐하여 잊지 말고,
부모가 미워하더라도 송구스러이 생각하여 원망하지 않고,
부모에게 잘못이 있거든 부드러이 말씀드리고 부모의 뜻을 거역하지 말아야 한다.

- 증자

부모가 살아 계실 때에는 예를 다하여 모시고,
돌아가시면 예로써 장사 지내며,
제사 지낼 때는 예를 어기지 않고 예를 다하는 것이다.

- 공자

부모가 아이를 잘못 다루는 일은 대부분 부모 자신의 완성의 필요 때문에 생긴다. 그 부모의 부모 역시 결핍으로 곁에 있어 주지 않았기에 자신의 필요를 채울 수 없었던 부모 또한 자신의 완성을 필요로 한다.

- 존 브래드쇼

부모가 이미 세상을 떠나고 안 계시더라도, 무슨 일을 당했을 때 옳게 행동하는 것은 부모의 명예를 빛내는 것이니 힘주어 하게 되고, 한편으로는 나쁜 짓을 하려다가도 부모의 이름을 더럽히지 않으려고 다시 반성하여, 좋지 않은 일은 하지 않는 것이다.

- 예기

부모가 자녀를 사랑하는 것이 자(慈)이고,
자녀가 부모를 잘 받드는 것이 효(孝)이다.
효자의 도리는 천성에서 나오는 것으로, 모든 선의 으뜸이 된다.

- 퇴계 이황

부모가 자녀에게 가르칠 수 있는 가장 중요한 것은, 자녀가 부모 없이도 살아가는 방법이다.

- 프랭크 A. 클라크

부모가 자식에게 줄 수 있는 최고의 선물은 자신감이다
- 스튜어트 스태포드

부모가 자녀에게 줄 수 있는 최고의 유산은 매일 몇 분간의 시간이다.
- 올랜도 A. 바티스타

부모 공경은 그 자체가 축복이다.
- D. L. 무디

부모는 당신에게 처음엔 생명을 주고, 그다음엔 자신들의 인생을 주려 노력한다.
- 척 팔라닉

부모는 비록 자식에게 업신여김을 받아도 자식을 미워하지 못한다.
- 소포클레스

부모는 세상에서 하나님의 대리자이다. 우리는 부모님을 하나님 다음으로 높여야 한다.
- 마르틴 루터 킹

부모는 아이들에게 자신들의 희망을 억지로 떠맡겨서는 안 된다. 그것이 실패의 원인이다. 부모가 해야 할 일은 스무 살 전의 자녀들의 기본적인 성격이나 기질을 변경하는 것이 아니고, 아이들이 가진 그대로, 그가 표현하고 싶은 그대로를 존중해서 여러 가지 분야가 모여 전체를 이룬 사회에 적응하도록 하는 데 있다. 부모의 희망과는 다른 희망을 표시했다 하더라도 부모는 반대하지 말아야 한다.
찬성하고 반대하고에 따라 그 결과는 큰 차이가 있다. 찬성해 주면 자식은 용기를 얻을 것이며, 반대한다면 위축될 것이다.

- 로렌스 굴드

부모는 아이에게 새 치아가 나게 하는 뼈다.

- 피터 유스티노프

부모는 자녀가 강한 성격과 믿음을 가지고 삶을 살아갈 수 있도록 지도해 주는 존재다.

- 스티브 잡스

부모는 자녀가 강한 윤리적 가치를 가지도록 지도해 주어야 한다.

- 프랭클린 루스벨트

부모는 자녀가 다른 문화와 인종을 존중하고 이해할 수 있도록 가르쳐야 한다.

- 존 볼튼

부모는 자녀가 도전과 실패를 경험하며 배울 수 있는 기회를 제공해야 한다.

- 존 F. 케네디

부모는 자녀가 독립적으로 생각하고 결정할 수 있는 능력을 가지도록 지도해 주어야 한다.

- 버지니아 사티어

부모는 자녀가 불안정한 상황에서 안정감을 느낄 수 있도록 도와주어야 한다.

- 마이클 폴란

부모는 자녀가 세상을 이해하고 존중할 수 있도록 가르쳐야 한다.

- 앤드류 스털록

부모는 자녀가 신뢰하고 존경할 수 있는 권위를 가지고 있어야 한다.
- 톰 랜달

부모는 자녀가 자신의 감정을 이해하고 다룰 수 있도록 도와주는 것이 중요하다.
- 레오 버스카글리아

부모는 자녀가 자신의 감정을 이해하고 조절할 수 있도록 가이드해 주어야 한다.
- 대니얼 골먼

부모는 자녀가 자신의 강점과 약점을 이해하고 이를 발전시킬 수 있는 방향으로 이끌어 주어야 한다.
- 알베르트 아인슈타인

부모는 자녀가 자신의 꿈을 이룰 수 있도록 지원하고 격려해 주어야 한다.
- 마이크 쇼

부모는 자녀가 자신의 능력과 가능성을 인식하고 이를 발휘할 수 있도록 돕는 것이 중요하다.

— 조셉 캠벨

부모는 자녀가 자신의 능력과 관심사를 발견하고 이를 발전시키도록 지도해 주어야 한다.

— 케네스 셔놀트

부모는 자녀가 자신의 삶에 대한 비전을 가지고 계획적으로 준비할 수 있도록 도와주어야 한다.

— 로버트 기요사키

부모는 자녀가 자신의 삶에 대한 주도권을 가지도록 지도해 주어야 한다.

— 존 C. 맥스웰

부모는 자녀가 자신의 삶에서 의미 있는 일을 찾아 이를 통해 자신의 인생을 채워 나갈 수 있도록 도와주어야 한다.

— 벤저민 프랭클린

부모는 자녀가 자신의 삶을 즐길 수 있는 방법을 가르쳐 주어야 한다.

- 토니 로빈스

부모는 자녀가 자신의 생각과 행동에 대한 책임을 지도록 돕는 것이 중요하다.

- 존 로크

부모는 자녀가 자신의 성장과 발전을 지속적으로 추구하도록 도와주어야 한다.

- 존 우든

부모는 자녀가 자신의 성장을 지속적으로 추구하고 개발할 수 있도록 지원해 주어야 한다.

- 존 C. 맥스웰

부모는 자녀가 자신의 인생에 대한 책임감을 가지고 이를 즐길 수 있도록 도와주어야 한다.

- 스티브 잡스

부모는 자녀가 자신의 인생에서 가장 중요한 가치를 이해하고 이를 실현할 수 있도록 지원해 주어야 한다.

- 마하트마 간디

부모는 자녀가 자신의 인생을 책임지고 이를 성취하기 위해 노력할 수 있도록 도와주어야 한다.

- 마크 트웨인

부모는 자녀가 지속적인 학습과 발전을 추구하도록 격려해야 한다.

- 야콥 리스

부모는 자녀가 행복을 추구하며 살아갈 수 있도록 돕는 존재다.

- 라이언 라일리

부모는 자녀가 현재와 미래를 위한 목표를 설정하고 이루기 위한 계획을 세울 수 있도록 도와주는 것이다.

- 빌 게이츠

부모는 자녀에게 사랑과 이해를 제공해야 한다.

- 제인 넬슨

부모는 자녀에게 사랑과 지지를 보여 주는 것이 중요하다.
- 로버트 G. 잉거솔

부모는 자녀에게 삶의 가치와 목적을 가르쳐야 한다.
- 제임스 피터스

부모는 자녀에게 실패와 성공을 경험시키며 배울 수 있는 기회를 제공해야 한다.
- 존 우든

부모는 자녀에게 예의와 도덕적 가치를 가르쳐야 한다.
- 존 클린

부모는 자녀에게 인간적인 가치관을 가르쳐야 한다.
- 마르틴 루터 킹

부모는 자녀에게 자신의 가치관과 도덕적인 가치를 가르쳐야 한다.
- 앤드루 카네기

부모는 자녀에게 칭찬과 격려를 해 줌으로써 자신감과 독립성을 길러 줘야 한다.

- 하임 지노트

부모는 자식이 태어나자마자 사랑한다. 그러나 자식은 시간이 지나 이해력과 지각력이 생긴 후에야 그 부모를 사랑하게 될 것이다.

- 아리스토텔레스

부모는 하나님의 대표자요, 하나님의 대리자이다.

- 칼 바르트

부모님께서 부르시거든 즉시 대답하여 머뭇거리지 말고, 음식이 입안에 있으면 뱉고서 대답할 일이다.

- 예기

부모님께서 우리들의 어린 시절을 꾸며 주셨으니
우리는 부모님의 말년을 아름답게 꾸며 드려야 한다.

- 생텍쥐페리

부모님께 효도하는 것이 가장 큰 행복이다.

- 김소월

부모님만이 당신을 사랑할 의무가 있었다. 당신은 다른 세계로부터 그것을 얻어야 했다.

- 앤 브라샤어즈

부모님에게 거짓말을 해야 한다면 그것은 그들을 보호하려는 목적이어야 한다. 그들에게 유익할 때뿐이다.

- 소피 킨셀라

부모님에게 최선을 다하라. 그러지 않았다간 후회할 날이 온다.

- 데바시스 므리다

부모님은 당신이 어렸을 때 당신 곁에서 떨어지지 않았다. 그래서 당신은 그분들이 노인이 되었을 때 그분들 곁을 떠나선 안 되는 것이다.

- 미상

부모님은 살아 있는 신이다. 자식의 행복을 위해서 모든 것을 다하면서도 그 대가를 바라지 않는다.

- 사라바나 쿠마르

부모님은 하나님과 마찬가지다. 당신은 부모님이 자기 곁에 있는지를 알기 원하고, 또 부모님이 자신에게 희망을 걸기를 원하기 때문이다. 하지만 당신은 뭔가 필요할 때만 부모님에게 전화를 한다.
- 척 팔라닉

부모님을 공경하고 사랑하는 것은 인간의 가장 숭고한 의무이다.
- 헨리 데이비드 소로우

부모님을 공경하면서 절대 말대꾸하지 마라.
- 유대교

부모님을 섬기는 자는 한 가지 일이나 한 가지 행동이라도 감히 제 마음대로 하지 말고 반드시 부모님께 말씀을 드린 뒤에 할 수 있느니라.
- 격몽요결

부모님의 사랑은 영원히 기억되어야 한다.
- 김소월

부모님의 은혜를 모른다면 너의 친구가 되어 줄 사람은 아무도 없다.
- 소크라테스

부모님이 살아 계실 때에는 슬하를 멀리 떠나지 말도록 유의하라. 부득이 멀리 떠날 때에는 가는 곳을 반드시 알려 드려야 한다. 부모에게 걱정을 끼치지 않도록 노력하는 것이 자식 된 도리이다.

- 논어

부모들은 좋은 조언을 해 주거나 올바른 길로 인도할 수 있을 뿐이다. 한 사람의 성격의 최종적인 형성은 그들 자신의 손에 달려 있다.

- 앤 프랭크

부모들은 짜릿한 목소리의 질, 마음과 정신의 고양과 함께 말하는 특정한 단어들을 통해 아이들의 마음에 마법을 심을 수 있다.

- 존 로버트 맥닐

부모란 자녀에게 사소한 어떤 것을 주어 아이가 행복하도록 만들어 주는 존재이다.

- 오그덴 나시

부모란 하나의 중요한 직업이다. 그렇지만 여태까지 자식을 위해 이 직업의 적성 검사가 행해진 적은 없다.

- 조지 버나드 쇼

부모를 공경하는 자는 오래 살리라.

- 성경

부모를 봉양하는 것은 오직 두 분뿐인데도 늘 형과 동생이 못 모시겠다고 다투고, 자식 기르는 것은 열 명이라도 모두 혼자서 맡느니라. 자식이 배부르고 따뜻한 것은 항상 물어보면서도 부모가 배고프고 추운 것은 마음에 두지 않는다. 그대에게 권하노니, 부모를 받들고 섬기기에 힘을 다하여라. 그대를 기를 때 입는 것과 먹는 것을 그대에게 빼앗기셨다네.

- 명심보감

부모를 부양하고, 양육하고, 부모에게 효도하는 것, 이것이 최고의 선이다.

- 석가모니

부모를 사랑하는 사람은 남으로부터 미움을 받지 아니하고, 부모를 공경하는 사람은 남으로부터 업신여김을 받지 않느니라.

- 소학

부모를 사랑하는 사람은 남을 미워하지 않으며,
부모를 공경하는 사람은 남을 얕보지 않는다.

- 효경

부모를 사랑하여 섬기는 것을 "효"라 이르고,
형제에게 우애 있는 것을 "제"라 이르고,
자식을 가르쳐 기르는 것을 "자"라 이르니라.

- 맹자

부모를 섬기는 것이 가장 큰 즐거움이다.

- 장자

부모를 섬기는 데에는 효도만 한 것이 없다.
부모를 공경하는 것은 하늘을 공경하는 것이다.

- 맹자

부모를 임금의 자리에 오르게 한다고 해도 그 은혜는 다 갚을 수 없다.

- 석가모니

부모를 잘 섬기고 처자를 잘 보살펴라. 그리고 소인배를 멀리하고 어진 사람과 사귐을 갖고 존경해야 할 사람을 받들라.

- 불경

부모를 지루하지 않게 하는 것이 자녀의 존재 이유다.

- 이반 투르게네프

부모 앞에서는 결코 늙었다는 말을 해서는 안 되는 것이다.

- 소학

부모에게 걱정을 끼치지 않는 것이 효도이다.
모든 부모가 가장 걱정하는 것은 자식의 건강이다. 그러므로 건강관리를 잘해서 병에 안 걸리도록 하라.

- 논어

부모에게 무례하게 굴도록 허락된 아이는 누구에게도 진정한 존경을 받지 못할 것이다. 부모는 자녀에게 올바른 행동의 예를 보여 주어야 한다.

- 빌리 그레이엄

부모에게 순종하라. 그러면 복을 받을 것이다.

- 성경

부모에게 잘못이 있을 때는 공손히 간(諫)하라. 설사 간하는 말을 받아 들이지 않으시더라도 공경해야 한다. 속으로는 애태우더라도 부모를 원망해서는 안 된다.

- 소학

부모에게 효도하지 않으면 돌아가신 뒤에 후회한다.

- 주자

부모에 대한 효도는 가장 신성한 의무이다.

- 키케로

부모에 대한 효도는 신에 대한 경배와 같다.
부모는 자녀에게 재산이 아니라 경건의 정신을 물려줘야 한다.

- 플라톤

부모에 대한 효도는 정의의 가장 중요한 부분이다.

- 아리스토텔레스

부모와 자식의 관계는 하늘이 정해 준 바다.

- 효경

부모의 공로를 모르는 자녀를 두는 것은 독사의 이빨보다 더 날카롭게 찌른다.

- 셰익스피어

부모의 기쁨은 겉에 나타나지 않고 근심 걱정 또한 그러하다. 부모는 기쁨을 나타내려고 하지 않고 근심 걱정을 차마 내비치지 못한다.

- 프란시스 베이컨

부모의 꾸중 없이 똑똑한 아이는 만들어지지 않는다. 겨울 추위가 한창 심한 때에 봄의 푸른 잎이 한층 푸른 것과 같이 사람도 역경에 단련된 후에야 비로소 제값을 할 수 있다.

- 벤저민 프랭클린

부모의 나이는 반드시 기억하고 있어야 한다. 한편으로는 오래도록 살아 계심을 기뻐해야 하고, 또 한편으로는 나이 많은 것을 걱정해야 하기 때문이다.

- 논어

부모의 병에 약을 달여 드림은 효도이겠으나, 자기의 팔다리를 훼손해서 드림이 효라는 말은 듣지 못하였다. 이런 짓이 만약 의로운 일이라면 어찌 성현들이 앞장서서 하지 않았겠는가. 이런 일을 하다가 불행히도 자기가 죽기라도 한다면, 몸을 훼손하고 후손을 못 갖는 죄가 돌아오는 것이 된다. 어찌 이런 일에 국가가 그 가문을 표창해서 나타내게 할 수 있으리오.

- 한퇴지(韓退之)

부모의 사랑은 깊은 뿌리, 세상에서 가장 강한 것으로 만들어진다.

- 도스토예프스키

부모의 사랑은 내려갈 뿐이고 올라오는 법이 없다. 즉 사랑이란 내리사랑이므로 자식에 대한 부모의 사랑은 자식의 부모에 대한 사랑을 능가한다.

- C. A. 엘베시우스

부모의 사랑은 몇 번을 나누어도 전부이다.

- 로버트 브롤트

부모의 장기적인 시야가 자녀의 꿈을 결정짓는 중요한 요소가 된다.

- 루이 파스퇴르

부모의 좋은 습관보다 더 좋은 어린이 교육은 없다.

- 슈와프

부모의 죄를 폭로하는 행위는 정직에서 나온 것이긴 하나 칭찬할 수는 없다. 부모는 자식의 죄를 감추고 자식은 부모의 죄를 감춘다. 그것이 인간의 순수한 정이며 그 인정 속에서야 말로 자기를 속이지 않는 정직한 마음이 있는 것이다.

- 논어

부모치고 자기의 자식이 효도하기를 바라지 않는 이는 없다. 그러나 효자라고 하여 반드시 부모의 사랑을 받는 것은 아니다.

- 장자

부유한 집안의 아이보다 가난하지만 정직한 집안의 아이가 더 좋은 점이 있다면 유모와 요리사, 가정교사, 선생님, 성인을 한데 합쳐 놓은 듯한 어머니와, 역할모델 겸 안내자이자 상담가 겸 친구인 아버지를 갖는다는 것이다.

- 앤드류 카네기

불의에 당면했을 때에는 아들은 아버지에게 또 신하는 임금에게 간쟁하지 않을 수 없다. 그러므로 불의 앞에서는 간쟁해야 한다. 아버지의 명령에 무조건 복종하는 것을 어찌 효라고 하겠는가.

- 효경

불평과 잔소리의 한마디 한마디는 당신 집안에 무덤을 한 삽씩 한 삽씩 파 들어가는 것이다.

- 나이트

불효자는 제사에 참석할 수 없고, 제사 음식의 분배도 받을 수 없다. 부모나 스승을 모함하거나 길을 비켜 주지 않았을 때에도 이를 대죄(大罪)라고 하여 엄한 벌칙이 내려진다.

- 힌두교

빈천한 처지에서 효양을 다한다는 것은 부귀로써 효양을 다하는 것보다 몇 배의 가치가 있는 것이다.

- 공자

뿌리가 깊이 박힌 나무는 베어도 움이 다시 돋는다. 욕심을 뿌리째 뽑지 않으면 다시 자라 괴로움을 받게 된다. 탐욕에서 근심이 생기고, 탐욕에서 두려움이 생긴다. 탐욕에서 벗어나면 무엇이 근심되고 무엇이 두려우랴.

- 법구경

뿔뿔이 흩어진 집안은 살아갈 수 없다. 나는 연방이 해체되거나 집안이 뿔뿔이 흩어지는 것을 바라지 않는다.

- 에이브러햄 링컨

(사)

사나운 말도 잘 길들이면 명마가 되고 품질이 나쁜 쇠붙이도 잘 다루면 훌륭한 그릇이 되듯이 사람도 마찬가지다. 타고난 천성이 좋지 않아도 열심히 노력하면 뛰어난 인물이 될 수 있다.

- 채근담

사람들은 항상 자녀들을 위해서 무엇인가를 하고 있다고 말한다. 그러나 자녀들이 우리들을 위하여 무엇인가 해 주는 것을 보고 싶다.

- 토머스 에디슨

사람에게는 세 가지 스승이 있다.
첫째는 대자연, 둘째는 인연, 셋째는 모든 사물이다.

- 장 자크 루소

사람으로서 예절이 없다면 비록 말을 한다고 하더라도 짐승과 다를 것이 없다.

- 예기

사람은 반드시 자신을 위하는 마음이 있어야만 비로소 자기 자신을 이겨 낼 수 있고, 자신을 이겨 내야만 비로소 자기를 완성할 수 있다.

- 왕양명

사람은 부모님께 효도(孝)하고 형제간에 우애(悌)하며 자식을 사랑(慈)해야 한다. 이것이 사랑(仁)이다.

- 다산 정약용

사람은 신념과 함께 젊어지고, 욕심과 함께 늙어 간다.
사람은 자신감과 함께 젊어지고, 두려움과 함께 늙어 간다.
희망이 있는 한 젊고, 절망을 하는 한 늙는다.

- 사무엘 울만

사람은 자기 자신을 위하여 사는 것보다, 남을 위하여 살 때가 더 만족이 큰 법이다.

- 헤르만 헤세

사람은 집에 있을 때 그의 행복에 가장 가까워지고, 밖으로 나가면 그의 행복에서 가장 멀어지는 법이다.

- J. G. 홀랜드

사람은 항상 고향에 애착이 있다.

- 안데르센

사람의 가치는 그가 받을 수 있는 것이 아니라 그가 주는 것에 있다. 단지 성공한 사람이 아니라 가치 있는 사람이 되기 위해 노력하라.

- 알베르트 아인슈타인

사람의 몸뚱이와 머리털과 피부는 모두 부모에게서 받은 것이니, 감히 이것을 훼손하거나 상하게 하지 않는 것이 효의 시작이다(身體髮膚 受之父母, 不敢毁傷 孝之始也). 입신하고 도를 행하여 후세에 이름을 날려, 이로써 부모를 빛나게 함이 효의 완성이다(立身行道 揚名於後世, 以顯父母 孝之終也). 무릇 효는 부모를 섬기는 데서 시작하여 임금을 섬기는 과정을 거쳐 입신(立身)에서 끝나는 것이다.

- 효경

사람의 행위 가운데 효도보다도 큰 것이 없고, 하느님과 나란히 어버이를 모시는 것보다 더 큰 공경이 없다.

- 효경

사람이 살아가는 동안 온갖 질병이 다 있으니 부모를 섬긴들 몇 해를 섬기겠는가. 아마도 못다 할 효성을 일찍 베풀어 보리라.

- 박인로

사람이 어디서 태어나느냐 하는 것은 대단히 중요하다. 장소에 따라 각기 다른 환경과 전통이 그 사람 안에 잠재되어 있는 기질을 자극하여 개발하기 때문이다.

- 앤드류 카네기

사람이 어려서는 부모를 사모하다가 나이 들어 이성을 좋아하게 되면 젊고 아름다운 대상을 사모하고, 배우자와 자식을 두면 자기 가족을 사모하며, 벼슬을 하면 임금을 사모하고, 임금의 마음을 얻지 못하면 마음이 조급해져서 뜨겁게 달아오르니, 큰 효도는 종신토록 부모를 사모하는 것이다.

- 맹자

사람이 예(禮)가 있으면 편안하고 예가 없으면 위태롭다. 그렇기 때문에 예는 배우지 않을 수 없다. 무릇 예라고 하는 것은 자기를 낮추고 다른 사람을 높이는 것을 말한다.

- 예기

사랑은 가장 가까운 사람, 가족을 돌보는 것에서부터 시작된다.

- 마더 테레사

사랑의 가장 큰 적은 배고픔과 계속되는 궁핍이다. 왜냐하면 사랑은 모든 것이 기쁨이고 즐거움이자 만족이기 때문이다.

- 세르반테스

사랑이란 부모를 봉양하여 즐겁게 해 주는 것이요, 공경이란 부모를 지극한 공경으로 봉양하는 것이다. 원래 사람의 인정 속에는 사랑하는 마음이 있으나, 이 사랑하는 마음을 부모에게 베푸는 것은 당연한 일이다.

- 증자

사려 깊은 남편은 가정의 평화를 위하여 부성애를 희생해야 한다.

- 장 자크 루소

(사실 솔론의 법전에 의하면) 부모가 뭔가 이익이 되는 상업이나 업무를 자녀들에게 가르치는 것을 등한시한 경우에는 자녀들은 노령의 부모를 부양할 의무를 면제받았다.

- 애덤 스미스

살아 있건 아니건 자식은 우리를 변하게 한다.

- 로이스 맥마스터 부졸드

삶에 있어서 우리의 주된 목적은 다른 사람을 돕는 것이다. 만약 도움을 줄 수 없다면, 적어도 해를 끼치지 마라.

- 달라이 라마

상상할 수 있는 모든 방식으로 가족은 우리의 과거와 연결되고 미래로 이어지는 다리입니다.

- 알렉스 헤일리

새는 죽음이 임박하면 그 울음소리가 슬프게 들리고, 사람이 임종 때 남기는 말은 착한 것이다.

- 논어

서로 돕는 형제는 굳건한 성벽과 같다.

- 성경

선조를 받드는 것은 진정한 공경을 주로 할 것이요 물질적인 것과 사치를 할 필요는 없다. 선조의 사업을 지키는 일은 그 정신을 이어 감에 있는 일이요 끝내는 태만하여짐을 근심함에 있다.

- 퇴계 이황

성공은 인성 없이 불가능하다. 자녀교육은 자녀가 스스로 생각하고 판단할 수 있는 능력을 길러 주는 것이다.

- 랄프 왈도 에머슨

성인 자녀가 부모로부터 어릴 때 받은 은혜에 감사할 의무는 영원하고 성스러운 의무이다. 사람은 자기가 받은 친절을 모두 갚는다 해도 그 의무로부터 벗어날 수 없다.

- 칸트

세계에는 단지 두 가족밖에 없다. 가진 집과 가지지 못한 집.

- 세르반테스

세상 사람들은 모두 귀중한 주옥(珠玉)을 사랑하지만, 나는 자손 어진 것을 사랑한다.

- 명심보감

세상에서 가장 위대한 직책은 부모이고, 세상에서 가장 큰 축복은 '어머니', '아버지'라 부를 부모님이 계신 것이다.

- 짐 드민트

세상의 빛이 될 아이들을 보면 고민하며 지새운 밤이 조금도 아깝지 않다.

- 마르바 콜린스

세속에서 말하는 불효에는 다섯 가지가 있다.
사지를 게을리하여 부모를 봉양하지 않음이 그 첫 번째 불효요, 주색잡기를 좋아하여 부모를 돌보지 않음이 두 번째 불효요, 재물을 좋아하고 배우자와 자식만을 사랑하여 부모를 돌보지 않음이 세 번째 불효요, 자기의 입과 귀와 눈의 욕구만을 채우느라 부모를 욕되게 함이 네 번째 불효요, 다른 사람들과 싸우고 화내어 부모를 불안케 함이 다섯 번째 불효니라.

- 맹자

세월은 물과 같이 흘러 부모를 섬기는 시간도 결코 길지 못하다. 그렇기 때문에 사람의 자식 된 자는 모름지기 정성을 다하고 힘을 다하면서도, 자기가 해야 할 일을 다 하지 못할까 두려워해야 하느니라.

- 율곡 이이

세월은 사람을 기다려 주지 않는다.

- 도연명

세월을 헛되이 보내지 말라. 청춘은 다시 오지 않는다.

- 안중근

손자들은 노인의 화관이고, 아버지는 아들들의 영광이다.
- 성경

솔직함으로 아이들과 수준을 맞춰 주어라. 아무도 아이들보다 더 눈치 빠른 사기꾼을 찾아낸 적이 없다.
- 메리 맥크라켄

수신제가치국평천하(修身齊家治國平天下).
몸과 마음을 닦아 수양하고 집안을 가지런하게 하며 나라를 다스리고 천하를 평한다는 뜻이다. 줄여서 수신제가(修身齊家)라고도 한다.
- 대학

수용, 관용, 연민, 용감함, 이 모든 것은 저희 엄마가 가르쳐 주신 것들입니다.
- 레이디 가가

순금으로 도금하는 것은 가능하지만, 누가 어머니를 더 아름답게 만들 수 있겠습니까?
- 마하트마 간디

시장에 있는 약 파는 가게에 오직 비아환(肥兒丸, 아이 살찌우는 약)이 있을 뿐, 부모님 몸을 튼튼하게 만드는 약은 없으니 어찌 이 두 가지를 차별하는가.
자식도 병들고 부모 또한 병들었다면, 자식 병을 고치는 일을 부모 병 고치는 것에 비하지 못할 것이니라.
다리를 베더라도 원래 부모님의 살이니라. 그대에게 권하노니 부모의 목숨을 극진히 보중(保重)하라.

- 명심보감

식물은 재배함으로써 가꾸어지고 인간은 교육에 의해서 만들어진다.

- 장 자크 루소

신에게 영광을, 부모에게 존경을.

- 솔로몬 대왕

신은 아버지가 지은 죄에 대해서 자식들을 처벌한다.

- 에우리피데스

신이 어디에나 함께하지 못하기에, 어머니를 만드셨다.

- 러디어드 키플링

십 년 만에 죽어도 역시 죽음이요, 백 년 만에 죽어도 역시 죽음이다. 어진 이와 성인도 역시 죽고, 흉악한 자와 어리석은 자도 역시 죽게 된다. 썩은 뼈는 한 가지인데 누가 그 다른 점을 알겠는가? 그러니 현재의 삶을 즐겨야지 어찌 죽은 뒤를 걱정할 겨를이 있겠는가.

- 열자

10명의 자식을 양육하는 아버지가 있다. 한 사람의 아버지를 부양하지 않는 10명의 자식도 있다.

- 법구경

(아)

아내가 아내답고 자식이 자식답고 형이 형답고 남편이 남편답고 아버지가 아버지다워야 집안이 편안하다.

- 공자

아내가 있고 가문과 재산을 이어받을 자식을 가진 아버지가 낭비벽을 넘어 방탕한 생활을 한다는 것은 있을 수 없는 일이다.

- 세르반테스

아내는 젊은이에게는 연인이고, 중년 남자에게는 반려자이고, 노인에게는 간호사다.

- 프란시스 베이컨

아내도 자식도 없는 사나이는 책이나 세상을 통해서 몇천 년이나 연구를 한다 하더라도 가정의 신비성에 대해서 무엇 한 가지도 알아낼 수 없다.

- 쥘 미슐레

아내와 아들을 사랑하는 마음으로 부모를 섬기면 그 효도에 마음과 정성을 다함이라.

- 명심보감

아내인 동시에 친구일 수도 있는 여자가 참된 아내이다. 친구가 될 수 없는 여자는 아내로도 마땅하지가 않다.

- 윌리엄 펜

아들에게 장사를 가르치지 못하면 도둑질을 가르치는 것이다.

- 솔로몬 대왕

아들은 아내를 맞을 때까지는 자식이다.
그러나 딸은 어머니에게 있어 평생 딸이다.

- 토머스 풀러

아들은 아버지의 죄를 담당하지 아니할 것이요 아버지는 아들의 죄를 담당하지 아니하리라.

- 솔로몬 대왕

아들은 아버지의 죽음을 침착하게 참을 수 있지만 유산의 상실은 그를 절망시킬 것이다.

- 마키아벨리

아들의 성품을 잘 알 수 없거든 아들의 친구를 보라.
사람은 친구의 감화에 좌우되기 때문이다.

- 순자

아무리 애쓰거나, 어디를 방랑하든, 우리의 피로한 희망은 평온을 찾아 가정으로 되돌아온다.

- 올리버 골드스미스

아무리 잘 다듬어진 질서 있는 가정이라 해도 예기치 않은 일은 생기기 마련이다.

- 찰스 디킨스

아무 일 하지 않아도 선조가 남긴 것을 이어받는 것은 자손의 특권이다. 그러나 그것을 진정한 자신의 것으로 만들고 싶다면 그것을 지키기 위한 끊임없는 노력이 있어야 한다. 노력 없이 손에 넣을 수 있는 '내 것'이란 존재하지 않는다.

- 괴테

아빠는 믿음으로 가정을 다스리고 엄마는 사랑으로 아이를 훈육하고 자녀는 순종으로 어른을 공경하여 가정에 지상낙원을 꽃피우게 하소서.
- 성 프란체스코

아버님 나를 낳으시고 어머님 나를 기르셨으니, 슬프도다! 부모는 나를 낳아 기르시느라 평생 고생만 하셨다. 그 깊은 은혜 갚고자 하면 그 은혜가 넓은 하늘과 같이 끝이 없네.
- 명심보감

아버님 날 낳으시고 어머님 날 기르시니
두 분 곧 아니시면 이 몸이 살았을까
하늘같이 높고 큰 은덕을 어디다가 갚사오리.
- 송강 정철

아버지가 누더기를 걸치면 자식은 모른 척하지만 돈주머니를 차고 있으면 자식들은 모두 효자가 된다.
- 셰익스피어

아버지가 돌아가심에 아버지의 책을 차마 읽지 못함은 그 손때가 아직 남아 있기 때문이며, 어머니가 돌아가심에 그 그릇을 차마 쓰지 못함은 그 손과 입 기운이 아직 서려 있기 때문이니라.
- 명심보감

아버지가 돌아가심으로써 가장 큰 타격을 받은 것은 바로 저 자신(파스칼)입니다. 만약 제가 6년 전에 아버지를 잃었더라면 저는 구제받지 못했을 테니까요. 이젠 아버지의 존재가 제게 그토록 절대적으로 필요한 것은 아니라고 생각하지만, 앞으로 10년은 아버지의 존재가 계속 필요하고 평생토록 유익하리라는 것을 저는 잘 알아요.

- 파스칼

아버지가 되기 위해서는 인내와 사랑 그리고 자기중심적인 태도를 버려야 한다.

- 캐서린 펄시퍼

아버지가 마음에 걱정하지 아니함은 자식의 효도 때문이고, 남편의 번뇌 없는 마음은 아내가 어질기 때문이다.
말이 많아서 실수하는 것은 다 술 때문이고, 의가 끊어지고 친했던 사이가 멀어지는 것은 오직 돈 때문이다.

- 명심보감

아버지가 사랑하고 아들이 효도하며 형이 우애하고 아우가 공경하여 비록 극진한 경지에까지 이르렀다 할지라도 그것은 모두 마땅히 그렇게 해야 하는 것일 뿐인지라, 털끝만큼도 감격스러운 생각으로 볼 것이 못 되느니라.
만약 베푸는 쪽에서 덕으로 자임하고, 받는 쪽에서 은혜로 생각한다면 이는 곧 길에서 오다가다 만난 사람이니 문득 장사꾼의 관계가 되고 만다.

- 채근담

아버지가 옳았다는 것을 깨달을 즈음에는 대개 그들 자신이 틀렸다고 생각하는 아들을 가지게 되었을 때이다.

- 찰스 워즈워스

아버지가 자녀를 위해 할 수 있는 가장 중요한 일은 어머니를 사랑하는 것이다.

- 시어도어 헤스버그

아버지 나를 낳으시고 어머니 나를 기르셨으니
두 분의 은덕을 갚고자 애를 쓰나
하늘같이 크고 넓어서 갚을 길이 없어라.

- 이익

아버지 날 낳으시니 은혜 밖의 은혜로다
어머니 날 기르시니 덕 밖의 덕이로다
하늘 같은 이 은덕을 무엇으로 갚사오리.

- 김우기

아버지 내 몸을 낳게 하시고, 어머니 내 몸을 기르셨으며, 배로써 나를 품어 주셨고, 젖으로 나를 먹여 주셨다. 옷으로 나를 따뜻하게 하셨고, 음식으로 나를 키우셨으니, 은혜의 높기가 하늘과 같으시고, 덕의 두텁기가 땅과 같으시다.

- 사자소학

아버지는 결코 아들을 포기하지 않는다. 절대로.
그 당시에 얼마나 형편없게 행동했든, 현명하지 못한 선택을 얼마나 많이 했든 관계없이, 아버지는 자신이 되려고 했던 사람이 되는 법을 아들에게 가르치기 위해 노력한다.

- 알렉산드라 레이랜드

아버지는 그가 아들과 맺는 결합에 의해 아들의 한 부분인바, 아버지의 정신은 아들, 아들의 변용 및 변용의 결과에 대한 관념적 본질을 필연적으로 나누어 갖게 됩니다.

- 스피노자

아버지는 그의 아들이 자신이 되려고 했던 좋은 사람이 되기를 기대하는 사람이다.

- 프랭크 A. 클락

아버지는 나를 강하고 곧고 날씬하게 키워 주셨다.
어머니는 나를 기쁘고 건강하고 사랑스럽게 낳아 주셨다. 나는 어머니 발에 입 맞춘다.

- M. 윌킨슨

아버지는 내가 어떻게 살아야 할지 말해 주지 않으셨다. 당신이 그렇게 사시고 나로 하여금 그의 삶을 볼 수 있도록 하셨다.

- 클래런스 버딩턴 켈런드

아버지는 단지 내 팔과 다리 역할만 하는 사람이 아니다. 그는 내 영감의 원천이고 내가 인생을 충만하게 살 수 있도록, 다른 사람들 또한 그런 삶을 살 수 있도록 이끌어 주는 사람이다. 모든 것은 아버지가 나를 포기하지 않았기 때문에 가능한 일이었다.

- 릭 호이트

아버지는 언제나 자신의 어린 딸을 꼬마 숙녀로 봐 준다. 그리고 그녀가 어엿한 숙녀가 되면, 그녀를 다시 어린아이로 보기 시작한다.

- 에니드 배그놀드

아버지는 자식의 덕을 말하지 말며, 자식은 아버지의 허물을 말하지 않아야 한다.

- 명심보감

아버지는 타인이 줄 수 있는 가장 위대한 선물을 내게 주었다. 그것은 나를 믿어 준 것이다.

- 짐 발바노

아버지들의 근본적인 결함은 자녀들이 자기들의 자랑거리가 되길 바라는 것이다.

- 러셀

아버지로부터는 생명을 받았으나,
스승으로부터는 생명을 보람 있게 하는 것을 배웠다.

- 플루타르코스

아버지로부터 성실하게 살아가는 법을 배웠다. 어머니로부터는 즐거운 이야기를 상상하는 법을 배웠다. 이로써 타인의 사랑을 받고 자신을 사랑할 줄 아는 사람이 되었다.

- 괴테

아버지 살아 계실 때 그 뜻을 보고 아버지 돌아가심에 그 행하심을 보게 되나니 돌아가신 지 3년 동안 아버지의 도를 고치지 않아야 비로소 효도라 이를 수 있으리라.

- 공자

아버지, 아빠, 파파, 어떤 이름으로 부르든 그는 우리의 인생에 영향을 미치며, 우리가 우러러보는 대상이다.

- 캐서린 펄시퍼

아버지에 대해 전해 들었던 것과 아버지에 대한 기억으로부터 나는 허식 없는 남성의 기쁨을 배웠다.

- 아우렐리우스

아버지의 덕목은, 아버지가 당신 자신뿐 아니라 그의 가족을 위해 설정한 포부와 꿈, 그리고 목표에서 찾아 볼 수 있다.

- 리드 마크엄

아버지의 미소는 아이의 하루를 환하게 밝혀 주게 된다.

- 수잔 게일

아버지의 사랑은 자녀의 마음속에 영원히 각인된다.

- 제니퍼 윌리엄스

아비는 아비 노릇을 하고, 아들은 아들 노릇을 하고, 형은 형 노릇을 하고, 아우는 아우 노릇을 하고, 지아비는 지아비 노릇을 하고, 아내는 아내 노릇을 한다. 이렇게 함으로써 가도(家道)가 선다.

- 역경

아비를 공경하는 것은 자기 죄를 벗는 것이며,
어미를 공경하는 것은 보화를 쌓아 올리는 것이다.

- 성경

아이들에게 절제되고 검소한 삶, 노동과 자비를 가르치는 것은 아주 중요한 일이다. 그러나 아이의 부모가 사치스럽게 살고, 부를 좇고 축적하고, 노동보다 무위도식을 좋아하고, 빈곤한 사람들 틈에서 풍요롭게 산다면 어떻게 그것을 가르칠 수 있겠는가?

- 톨스토이

아이들은 그들의 부모님으로부터 미소를 짓는 법을 배우게 된다.

- 스즈키 신이치

아이들은 부모를 통해 사랑을 배우고, 나이가 들어 감에 따라 부모를 비평하고, 때로는 부모를 용서하기도 한다.

- 오스카 와일드

아이들은 부모의 말을 따르지 않는다. 그들은 부모가 하는 것을 보고 그대로 한다.

- 할런 코벤

아이들은 어른들의 말을 잘 들어 본 적이 없지만,
어른들의 말을 따라 하는 데 실패한 적은 없다.

- 제임스 볼드윈

아이들은 우리가 교육하는 방식을 통해 배우는 것이 아니라, 우리가 누구인지를 통해 배운다.

- 마리아 몬테소리

아이들은 우리가 그들에게 말하는 것이 아니라, 우리가 행하는 것을 기억한다.

- 짐 헨슨

아이들을 가르치는 데는 오직 네 단어: 의무, 일, 베풂, 사랑, 이것이면 족하다.

- 조지 소로스

아이들을 착하게 만드는 가장 좋은 방법은 그들을 행복하게 하는 것이다.
- 오스카 와일드

아이들이 행복해지는 것, 이것이 바로 제가 '부모'라는 숭고한 이름을 처음 부여받았을 때 마음으로부터 했던 맹세였고, 그것을 이루는 것이 제 인생의 하나의 목적이에요.
- 장 자크 루소

아이를 기른다는 일, 이 매우 곤란한 일을 해내는 공통의 경험은 남편과 아내의 유대를 강화시킨다. 아이들에게 있어서 가족은 심리적으로 필수적인 것이라고 믿고 있다. 가정의 본질은 부모와 아이들과의 영원한 공동체라는 점에 있다.
- 아놀드 토인비

아이를 키우는 유일한 방법은 아이를 사랑하는 것이다.
- 애거서 크리스티

아이를 혼자 있게 해서 벌주는 대신, 우리 자신의 욕구,
진짜 자기 모습을 발견하기 위해 잠깐 휴식을 취하라.
자기에게 줄 수 있어야 자녀에게도 줄 수 있다.
- 체리 후버

"아이에게 무엇이 결여됐는지"를 보는 것이 아니라
"아이에게 무엇이 있는지"를 찾아내는 것이 부모의 역할이다.

- 대럴드 트레퍼트

아이에 대한 부모의 우정과 같은 우정과 사랑은 없다.

- 헨리 워드 비처

아이에 대한 어머니의 사랑은 세상의 다른 어떤 것과도 같지 않다. 어머니는 법도, 연민도 모른다. 어머니는 모든 것을 알고 있으며, 자신의 길에 서 있는 모든 것을 무자비하게 짓밟는다.

- 애거서 크리스티

아이의 즐거움에만 주안점을 둔 학교가 과연 바람직할까? 아이가 나름대로 고민하고 아파하는 경험을 사전에 없애 버려도 좋을까? 고민하고 아파하는 것도 반드시 필요한 교육이 아닐까? 아이를 인간답게 키우는 방법 중 하나가 아닐까?

- 루트비히 비트겐슈타인

아직 삶도 모르는데 하물며 죽음을 알 수 있을 것인가.

- 공자

아침에 일어나서부터 밤에 잠들 때까지 충과 효를 생각하는 사람은 사람들이 알지 못하더라도 하늘이 반드시 알 것이다. 배불리 먹고 따뜻하게 입으며 안락하게 제 몸만 보호하는 사람은 몸은 비록 편안하나 그 자손이 어떻게 되겠는가.

- 명심보감

아침, 저녁밥이 이르고 늦음을 보아서 그 집안의 흥하고 쇠함을 점칠 수 있다.

- 경행록

안락한 가정은 행복의 근원이다. 그것은 바로 건강과 착한 양심 다음의 위치를 차지한다.

- 시드니 스미스

안으로 어진 부형(父兄)이 없고, 밖으로 엄한 스승과 벗이 없고서도 능히 성공한 사람은 드물다.

- 여형공

양친에게 기쁜 마음으로 순종하라. 다정스럽고, 부드럽고 온화하게 고분고분하라. 이것이 나, 알라의 엄한 계명이다.

- 이슬람교

어느 현자가 충고하기를, 세상에는 딱 한 명의 좋은 여자가 있는데, 모든 남편들은 그 유일한 여성이 바로 자기 아내라고 생각하면 행복해진다.

- 세르반테스

어디서든 가정 안은 대개 마찬가지여서 우리들에게는 눈에 익은 장면이지만 남자는 거기에 있지 않고 여자가 거의 혼자서 키워 가며 기운차고 반항적이고, 이것저것 꾸짖고 싶은 아이들과 대항해서 난국을 처리하고 있다. 남자가 돌아올 때까지는 어떻게 해서든 가정의 평화를 되찾게끔 하루 종일 마음을 쓰고 있다. 만일 어떻게 해서도 그것이 안 된다고 하면, 남자는 큰소리를 질러 아이들을 복종시키기 위해서 약간 힘을 빌려주기는 하지만 아이들을 잘 키울 뱃심은 없고 자기 자신의 평화와 안락을 위해서만 하는 것일 따름이다.

- 펄 벅

어떠한 교육도 역경(逆境)만 한 것이 없다.

- 벤저민 디즈레일리

어떤 사람은 수레를 끌며 장사를 하느라 부모를 섬길 시간이 없는 경우도 있고, 어떤 사람은 갑작스러운 부모의 사망으로 부모에 대한 보은의 기회를 잃는 경우도 있다. 그러나 주요한 문제가 여기에 나타난다. 그것은 부모에 대한 보은의 감정이 부모가 돌아가신 이후에야 비로소 밀려온다는 사실이다.

- 강유위

어른들도 모두 한때는 아이였지만 그 사실을 기억하는 사람은 별로 없다.
- 생텍쥐페리

어른이 되어 아버지에게서 한 걸음 떨어졌을 때, 자신만의 가정을 시작하기 위해 아버지를 떠났을 때만이 당신은 아버지의 위대함을 측량할 수 있게 되고, 진정으로 감사하는 마음을 가지게 되는 것이다.
- 마거릿 트루먼

어린이는 부모의 행위를 비추는 거울이다.
- 허버트 스펜서

어린이들의 공경심이 모든 선행의 기초이다.
- 키케로

어린이에게 나의 집이 이 세상에서 가장 따뜻한 보금자리라는 인상을 심어 줄 수 있는 어버이는 훌륭한 어버이다.
어린이가 자기 집을 따뜻한 곳으로 알지 못한다면 그것은 부모의 잘못이며, 부모로서 부족함이 있다는 증거이다. 집이 따뜻하고 포근하면 집에서 쌓인 정서가 바탕이 되어 세상을 살아갈 것이다.
- 워싱턴 어빙

어린이에게 부모는 하나님의 위임을 받아 하나님의 자녀를 낳고 교육하는 자로서 하나님의 대리자다. 노동을 통해 새로운 가치가 창조되듯이 혼인을 통해 예수 그리스도를 섬기는 새로운 인간이 창조된다.

- 디트리히 본회퍼

어린이의 미래, 운명은 언제나 어머니의 손에 달려 있다.

- 나폴레옹

어린이의 어버이들이여! 어린이는 마음의 힘이 부족한 데도 불구하고 어른의 욕심으로 성급히 끌어내거나 끌어올려서는 안 된다. 순서를 밟아 차츰 연습을 통하여 인도하도록 해야 한다. 너무 엄하고 너무 꾸중을 하고, 어린이를 과로하게 해서는 안 된다. 만약 차근차근 연습의 과정을 밟지 않고 성급히 향상되기만을 바라는 마음에서 채찍질을 한다면 그로 인해 어린아이의 마음도 도리어 약해지고 흔들려 마침내 균형을 잃고 말 것이다.

- 페스탈로치

어린 자식들은 아무리 말이 많아도 그대가 듣기에 늘 싫어하지 않고, 부모가 어쩌다 한 번 말을 하면 참견이 많다고 한다. 참견이 아니라 부모는 걱정이 되어 그러느니라. 흰머리가 되도록 긴 세월에 아시는 게 많으신 부모님, 그대에게 권하노니, 늙은이의 말씀을 공경하여 받들고, 젖 냄새 나는 입으로 옳고 그름을 다투지 말라.

- 명심보감

어린 자식의 오줌과 똥 같은 더러운 것도 그대 마음에 거리낌이 없고, 늙은 어버이의 눈물과 침이 떨어지면 도리어 미워하고 싫어하는 뜻이 있다. 여섯 자나 되는 몸이 어디서 왔던가. 아버지의 정기와 어머니의 피로 그대의 몸이 이루어졌네. 그대에게 권하노니 늙어 가는 어버이를 공경하여 모시라. 젊었을 때 그대를 위하여 힘줄과 뼈가 닳도록 애쓰셨느니라.

- 명심보감

어린 자식이 혹 나를 욕하면 내 마음에 기쁨을 느끼고, 부모가 화내어 나를 꾸짖으면 내 마음은 도리어 언짢아진다. 한쪽은 기쁘고, 한쪽은 언짢으니 자식을 대하는 마음과 어버이를 대하는 마음이 어찌 이리도 다른가. 그대에게 권하노니 오늘 어버이가 화를 내시면 자식 대하는 마음으로 어버이를 볼지니라.

- 명심보감

어릴 적에 나의 어머니는 나에게 말씀하셨다. "네가 만일 군인이 되면 장군이 될 것이다. 네가 만일 수도사가 되면 교황이 될 것이다." 그 대신에 나는 화가가 되었고 결국 피카소가 될 수 있었다.

- 파블로 피카소

어머니가 계시는 곳이 바로 집이다.

- 김수환 추기경

어머니가 그의 아들로 하여금 다른 모든 어머니들을 존경하게 만들지 않은 사람은 불행하다.

- 장 파울 리히터

어머니가 스스로 아이들을 잘 기르게 되면 집안의 분위기는 저절로 달라지고 자연적인 감정이 모든 식구들 마음에 솟아난다.

- 장 자크 루소

어머니가 아버지보다 자식에 대해 더 깊은 사랑을 갖는 이유는 어머니는 자식을 낳을 때의 고통을 겪기 때문에 자식이란 절대적으로 자기 것이라는 마음이 아버지보다 강하기 때문이다.

- 아리스토텔레스

어머니는 가정의 심장이다. 어머니 없이는 가슴 뛰는 일도 없을 것 같다.

- 리로이 브라운로우

어머니는 그 단어가 무엇인지도 알기도 전부터 제 롤 모델이었습니다.

- 리사 레슬리

어머니는 기대야 할 존재가 아니라 기댈 필요가 없게 만들어 주는 존재이다.

- 도로시 피셔

어머니는 나에게 이 세상에는 삶의 이유가 되는 사람이 있고, 내가 실망시켜서는 안 될 누군가가 있다는 사실을 깨닫게 해 주셨다.

- 토머스 에디슨

어머니는 나의 가장 위대한 선생님이자 연민, 사랑, 두려움이 없는 선생님입니다. 사랑이 꽃처럼 달콤하다면, 어머니는 사랑의 달콤한 꽃입니다.

- 스티비 원더

'어머니는 앓고 계시니까 의지할 수 있는 사람은 우리 두 사람밖에 없지 않은가? 때때로 편지를 내어, 나에게 너라는 동생이 있다는 것을 잊지 않도록 해 다오.'라고 형 시드니는 편지를 보냈다. 이 편지를 보고 나는 매우 감격했다. 그리하여 우리 두 사람은 평생 변하지 않는 형제 사랑의 강한 정리(情理)를 지니게 되었다.

- 찰리 채플린

어머니는 어린아이들의 입술과 마음에 있는 하나님의 이름입니다.

- 윌리엄 새커리

어머니는 어린이라는 신의 존재를 믿는 여성이다.

- 앙드레 프레빈

어머니는 우리가 가지고 있는 진정한 친구이다. 어떠한 일이 닥칠 때, 역경이 발생할 때, 친구들이 우리를 버렸을 때, 우리 주변의 문제가 더 짙어졌을 때, 여전히 그녀는 우리를 붙잡아 주시고, 어둠의 구름을 분산시키도록 이야기해 주시고 우리 마음의 평안으로 돌아가도록 도와주신다.

- 워싱턴 어빙

어머니는 우리 마음에 얼을 주고, 아버지는 빛을 준다.

- 장 파울

어머니는 20년의 세월 동안 한 소년을 사나이로 키워 낸다. 그다음에는 다른 여자가 나타나 그 사나이를 20분 만에 바보로 만들어 버린다.

- 로버트 프로스트

어머니는 인류가 입술로 표현할 수 있는 가장 아름다운 단어이다.

- 칼릴 지브란

어머니는 자녀에게 많은 것을 줄 수 있기 위해 많은 것을 포기한다.

- 캐서린 펄시퍼

어머니는 자식들에게 영원한 안식처이고, 변치 않는 사랑이 무엇인지를 보여 준다. 인생이 자동차 경주와 같다면, 우리는 자동차이고 어머니는 주유소와 같은 존재이다.

- 자핑아오

어머니는 '한 남편의 아내였고', '효를 행하여 부모에게 보답하였고', '가정을 경건한 태도로 다스렸고', '선한 행실의 증거가 있어 자녀를 양육했습니다'.

- 성 아우구스티누스

어머니는 항상 시작입니다. 그녀는 어떻게 시작하는지 보여 주죠.

- 에이미 탠

어머니란 그 어떤 역할도 대신해 줄 수 있는 사람이다. 하지만, 그 어떤 사람도 어머니의 역할을 대신해 줄 수는 없다.

- 머밀로드 추기경

어머니란 단어는 동사이다. 이 단어는 당신이 누구인지를 나타내는 것이 아니라 당신이 무엇을 하는 사람인지를 나타내는 단어이기 때문이다.

- 도로시 피셔

어머니란 당신이 어두운 곳을 보고 있을 때 빛을 보여 주는 여인이다.

- 그리말두스 로빈

어머니란 스승이자 나를 키워 준 사람이며, 사회라는 거센 파도로 나가기에 앞서 그 모든 풍파를 막아 주는 방패막 같은 존재이다.

- 스탕달

어머니란 어린 자식의 입과 마음에서는 하나님과 같은 이름이다.

- 대커리

어머니를 바라볼 때, 당신은 당신이 알 수 있는 그 어떠한 것보다 가장 순수한 사랑을 바라보고 있는 것입니다.

- 찰리 베네토

어머니를 사랑하는 사람치고 마음씨 고약한 사람은 없다.

- 뮈세

어머니와 아버지는 우리를 즐겁게 할 수 있는 일이라면 어떤 수고도 마다하지 않으셨다. 현명하신 부모님은 우리에게 아무것도 감추지 않으셨다. 우리처럼 하나로 똘똘 뭉친 가족도 없었을 것이다. 우리는 '천국이 집'이라는 말 대신에 '집이 곧 천국'이라는 말을 모토로 삼게 되었다.

- 앤드류 카네기

어머니와 아버지에 대한 재미있는 일입니다. 자신의 아이가 당신이 상상할 수 있는 가장 역겨운 작은 물집을 가진 경우에도 그들은 여전히 아이가 훌륭하다고 생각하죠.

- 로알드 달

어머니의 가슴을 잠자리로 하고,
어머니의 무릎을 놀이터로 하고,
어머니의 정을 생명으로 삼는다.

- 부모은중경

어머니의 눈물에는 과학으로 분석할 수 없는 깊고 귀한 애정이 담겨 있다.

- 패러데이

어머니의 눈을 보면 지구상에서 가장 순수한 사랑을 확인할 수 있다.
- 미치 앨봄

어머니의 마음은 당신이 항상 용서를 찾을 수 있는 깊은 심연이다.
- 오노레 드 발자크

어머니의 마음은 자식의 공부방이다.
- 헨리 워드 비처

어머니의 미덕이 아버지의 죄에는 물론 자녀들에게도 머문다는 사실은 어느 곳에서나 전해져야 한다.
- 찰스 디킨스

어머니의 사랑은 다른 모든 사람들이 포기할 때 인내하고 용서하며, 비록 마음이 찢어지더라도 약해지거나 흔들리지 않는다.
- 헬렌 스타이너 라이스

어머니의 사랑은 바로 평화 그 자체이다.
그것은 어떠한 노력이나 자격을 요구하지 않는다.
- 에리히 프롬

어머니의 사랑은 평범한 이가 불가능한 것을 할 수 있게 도와주는 에너지와 같은 것이다.

- 매리언 개레티

어머니의 사랑!
이것이야말로 모든 행복을 종합시켜 놓은 말이다.

- 채닝 폴록

어머니의 양육 능력을 키울 수 있는 단 하나의 방법은 자녀에게 관심을 기울이고 자녀의 애정을 얻어 내며 자녀의 행복을 지키는 일에만 집중하는 것이다. 어머니의 모든 행동에서 우리는 그녀의 태도를 엿볼 수 있다. 아이를 안아 주고, 데리고 다니고, 말을 걸고, 목욕을 시키거나, 젖을 먹일 때 어머니는 자녀와 교감하는 기회를 갖는다.

- 알프레드 아들러

어머니의 웃음 속에는 신비가 있다.

- 앙리 베르그송

어머니의 팔은 부드러움으로 만들어져 있어서 아이는 그 안에서 편안하게 잠든다.

- 빅토르 위고

어머니의 품은 누구의 품보다 편안하다.

- 다이애나 비

어버이가 살아 계실 때는 그 뜻을 살피고, 돌아가신 후에는 생전의 업적을 본받아 3년간을 어버이 생전의 생활방식을 고치지 않고 쫓는 것이 효도이다.

- 논어

어버이를 공경함은 으뜸가는 자연의 법칙이다.

- 발레리우스 막시무스

어버이를 사랑하는 자는 감히 남을 미워하지 아니하고,
어버이를 공경하는 자는 감히 남을 업신여기지 않는다.

- 효경

어버이를 섬기는 이는 모름지기 공경을 극진히 하여 어른의 명을 순순히 쫓는 예를 다하고, 즐거움을 다하여 음식의 봉양을 드리고, 병환에는 극진한 근심으로 의약의 치료를 다하고, 상사에는 지극한 슬픔으로 마지막 이별의 도를 다할 것이요, 제사의 행사에는 엄숙함으로 추모의 성의를 다하여야 할 것이다.

- 율곡 이이

어버이를 섬기는 자는 윗자리에 있어도 교만하지 않고 아랫자리에 있어도 난잡하지 않으며 여러 사람이 있어도 다투지 않는다.

- 효경

어버이 살아 계실 때 섬기기를 다하여라
지나간 후(後)면 애닯다 어이하리
평생에 고쳐 못 할 일은 이뿐인가 하노라.

- 송강 정철

어버이에게 과실이 있으면 기운을 가라앉히고 얼굴빛을 유순하게 하며 말소리를 부드럽게 하여 고치기를 진언하라.
만약에 진언을 하여도 듣지를 않으시면, 자신이 효도하고 공경하는 마음을 한층 더 일으켜 부모가 즐거워할 때 다시 진언을 하라.

- 예기

어버이에게 좋은 것을 드리려고 생각하며, 하다못해 드릴 일이 없으면 하루에 두세 번 웃는 얼굴로 대하라.

- 니치렌 대성인

어버이에게 효도하고자 하면… 일마다 지성(至誠) 아닌 것이 없게 하여 모두 즐겁고 틈이 없게 하며, 간사하고 이간질하는 것은 엄금하고, 화순한 안색으로 극히 조심해 공손하면 정신이 서로 융합하고 기맥이 서로 통하게 하며… 오직 귀신을 감동하게 하는 것으로 마음을 삼아 효친의 실(實)을 다해야 할 것이다.

- 율곡 이이

어버이에게 효(孝)를 다하는 마음으로 임금을 섬기면, 그것이 곧 충(忠)이 된다. 충효는 두 개가 아니다.

- 효경

어버이에 대한 공경은 세 가지의 가장 존경받는 의로움의 율법 중에서 으뜸가는 성문율이다.

- 아이스킬로스

어버이의 사랑은 십분 가득하나 그대는 그 은혜를 생각하지 않고, 자식이 조금이라도 효도함이 있으면 그대는 곧 그 이름을 자랑하려 한다. 어버이를 모시는 것은 어두우면서도 자식 대하는 것은 밝으니 어버이가 자식 기른 마음을 누가 알 것인가. 그대에게 권하노니 부질없이 자식들의 효도를 믿지 말라. 자식들이 어버이 사랑하기는 그대에게 달렸다.

- 명심보감

어진 아내는 그 남편을 귀하게 만들고
악한 아내는 그 남편을 천하게 만든다.

- 명심보감

얼마나 긴 세월을 살았느냐가 중요한 것이 아니라, 그 세월 동안 어떻게 살았느냐가 중요하다.

- 랄프 왈도 에머슨

엄격한 아버지는 효자를 길러 내고,
엄격한 어머니는 효녀를 길러 낸다.

- 명심보감

엄마는 걸어 다니는 기적이야.

- 레오나르도 디카프리오

엄마는 기회가 있을 때마다 그녀의 아이들에게 훈계한다. '태양으로 점프해!' 우리가 태양에 다다를 수는 없지만 적어도 땅에서는 벗어날 수 있다.

- 조라 닐 허스턴

엄마와 딸 사이에 존재하는 조건 없는 사랑을 표현하기에는 말로는 부족하다.

- 케이틀린 휴스턴

엄마의 키스보다 더 신실한 것은 없다.

- 살임 샤마

여자는 약하나 어머니는 강하다.

- 셰익스피어

여자답다는 것은 모성을 말하는 것이다. 모든 사랑은 그곳에서부터 시작하며, 그곳에서 끝난다.

- 로버트 브라우닝

역사를 통해 가족이라는 단위는 인류 활동의 기본 척도였다.

- 아놀드 토인비

영혼 없는 몸이 죽은 것같이 행함이 없는 믿음은 죽은 것이니라.

- 성경

예학은 처벌 요소가 없다는 점에서 매우 독특한 특징을 가지고 있다. 이 때문에 예학은 네트워크 사회에서 일어나는 갈등을 해결하는 데 법률보다 잠재적으로 더 많은 것을 제공하는 하나의 사회 개념이 될 수 있다.

- 임마누엘 페스트라이쉬

오래 살려면 봉사해야 한다. 남을 지배하고자 하는 자는 오래 살지 못한다.

- 헤르만 헤세

오래 살았다는 것밖에는 남긴 것이 없는 늙은이보다 더 불명예스러운 것은 없다.

- 세네카

오랜 여행의 가장 어려운 부분은 집으로 돌아오는 것이다.
당신이라는 조각이 퍼즐보다 훌쩍 커져 버려서 더 이상 끼워 맞출 수 없기 때문이다.

- 신디 로스

오류와 악이 가득한 세상을 변혁시키려면, 어머니의 도움 없이는 불가능하다.

- 찰스 시몬스

5형(五刑: 죄인을 다스리는 형벌)에 속하는 죄가 3천 가지나 되지만, 그 죄가 불효보다 더 큰 것은 없다.

- 공자

온갖 실패와 불행을 겪으면서도 인생의 신뢰를 잃지 않는 낙천가는 대개 훌륭한 어머니의 품에서 자라난 사람들이다.

- 앙드레 모루아

완벽한 부모란 존재하지 않는다. 그저 진실한 부모면 족하다.

- 수전 앳킨스

완벽한 엄마가 되는 방법은 없지만, 좋은 엄마가 되는 방법은 백만 가지이다.

- 질 처칠

왕이건 농부이건 자신의 가정에 평화를 간직한 사람이 가장 행복한 인간이다.

- 괴테

요람을 흔드는 손이 세계를 통치하는 손이다.

- W. R. 윌리스

요즘은 부모에게 물질적으로만 잘 봉양함을 효도라고 한다. 그러나 개나 말도 집에 두고 먹이를 먹이지 않는가? 공경하는 마음이 없다면 짐승과 무엇으로써 구별하랴.

- 공자

우리가 가진 가장 중요한 관계 중 하나는 어머니와 맺는 관계이다.

- 리얀라 반잔트

우리가 부모가 됐을 때 비로소 부모가 베푸는 사랑의 고마움이 어떤 것인지 절실히 깨달을 수 있다.

- 헨리 워드 비처

우리가 사랑하는 곳은 집이다. 발은 떠나도 마음이 떠나지 않는 곳이 우리의 집이다.

- 올리버 웬들 홈스

우리가 아무리 먼 길을 간다고 하더라도 부모님은 항상 우리 안에 있다.

- 브래드 멜처

우리가 행복했던 시절을 비참한 환경 속에서 생각해 내는 것만큼 큰 슬픔이 또 있을까.

- 단테

우리는 부모님이 영원히 살 것처럼 기대하면서 성장하지만, 부모님은 어느 날 갑자기 세상을 떠난다.

- 라일리 세이거

우리는 우리의 아버지가 멍청하다고 생각하며 현명하게 자라 왔다. 우리보다 더욱 현명한 우리의 아들들은 의심의 여지없이 우리를 멍청하다고 생각하며 자랄 것이다.

- 알렉산더 포프

우리는 한 가족이다. 그러므로 서로를 믿고 의지하며 한마음 한뜻으로 도전해야 한다. 한 핏줄로 이어진 가족보다 든든한 파트너는 없다. 가족은 최고의 선물이다. 그러니 그들에게 최선을 다해 헌신해야 한다.

- 마커스 골드만

우리들의 양친이 우리들을 사랑해 주는 것은 우리들이 그들의 자식이기 때문이다. 더욱이 이것은 어떻게도 변할 수 없는 사실이다. 그렇기 때문에 우리들은 양친 밑에 있을 때 다른 어떠한 사람의 밑에 있을 때보다 한층 강하게 안전하다는 것을 느낀다. 성공하고 있을 때에는 이 일은 그렇게 중요하게 비치지 않을지도 모르지만, 실패했을 때 양친의 사랑은 이 외의 어디서도 찾아볼 수 없는 위로와 안심감을 줄 것이다.

- 버트런드 러셀

우리를 위한 당신의 희생, 당신이야말로 진정한 MVP.

- 케빈 듀란트

우리 마음속에 병자와 불구자, 노인을 돌보도록 이끌어 주는 동정심이 없었다면 문화와 문명은 존재하지 않았을 것이다. 나이가 든다는 것은 평범하게 되는 것이다. 노년은 인간을 평등하게 만든다. … 젊을 때 우리는 세계 최초의 젊은이라도 되는 것처럼 활개를 친다.

- 에릭 호퍼

우리의 말보다 우리의 사람됨이 아이에게 훨씬 더 많은 가르침을 준다. 따라서 우리는 우리 아이들에게 바라는 바로 그 모습이어야 한다.

- 조셉 칠튼 피어스

우리 어머니의 말씀을 따라 나는 해군 장교가 되는 것을 포기했고, 그렇게 함으로써 나는 버지니아 시민군 지휘관, 미국의 대륙군 총사령관, 헌법의회 의장, 미합중국의 초대 대통령이 될 수 있었다.

- 조지 워싱턴

우리 엄마가 그러는데 기회 하나가 사라지면 다른 기회가 열린대요.

- 〈The Simpsons〉

우리에게 가족이란 서로 팔짱을 끼고 곁에 있는 것을 의미한다.

- 바버라 부시

우리에게 남은 시간을 우리보다 앞서 인생을 살아 본 노년기의 사람들이 그들의 얼마 남지 않은 인생을 아쉬워하며 보내듯 관리해야 할 것이다.

- 세네카

운명은 용기 있는 자를 사랑한다.
우리는 용기와 진실로 사는 법을 배워야 한다.

- 요한 실러

울 수 있는 가장 좋은 장소는 어머니의 팔입니다.

- 조디 피콜트

위대한 인물은 모두 어머니의 자식이며, 그 젖으로 자랐다.
- 괴리키

의심할 여지 없이 만일 우리가 좋은 일들이 일어나는 것을 마음속에 그려 볼 수 있으면, 그것은 실제로 발생하는 경향이다.
- 노먼 커즌스

의인의 아비는 크게 즐거울 것이요, 지혜로운 자식을 낳은 자는 그로 인하여 즐거울 것이니라. 네 부모를 즐겁게 하며 너 낳은 어미를 기쁘게 하라.
- 성경

이고 진 저 늙은이 짐 벗어 나를 주오
나는 젊었거니 돌이라 무거울까
늙기도 설워라커든 짐을조차 지실까.
- 송강 정철

이 땅에서 당신을 보살펴 줄 아버지가 없을지 모르지만, 당신을 보살펴 줄 하늘의 아버지가 계신다.
- 안젤리나 탤파

이 땅에서 아내보다 더 훌륭한 사람은 오직 어머니뿐이다.

- 레오폴드 셰퍼

이 세상 그 어떤 부모도 자기 자식이 추하다고 생각하지 않는다.

- 세르반테스

이 세상에는 삼천 가지나 되는 많은 죄가 있다.
그중에서도 효도하지 않는 것이 가장 중대한 죄다.

- 김시습

이 세상에는 여러 가지 기쁨이 있지만, 그 가운데서 가장 빛나는 기쁨은 가정의 단란함이다. 그다음의 기쁨은 어린이를 보는 부모들의 즐거움인데, 이 두 가지 기쁨은 사람의 가장 성스러운 즐거움이다. 어린아이가 없는 집은 마치 태양이 없는 지구와 같다.

- 페스탈로치

이 세상에 죽음만큼 확실한 것은 없다. 그런데 사람들은 겨우살이 준비하면서도 죽음은 준비하지 않는다.

- 톨스토이

이 세상에 태어나 우리가 경험하는 가장 멋진 일은 가족의 사랑을 배우는 일이다.

- 조지 맥도널드

이 세상은 자녀를 키우느라 끊임없이 시달려서 정신이 없으면서도 어떻게 이렇게 짜릿하고도 힘든 일이 있을 수 있는지 놀라워하는 여성들로 가득하다.

- 안나 퀸드랜

이 아이들이 없었다면 내가 어떻게 살았을까요! 이 아이들을 어떻게 사랑하지 않을 수 있을까요! 이 애들은 제게 촛대 위의 초 같은 존재랍니다.

- 톨스토이

이웃을 보고 미소 짓는 것도 자비다.

- 마호메트

인간에게는 가정적 관계가 으뜸가는 자연의 관계이다.

- 페스탈로치

인간은 고난을 극복할 때 더욱 강해진다.
위대한 영혼은 고난 속에서 자란다.
우리의 행동은 우리 자신을 정의한다.

- 요한 실러

인간은 육체적으로 정신적으로 자립하기까지 오랜 시간이 걸리는 종족이다. 인간이기 때문에 아이들을 정신적으로 돌보아 줄 필요가 있다. 교육이란 부모와 부모 이외의 연장자의 손으로 사회적·문화적 유산을 아이들에게 전달한다는 의미이다.

- 아놀드 토인비

인간은 이 세상에 태어날 때 혼자가 아니라 부모 형제 사이에, 공동체 속에 있었다.

- 쇼펜하우어

인간은 자기가 갖고 싶은 것을 찾아서 세상을 방황하다가 가정에 돌아왔을 때 비로소 그것을 발견한다.

- 조지 오거스터스 무어

인간은 자기 자식이 집으로 돌아오도록 허락하는 유일한 피조물이다.

- 빌 코스비

인간이 범하는 가장 큰 죄는 감사할 줄 모르는 것이다. 지옥은 배은망덕한 무리들로 가득 차 있다.

- 세르반테스

인간이 저지를 수 있는 모든 죄악 가운데서 가장 무섭고 몰염치한 죄악은 배은망덕이며, 그중에서도 부모에 대한 배은망덕은 가장 큰 죄악이다.

- 데이비드 흄

인류 역사의 발전은 도전(挑戰)과 웅전(雄戰)의 역사이다.
역사적으로 볼 때, 국가나 세계가 찬란한 발전 뒤엔 반드시 도전을 받게 된다. 21세기 우리는 이러한 도전을 극복하기 위해 개인이나 국가, 또한 세계 평화를 위해 끊임없는 창의력 개발과 소통의 노력을 한다면 이를 극복하고 살아갈 수 있을 것이다.

- 아놀드 토인비

인생 실패자들의 사례를 추적해 보면 언제나 그들의 어머니가 자신의 역할을 적절하게 수행하지 못했음을 발견한다. 어머니의 양육 기술 부족은 아이의 모든 잠재력에 영향을 준다. 아이의 발달 과정에서 가족은 보다 큰 사회의 한 단위이며 가족 외부에 신뢰할 수 있는 타인이 존재한다는 사실을 배우는 것이 매우 중요하다. 이때 아버지가 자신의 부모 및 형제자매 등과 좋은 관계를 유지한다면 이는 협력의 능력을 배우기에 유리한 조건이 된다. 남성의 활동 반경은 여성보다 더 넓다. 따라서 사회

문제에 아내와 자녀에게 조언을 해 주는 일은 아버지의 역할이 된다.
- 알프레드 아들러

인생에는 나고(生) 늙고(老) 병들고(病) 죽음(死)의 굴레가, 사물에는 생기고(生) 머물고(住) 달라지고(異) 없어짐(滅)의 굴레가, 우주에는 이루어지고(成) 머물고(住) 무너지고(壞) 비어짐(空)의 굴레가 있다. 그러나 우주 만물 가운데 내가 가장 존엄한 존재이다.
- 석가모니

인생에서 어머니의 역할보다 더 중요한 역할은 없습니다.
- 엠 러셀 밸라드

인생에서 최고의 행복은 사랑받고 있다는 확신을 갖고 있을 때이다.
- 빅토르 위고

인생은 매뉴얼과 함께 오는 것이 아니라 엄마와 함께 온다.
- 에이미 리즈 앤더슨

인생은 일어나서 어머니의 얼굴을 사랑하는 것으로 시작되었다.
- 조지 엘리엇

인생은 흘러가는 것이 아니라 채워지는 것이다.
우리는 하루하루를 보내는 것이 아니라
내가 가진 무엇으로 채워 가는 것이다.

- 존 러스킨

인생이라는 게임에서 자신이 가진 모든 것을 던지지 않고 성공하는 사람을 상상할 수는 없다.

- 조지프 퓰리처

인생이란 덧없는 것이 아닌가, 밤낮 노심초사하다가 생명이 가면 무엇이 남는가? 명예인가 부귀인가, 모두가 아쉬운 것이 아닌가. 결국 모든 것이 공(空)이 되고 무색(無色)하고 무형(無形)한 것이 되어 버리지 않는가. 인생(人生)이란 무엇인지 그것부터 알고 일하자.

- 한용운

인성은 지식보다 더 중요하다.

- 아리스토텔레스

인(仁)의 실제는 어버이를 섬기는 것이요, 의(義)의 실제는 형에게 순종하는 것이다. 지(智)의 실제는 이 두 가지(仁義)를 알아서 떠나지 않는 것이요, 예(禮)의 실제는 이 두 가지(仁義)를 절도에 맞게 조절하고 수식하는 것이요, 악(樂)의 실제는 이 두 가지(仁義)를 즐거워하는 것이니, 즐거워하면 이 두 가지의 마음이 생겨나게 된다. 이 두 가지의 마음이 생겨나면 어찌 그만둘 수 있겠는가? 그만두려야 그만둘 수 없는 경지에 이르면 너무 좋아서 자신도 모르는 사이에 발로 뛰고 손으로 춤을 추게 될 것이다.

- 맹자

일에 있어서 간사함을 꾀하지 말며, 남을 대하는 데 있어 경건한 태도를 가져야 한다.

- 율곡 이이

일이 비록 작더라도 하지 않으면 이루지 못하고, 자식이 비록 어질다 해도 가르치지 않으면 슬기롭지 못하게 된다.

- 장자

일찍이 아시아의 황금 시기에 빛나던 등불의 하나인 코리아, 그 등불 다시 한번 켜지는 날에 너는 동방의 밝은 빛이 되리라.

- 타고르

(자)

자기가 이루지 못한 것을 아들로 하여금 실현케 하려는 것이 모든 어버이의 경건한 염원이다.

- 괴테

자기 가정을 훌륭하게 다스리는 사람은 국가의 일에도 가치 있는 인물이다.

- 소포클레스

자기를 사랑하는 마음으로 어버이를 섬긴다면 그 효도야말로 극진하게 될 것이다.

- 명심보감

자기를 아는 자는 남을 원망하지 않고 천명을 아는 자는 하늘을 원망하지 않는다. 복(福)은 자기에게서 싹트고 화(禍)도 자기로부터 나오는 것이다.

- 회남자

자기 부모를 섬길 줄 모르는 사람과는 벗하지 말라. 왜냐하면 그는 인간의 첫걸음을 벗어났기 때문이다.

- 소크라테스

자기 부모의 불행을 보고 울지 않을 수 있는 아이가 어디 있겠는가? 부모를 공경하고 진심으로 그 의지에 따르라.

- 프리드리히 니체

자기 아들이 아무리 옴쟁이나 곱사등이라도 아비로서 그를 아들이라고 인정하지 않는 자를 나는 본 일이 없습니다. 그러나 애정에 도취되지 않았다면, 이런 결함을 알아보지 못하는 것은 아닙니다. 그렇다 해도 내 아들은 내 아들입니다.

- 몽테뉴

자기 자식의 모든 것을 알고 있는 사람은 현명한 어버이이다.

- 셰익스피어

자기 자신에게 없는 것을 자식에게서 실현되는 것을 보려는 것이 모든 아버지의 경건한 소망이다.

- 브룩스 헤이스

자기 자신을 희생하는 것처럼 행복한 일은 없다.

- 도스토예프스키

자기 형제를 용서할 수 없는 사람은 형제를 사랑하지 않는 것이다. 참된 사랑은 무한하다. 참된 사랑이라면 용서하지 못할 모욕은 없다.

- 톨스토이

자녀가 당신에게 요구하는 건 대부분 자기들을 있는 그대로 사랑해 달라는 것이지, 온 시간을 다 바쳐서 자기들의 잘잘못을 가려 달라는 것이 아니다.

- 빌 에이어스

자녀교육은 균형 잡힌 생활과 긍정적인 태도가 필요하다.

- 마이클 조던

자녀교육은 사랑, 이해, 인내, 존중, 겸손, 용기, 희생 등을 배우는 것이다.

- 토머스 왓슨

자녀교육은 양육자가 자녀의 능력과 성격을 이해하는 것으로부터 시작된다.

- 제인 스미스

자녀교육은 양육자와 자녀 간의 적극적인 상호작용으로 이루어져 있다.

- 헨리 W. 마이어

자녀교육은 양육자의 성격과 태도에서부터 시작된다.

- 제임스 볼드윈

자녀교육은 예술과 같다. 창조적인 요소가 많이 들어가며 인간관계에서 더욱 중요한 역할을 한다.

- 에릭 프롬

자녀교육은 육체적, 정신적, 도덕적으로 건강하게 성장하도록 돕는 것이다.

- 윌리엄 펜

자녀교육은 자녀가 능력을 발휘할 수 있는 환경을 만들어 주는 것이다.

- 마이크 타이슨

자녀교육은 자녀가 다른 사람들과 협력하며 일하는 방법을 배우게 하는 것이다.

- 지그 지글러

자녀교육은 자녀가 사회적 책임을 다하고 지역사회와 함께 성장할 수 있도록 돕는 것이다.

- 루이자 메이 올컷

자녀교육은 자녀가 새로운 경험을 통해 배우고 성장할 수 있도록 도와주는 것이다.

- 에릭 홉킨스

자녀교육은 자녀가 실패와 역경을 극복하고 성공을 경험할 수 있도록 지도하는 것이다.

- 에릭 토머스

자녀교육은 자녀가 자신감을 가지고 삶을 즐길 수 있도록 돕는 것이다.

- 존 크리스토퍼

자녀교육은 자녀가 자신을 표현하고 의사소통하는 방법을 배울 수 있도록 돕는 것이다.

- 크리스 콜퍼

자녀교육은 자녀가 자신의 가치관과 신념을 형성하고 표현할 수 있도록 도와주는 것이다.

- 래리 롱

자녀교육은 자녀가 자신의 가치와 존재 이유를 이해하고 이를 실현할 수 있도록 돕는 것이다.

- 달라이 라마

자녀교육은 자녀가 자신의 결정을 내리고 책임을 지도록 도와주는 것이다.

- 매기 토머스

자녀교육은 자녀가 자신의 관심사와 열정을 찾아 나가도록 돕는 것이다.

- 로이 벤트리

자녀교육은 자녀가 자신의 문제를 해결하는 방법을 찾아낼 수 있도록 돕는 것이다.

- 프레드 로젠스톡

자녀교육은 자녀가 자신의 열정과 인생의 목적을 발견할 수 있도록 돕는 것이다.

- 마크 트웨인

자녀교육은 자녀가 자신의 인격과 개성을 발전시킬 수 있도록 도와주는 것이다.

- 래리 브렌트

자녀교육은 자녀가 자신의 인생을 계획하고 관리하는 방법을 배우게 해야 한다.

- 제임스 맥그리거 번스

자녀교육은 자녀가 자신의 일과 삶을 균형 있게 조절할 수 있도록 도와주어야 한다.

- 제인 팔머

자녀교육은 자녀가 자신의 장점과 단점을 인식하고 이해하게 해 주는 것이다.

- 로버트 하인라인

자녀교육은 자녀가 지식과 지혜를 얻을 수 있는 환경을 제공하는 것이다.

- 앤드루 솔로몬

자녀교육은 자녀를 이해하고 지도하는 것이다.

- 에드워드 에글스턴

자녀교육은 희생과 노력이 필요한 일이다.

- 로버트 케네디

자녀교육의 핵심은 지식을 넓혀 주는 것이 아니라, 자녀가 자신의 삶에서 의미 있는 일을 찾고 이를 추구할 수 있도록 돕는 것이다.

- 톨스토이

자녀는 어머니를 삶에 동여매는 닻이다.

- 소포클레스

자녀들아, 너희 부모를 주 안에서 순종하라. 이것이 옳으니라. 네 아버지와 어머니를 공경하라. 이것이 약속 있는 첫 계명이니 이는 네가 잘되고 땅에서 장수하리라.

- 성경

자녀양육은 아이들이 성장한다고 해서 중단되는 것이 아니라 평생 해야 할 일이다.

- 잭 슬로프

자녀에게 조언을 해 주는 가장 좋은 방법은 자녀가 무엇을 원하는지 알아낸 다음 그것을 하라고 조언하는 것입니다.

- 해리 트루먼

자녀에게 침묵하는 것을 가르치라. 말하는 것은 어느새 쉽게 배워 버린다.

- 벤저민 프랭클린

자녀에게 회초리를 들지 않으면 자녀가 부모에게 회초리를 든다.

- 토머스 풀러

자녀 키우기의 핵심에는 이런 게 있는데, 자식이 하나의 개인으로 자라는 것을 바라보면서 내 마음대로 할 수 없다는 것이다. 마음대로 할 수 있다면 아이는 애완동물과 다를 바 없을 것이다.

- 헤더 암스트롱

자부(慈父)의 은혜 높기는 산왕(山王)과 같고, 자모(慈母)의 은혜 깊기는 대해(大海)와 같다.

- 석가모니

자손을 부모와 연결한 끈은 절대로 끊을 수 없다. 다만 느슨하게 풀어질 뿐이다.

- D. H. 로렌스

자식과 부모의 도리가 깨지면 집안에는 걱정만이 있을 뿐이다.

- 선생경

자식 된 도리로서 외출할 때는 반드시 고하여야 하며, 돌아와서는 반드시 뵙고, 노는 곳이 있으면 반드시 떳떳함이 있어야 하며, 익히는 것이 있으면 반드시 끝을 마쳐야 하며, 부모가 살아 계실 때는 언제나 자기 스스로를 늙었다 하지 아니한다.

- 소학

자식들은 자기들이 그 부모로부터 태어났음으로 그 부모를 사랑하며, 형제들은 같은 부모에게서 태어났음으로 서로 사랑하는 것이다.

- 아리스토텔레스

자식들의 재앙은 부모들이 물려준 재산으로부터 기인한다. 그리고 그 재산을 거부하지 않는 사람은 죽을 때까지 죽음의 노예로 남아 있는다.

- 칼릴 지브란

자식에게 과학을 가르치라. 그러면 그의 일생은 이로부터 도움을 받으리라. 그에게 종교를 가르치라. 그러면 그의 죽음은 행복하리라.

- 페스탈로치

자식에게 어머니보다 더 훌륭한 하늘의 선물은 없다.

- 에우리피데스

자식은 노인을 부양할 의무가 있는 거야, 부모를 공경하라고 하지 않았는가 말이야?

- 안톤 체호프

자식은 부모를 다음과 같이 공경해야 한다.
받들어 봉양함에 모자람이 없게 하고,
자기의 할 일을 먼저 부모에게 여쭈며,
부모가 하시는 일에 순종하여 어기지 말며,
부모의 바른 말씀을 어기지 말 것이며,
부모가 하시는 바른 일을 끊이지 않게 하는 것이다.

- 선생경

자식은 부모의 사랑을 먹고 산다. 따뜻한 말 한마디면 충분하다.
부드러움이 강함을 이긴다. 마음대로 행동하는 어른은 어른이 아니다.

- 증광현문

자식은 부부 둘 사이를 묶는 끈처럼 보인다. 그러므로 자식이 없으면 더 쉽게 헤어진다. 자식은 부부에게 공통의 선이며, 공통적인 것은 서로를 결합시킨다.

- 아리스토텔레스

자식은 서로가 바꾸어서 교육한다. 아비와 자식 사이에서는 직접 교육하기가 어렵기 때문이다. 아비가 자식에 대해 도(道)를 가르쳐서 실행하지 않으면 화를 내게 되고 책망을 하게 된다. 책망하게 되면 부자간의 정이 소원해지기 때문이다.

- 맹자

자식은 우리에게 얻어 간 만큼 베푼다. 이 과정에서 우리는 더 깊게 느끼고, 질문하고, 상처받으며, 사랑하는 사람이 된다.

- 소니아 타잇츠

자식은 자기의 것이면서 내 것이 아니다. 그러나 이미 나누어져 있기에 또한 인류 속의 사람이다. 자기 것일진대 더욱 교육에 의무를 다하고 그들에게 자립할 수 있는 능력을 길러 주어야 하고 또 내 것이 아니기에 해방시켜야 하고 모든 것을 그들 자신의 것으로 해 주어야 하며 하나의 독립인으로 만들어야 한다.

- 노신

자식을 기르는 부모야말로 미래를 돌보는 사람이라는 것을 가슴속 깊이 새겨야 한다. 자식들이 조금씩 나아짐으로써 인류와 이 세계의 미래는 조금씩 진보하기 때문이다.

- 칸트

자식을 길러 본 후에야 부모의 마음을 안다.

- 왕양명

자식을 길러 봐야 어버이의 공을 안다.

- 맹자

자식을 낳으면 철들 때까지 착하게 인도해야 한다.
이미 자란 다음에 바로잡으려 하면 매우 어려울 것이다. 어느덧 자라 주관이 뚜렷한데 그 주관이 그릇된 것이라면 어느 누구도 바로잡기 힘들다. 그래서 교육은 빠를수록 좋다.

- 율곡 이이

자식을 불행하게 하는 가장 확실한 방법은 언제나 무엇이든지 손에 넣을 수 있게 해 주는 일이다.

- 장 자크 루소

자식을 키우기만 하고 학문의 도를 가르치지 않는 것은 어버이의 잘못이 되고, 제자를 훈도하면서 엄하지 못하는 것은 스승 된 자의 게으른 정이다.

- 고문진보

자식을 키우다 그 역설과 부조리함에 웃게 될 때가 있다. 하지만 때로는 순수하게 기뻐서 웃기도 한다.

- 바바라 샤피로

자식의 몸은 곧 부모의 몸이다. 몸조차 자기 것이 아니거든 하물며 재물이 자기 것일 수 있으랴.

- 소학

자식의 보드에 앉아 있는 것이 아버지에게 얼마나 기쁜 일인가? 이것은 나이 든 남자가 그가 심은 오크나무의 그늘 아래에서 기대고 있는 것과 같다.

- 볼테르

자식이 나서 3년이 되어야만 부모의 품에서 벗어나는 것이니, 삼년상을 지내는 것은 천하에 공통되는 상례이다.

- 논어

자식이 능히 부모의 마음으로 마음을 삼을 것 같으면 효도할 것이다.

- 논어

자식이 부모가 자신의 근원이라는 것을 아는 것보다, 부모는 자식들이 자신으로부터 비롯되었다는 것을 더욱 확실히 자각하고 있다.

- 아리스토텔레스

자식이 부친을 존경하지 않는 것은 경우에 따라 용서될 수 있는 것이지만, 모친에게도 그렇다면 그 자식은 세상에 살아 있을 가치가 없는 못된 괴물이라고 말하지 않을 수가 없다.

- 장 자크 루소

자식이 열 있더라도 자식에 대한 어버이 한 사람의 마음은 어버이에 대한 열 자식의 마음을 훨씬 능가한다.

- 장 파울

자식이 효도하면 어버이는 즐겁고, 집안이 화목하면 모든 일이 이루어진다.

- 명심보감

자식 키우기란 자녀에게 삶의 기술을 가르치는 것이다. 그릇된 기술을 가르치고 있는 것은 아닌지 늘 점검하는 것이 중요하다.

- 일레인 헤프너

자신에게 부정적인 말이나 스스로가 절망에 빠지는 나쁜 생각으로 자신의 위대하고 방대한 잠재력을 잠재우는 일이 있어서는 절대로 안 된다.

- 스티븐 스필버그

자신에게 손찌검하는 아들을 둔 아버지는 누구나 죄인이다. 그런 아들을 만들었기 때문이다.

- 샤를 페기

자신을 믿는 모든 어린 아이들 뒤에는 먼저 믿었던 부모가 있다.

- 매튜 제이콥슨

자신의 가문을 자랑해서 유일하게 빛을 발하는 때는 덕행과 관대함을 보일 때이다. 어느 가문 출신이라서 그 사람이 훌륭한 것이 아니라 그 사람이 훌륭하기 때문에 그 가문이 빛나는 것이다.

- 세르반테스

자신이 백발이 된 뒤에도 어머니 앞에서 색동옷을 입고 재롱을 떨어 그 어머니의 마음을 즐겁게 해 드렸다.

- 노래자(老萊子)

자신이 살아 보지 못한 삶은 자녀에게 그 무엇보다 강한 심리적 영향을 끼친다.

- 칼 융

자애로운 어머니에 패자(敗者)가 생긴다.

- 사기

자연 가운데 아들딸의 행복을 기뻐하는 어머니의 기쁨만큼 거룩하고 사람을 감동시키는 기쁨은 없다.

- 장 파울

자연 속에 있는 어떤 기쁨도 자식의 행복에서 느끼는 어머니의 기쁨만큼 숭고한 것은 없다.

- 장 파울 리히터

자연은 우리에게 하나의 혀와 두 개의 귀를 주었다. 우리가 말하는 것의 두 배를 들을 수 있도록 하기 위해서다.

- 스토아학파의 제논

자연의 법칙은 대부분의 동물에게 갓 태어난 새끼를 소중히 여기고 교육하도록 지시한다. 이성의 법칙은 인류에게 효도의 보답을 가르친다.

- 에드워드 기번

자연의 사랑의 대명사는 늘 돌보는 어머니의 사랑이다.

- 에드워드 조지 불워리턴

잔혹한 말을 하는 것도 친절하기 때문이다.(《햄릿》 제3막 제4장) Kind란 '종류', '연결'을 가리키는 말로 부모 자식 혈연이라면 당연하게 생기는 '정'을 가리킨다. 어머니가 자신의 자녀에게 애정을 느끼는데, 여기서 '친절하다'는 의미가 생겨났다.

- 셰익스피어

잘못을 고백하는 것을 부끄러워해서는 안 된다. 그것은 어제보다 오늘 더 현명해졌음을 보여 주는 것이기 때문이다.

- 조너선 스위프트

장부가 세상에 나서 쓰일진대, 목숨을 다해 충성을 바칠 것이요, 만일 쓰이지 않으면 물러가 밭 가는 농부가 된다 해도 또한 족할 것이다.

- 이순신

재가(在家)의 사람은 부모님께 효도, 부인과 자식 교육, 하인 긍휼, 착한 벗을 가까이해야 한다.

- 아함경

저녁 무렵 자연스럽게 가정을 생각하는 사람은 가정의 행복을 맛보고, 인생의 햇볕을 쬐는 사람이다. 그는 그 빛으로 아름다운 꽃을 피운다.

- 베히슈타인

저울의 한쪽 편에 세계를 실어 놓고 다른 한쪽 편에는 나의 어머니를 실어 놓는다면, 세계의 편이 훨씬 가벼울 것이다.

- 랑구랄

젊은 사람이 저지른 실수는 좋은 경험이 되어 앞으로의 인생을 살아가는 데 지침이 되어 준다. 그러나 이미 충분한 경험을 쌓은 노인이 저지르는 실수는 어리석음의 방증일 뿐이다.

- 괴테

젊은 시절 재주만 믿고 있다가 늙어서 못난 꼴만 보이게 되리니 이를 경계해 헛되이 보내지 말자. 가는 세월이 참으로 허망하구나.

- 다산 정약용

젊은이는 규칙을 알지만 늙은이는 예외를 안다. 예외 없는 규칙은 없다.

- 올리버 웬들 홈스

점차 나이가 들면서 집안에 힘 있는 남자가 버텨 주지 않은 상황에서 어머니와 외할머니가 우리들을 키우는 데 얼마나 힘이 들었을지 깨닫게 되었다. 나는 또 아버지가 곁에 없다는 것이 어린이에게 어떤 상처를 남기는가도 알게 되었다. 자식을 나 몰라라 하는 생부의 무책임과 의붓아버지의 서먹한 태도, 외할아버지의 실패와 좌절이 모두 나에게 생생한 교훈이 되었고. 그래서 내 자식들에게는 믿음직한 아버지가 되겠다고 결심했다.

- 버락 오바마

정다운 내 집이 없으면 온 세상이 커다란 감옥에 지나지 않는다.

- 에이브러햄 카울리

정도(正道)를 행하는 사람은 돕는 사람이 많고
무도(無道)하게 행하는 사람은 돕는 사람이 적다.
돕는 사람이 가장 적을 경우에는 친척마다 등을 돌리고
돕는 사람이 가장 많을 경우에는 천하가 다 따라오느니라.

- 맹자

젖을 먹고 있는 아직 어린 돼지 새끼는 그 어미를 못 잊어 하기 때문에 호랑이에게 가까이 가는 위험한 짓은 범하지 않는다. 부모를 생각하는 자는 위험한 곳에 가까이 가지 않는다.

- 순자

제가 부모를 섬길 적에는 백 리 밖에 가서 쌀을 가져다 봉양을 하였습니다. 그러나 부모가 죽고 저는 초나라 대부(大夫)가 되어 곡식 만석을 쌓아 놓고 먹게 되었사오나, 이제 와서는 쌀을 져다가 효도를 하고 싶어도 되지 않는군요. 참으로 한스러운 일입니다.

- 한서

제일 안전한 피난처는 어머니의 품속이다.

- 플로리앙

조상께 제사 지낼 적에는 조상이 앞에 계신 듯이 하였고, 신에게 제사할 때에는 신이 앞에 있는 듯이 하시었다.

- 공자

조상을 되돌아보지 않을 후손을 아무도 바라지 않을 것이다.

- 에드먼드 버크

조상을 받드는 것은 정성과 공경을 으뜸으로 해야 하고, 물질적 사치는 귀하게 여기지 말아야 하며, 조상이 전한 일은 그 뒤를 잘 이어 나가야 하고, 늘 게을러질까 근심해야 할 것이다.

- 이덕홍

조상의 영광은 자손의 등불이다.

- 살루스티우스

조상의 은덕이 무엇인가. 그것은 내 몸이 누리고 있는 것이다. 그것을 쌓기가 어렵다는 것을 생각해야 한다.

- 채근담

존재하는 것은 변화하는 것이고, 변화하는 것은 성숙하는 것이다. 그리고 성숙하는 것은 끝없이 자신을 창조해 나가는 것이다.

- 앙리 베르그송

좋은 부모가 되는 것, 그것이야말로 당신의 영광이다.

- 존 밀턴

좋은 인성은 한 주나 한 달 만에 형성되는 것이 아니다. 조금씩 하루하루 만들어지는 것이다.

- 헤라클레이토스

좋은 집이란 구입하는 것이 아니라 만들어지는 것이어야 한다.

- 조이스 메이너드

좋은 활은 잡아당기기는 어려우나 멀리 날아갈 수 있고 깊이 들어갈 수 있다. 좋은 말은 타기는 힘드나 무거운 짐을 싣고 멀리 갈 수 있다. 훌륭한 인재는 부리기는 어려우나 임금을 이끌어 존귀함을 드러내 줄 수 있다.

- 묵자

주는 것은 얻는 것보다 행복하다. 사랑하는 것은 사랑을 받는 것보다 아름다우며, 사람을 행복하게 한다.

- 헤르만 헤세

주위의 비난에 흔들리지 말고 묵묵히 나아가라. 옳다고 믿으면 끝까지 밀고 나가라. 결국에는 신념을 가진 자가 승리한다.

- 마크 저커버그

죽은 후에 제사를 지내는 것은 살아 계실 때의 참된 봉양만 못하다.

- 공자가어

죽음의 공포보다 강한 것은 사랑의 감정이다.
헤엄을 못 치는 아버지가 물에 빠진 자식을 건지기 위해서 물속에 뛰어드는 것은 사랑의 감정이 시킨 것이다.
사랑은 나 이외의 사람에 대한 행복을 위해서 발이 되는 것이다. 인생사는 수많은 모습이 있지만 그것을 해결할 길은 오직 사랑뿐이다. 사랑은 나 자신을 위해서는 약하고 남을 위해서는 강하다.

- 톨스토이

중국의 중세 교육은 권위 있고 정통적 교과서, 즉 《소학》에 나타난 것처럼 여전히 춤과 음악에 상당한 중점을 두고 있었다. 당시의 교과서를 훑어보면 가정교육이 7세부터 성별로 엄격히 분리되어 이루어진 것을 발견할 수 있다. 가정교육은 본질적으로 서양의 관념을 훨씬 뛰어넘는 의례, 특히 부모와 모든 어른들 그리고 일반적인 연장자들에 대한 효(孝)와 경(敬)의 주입으로 구성되어 있었고, 그 밖에는 거의 전적으로 극기의 원칙들만을 제공했다.

- 막스 베버

증조할아버지에게서 나는 교육은 학교에서보다 가정에서 좋은 선생님을 모셔다가 배울 것과 이 일에는 돈을 아끼지 않아야 한다는 조언의 은혜를 입었다.

- 아우렐리우스

지구상에 인간이 존재하는 근본적인 소이는 부자의 도리가 지켜지고 부자의 사랑이 이루어지는 데 있는 것이다.

- 강유위

지극한 도는 효순심(孝順心)이다.

- 불경

지극한 즐거움 중에서 책 읽는 것에 비할 것이 없고, 지극히 중요하기는 자식을 가르치는 일만 한 것이 없다.

- 명심보감

지나치게 사랑하는 사람은 또한 지나치게 미워한다.

- 아리스토텔레스

지혜는 학교에서 배우는 것이 아니라 평생 노력해 얻는 것이다.

- 알베르트 아인슈타인

지혜로운 자식은 아버지를 기쁘게 하고, 어리석은 자식은 어머니를 걱정시킨다.

- 성경

지혜로운 자식은 어머니를 기쁘게 하고 바보 자식은 어머니를 슬프게 한다.

- 솔로몬 대왕

진정한 가족을 이어 주는 유대는 혈연이 아니라 서로의 삶에 대한 존중과 기쁨이다.

- 리처드 바흐

진정한 교육은 단순히 지식을 주입하는 것이 아니라, 생각하게 하는 것이다.

- 앤 설리번

질병으로 많이 아프거나 비참한 경우를 당했을 때
부모의 이름을 부르지 않는 사람은 없다.
잊어버리고 있던 부모를 생각한다.
이것이 인지상정(人之常情)이라는 것이다.

- 문장궤범

집안사람의 허물이 있거든 마땅히 몹시 성내지 말 것이며, 가볍게 여기지 말고, 그 일을 말하기 어려우면 다른 일을 비유하여 은근히 깨우치라. 오늘에 깨우치지 못하거든 내일을 기다려 다시 경계하라. 봄바람이 언 것을 풀 듯, 화기가 얼음을 녹이듯 하라. 이것이 바로 가정의 규범이다.

- 채근담

집안 식구가 바로 원수가 된다.

- 성경

집안은 늘 화목해야 한다. 화목하면 자연히 즐거움이 있다. 집안에 잘못이 있으면 반드시 부드러운 말로써 가르쳐라. 현재의 환경에 늘 감사하게 생각하며, 결코 세상이나 누구를 원망해서는 안 된다. 사업과 출세를 위해서는 누구나 땀 흘리며 노력하지만, 실상 자신의 가정의 행복에 대해서는 아무것도 안 하는 것이 보통이다. 남자들은 대개 집에 돌아올 때는 상당히 피곤해 있다. 그래서 가정에서는 마음을 놓고 나오는 그대로 말하고 행동한다. 그러나 이것은 잘못된 행동이다. 밖에서는 예를 다 갖추고 남을 존중하던 태도가 가정에서는 무시하고 사소한 일에도 참지 못하는 경우가 많다. 가정의 행복을 위해서는 가장 좋은 방법으로 자신을 표현할 필요가 있다. 벌컥 성을 내는 것은 잘못된 자신을 표현하는 것이다. 우리가 좋은 남편이나 좋은 아버지가 되려면 언행이 충분히 다듬어지지 않으면 안 된다.

- 알랭

집안이 화목하면 가난해도 좋지만, 의롭지 않다면 부자인들 무엇 하랴. 단지 한 자식이라도 효도한다면 자손 많은 것이 무슨 소용 있으랴.

- 명심보감

집에 들어가서는 부모님께 효도하고 나아가서는 충성하라는 것은 공자의 말씀이다. 의도적으로 함이 없는(無爲) 일에 처하고 말씀이 없는(不言) 가운데 가르침을 행하라는 것은 노자의 주장이다. 어떠한 죄라도 범하지 말고 모든 착한 일을 힘써 행하라는 것은 석가여래의 교지이다.

- 최치원

집에 들어가서는 부모님께 효도하고 밖에 나가서는 어른들에게 공손하며, 신중하게 행동하고 신의를 지키며 널리 사람들을 사랑하되 어진 사람을 사랑해야 한다.

- 공자

집은 그 주인을 알려 준다.

- 조지 허버트

집은 심신을 위한 음식과 불이 없는 한 절대로 가정이 아니다.

- 마거릿 풀러

집은 어머니의 몸을 대신하는 것이다. 어머니의 몸이야말로 언제까지나 사람들이 동경하는 최초의 집이다. 그 속에서 인간은 안전했으며 또 몹시 쾌적하기도 했다.

- S. 프라이드

집을 일으킬 아이는 똥 아끼기를 마치 금같이 하고, 집을 망칠 아이는 돈 쓰기를 똥같이 한다.

- 명심보감

(차)

찾아갈 어머니가 있는 한 결코 완전한 어른이 되지 못한다.

- 사라 주이트

책임감은 아이들에게 영향을 주는 문제에서 그들에게 발언권을 허용함으로써 그리고 선택권이 있다고 말해 주는 곳이면 어디서나 키워진다.

- 하임 기너트

처자를 사랑하는 마음으로 부모를 섬기면 효도를 극진히 할 수 있다. 부귀를 보전할 마음으로 임금을 받든다면 그 어디에서도 충성되지 않음이 없을 것이다. 남을 책망하는 마음으로 자기를 책망한다면 허물이 적을 것이요, 자기를 용서하는 마음으로 남을 용서하면 남과 사귐을 온전히 할 수 있다.

- 명심보감

처자식을 사랑하는 마음으로 부모님을 섬기면 그 효도는 마음과 힘을 다한 것이다.

- 경행록

처자식을 사랑하지 않는 자는 집에 암사자를 기르고 슬픔의 둥지에 알을 부화한다.

- 제레미 테일러

천국은 어머니의 발 앞에 놓여 있다.

- 무함마드

천하의 모든 물건 중에서 내 몸보다 더 소중한 것이 없다.
그런데 이 몸은 부모가 주신 것이다.

- 율곡 이이

청년기는 동요의 시기이고, 노년기는 평온의 시기이다.
노년기의 빈곤은 커다란 불행이다. 노인의 주된 욕구는 편안함과 안정이다. 그 때문에 노년이 되면 이전보다 훨씬 더 돈을 사랑한다. 고령에 이르러 얻는 가장 큰 이득은 편안한 죽음을 맞이하는 것이다.

- 쇼펜하우어

청년은 유년 시절의 몽상을 버리고, 장년은 청년 시절의 무지와 혈기를 버리고, 노인은 장년 시절의 이기심을 버리면 점점 더 우주적인 영혼으로 완성되어 간다.

- 톨스토이

청춘은 퇴색되고 사랑은 시들고 우정의 나뭇잎은 떨어지기 쉽다. 그러나 어머니의 은근한 희망은 이 모든 것을 견디며 살아 나간다.

- 올리버 웬들 홈스

최고의 가르침은 아이에게 웃는 법을 가르치는 것이다.

- 프리드리히 니체

최고의 교육 기관은 어머니의 무릎이다.

- 제임스 러셀 로웰

충고하는 벗이 있는 선비는 명예를 잃지 않고,
충언하는 아들이 있는 아버지는 불의에 빠지지 않는다.

- 소학

충성으로써 임금을 섬기고, 효로써 부모를 섬기며,
믿음으로써 벗을 사귀고, 싸움에 임하여 물러서지 않으며,
생명이 있는 것은 가려서 죽여야 한다.

- 삼국사기

충신은 두 사람의 임금을 섬기지 않고 열녀는 두 지아비를 섬기지 않는다.

- 왕촉

충신을 구하려면 반드시 효자의 가문에서 찾아야 한다.

- 김창흡

충이 앞서고 효가 뒤를 따르며, 충에 이르려면 효가 있어야 하고, 효가 아니면 곧 불충(不忠)이다.

- 이익

친절하고 선량한 아버지, 고모, 유모, 친지, 친구 그리고 이웃들과 함께 살면서 어떻게 사악하게 자라날 수 있었겠는가? 그들은 내가 바란다고 모든 것을 해 주지는 않았다. 그러나 그들은 나를 사랑했고, 나 또한 그들을 사랑했다.

- 장 자크 루소

친족이 없는 것은 그늘이 없는 것과 같다. 친족에게 인정을 베풀고 비난받을 일을 하지 말라. 이것이 인간에게 최상의 행복이다.

- 불경

(카)

쾌락의 궁전 속을 거닐지라도, 초라하지만 내 집만 한 곳은 없다.

- 존 하워드 페인

큰 자비는 사랑하지 않는 것이 없고 큰 효도는 존경하지 않는 것이 없다.

- 대각국사

큰 지혜가 있는 사람은 영고성쇠(榮古盛衰)를 알고 있으므로 얻었다 해서 기뻐하지 않고 잃는다 해서 근심하지 않는다. 그는 운명의 변화무상(變化無常)함을 알고 있기 때문이다. 생(生)의 진리에 통달한 사람은 생이 미치지 못하는 바를 힘쓰지 않고 운명(運命)의 진리를 깨달은 사람은 인지가 미치지 못하는 바를 힘쓰지 아니한다.

- 장자

큰 집 천간이 있다 해도 밤에 눕는 곳은 여덟 자뿐이요,
좋은 논밭이 만경이나 되어도 하루 먹는 것은 두 되뿐이다.

- 명심보감

키스해 주는 어머니도 있고 꾸중하는 어머니도 있지만, 당신을 사랑하기는 마찬가지다.

- 펄 벅

(타)·(파)

타인에게 베풀면 베풀수록, 자신에게 득이 되는 법이다.

- 노자

평소에는 여자의 피난처이고 또 장식품이기도 했던 저 베일을 여자는 오직 한 남자를 위해서만 벗는다. 바로 이것으로부터 남편에 대한 내적 신뢰가 나온다.

- 칼 마르크스

프랑스에 훌륭한 어머니들이 있게 하라. 그들에게서 훌륭한 자식들이 나올 것이다.

- 나폴레옹

(하)

하나님 다음으로 귀한 분은 당신의 부모이다.

- 윌리엄 펜

하나님을 아는 최선의 방법은 모든 것을 사랑하는 것이다.

- 반 고흐

하느님이 한 가장의 죽음을 원하시는 경우, 그 아들이 똑같은 것을 원한다면 자녀적 효성에 어긋날 것이다.

- 토머스 아퀴나스

하늘과 땅이 낳은 것 중 사람이 가장 소중한데 사람의 행위에 있어서는 효보다 큰 것이 없다.

- 효경

한 가정을 원만하게 다스린다는 것은 한 나라를 통치하는 것보다 더 어려운 일이다.

- 몽테뉴

한국의 예학은 디지털 시대의 황금률. 예학이라는 한국의 독특한 유산은 지구촌 사회를 혁명적으로 변화시킬 수 있는 잠재력을 안고 있다. 한국이 앞으로 끊임없이 고도성장을 이루기 위해서는 미래시대의 새 성장 동력이 필요한데, 그것이 한국의 전통 속에 있다.

- 임마누엘 페스트라이쉬

한번 가면 돌아올 수 없는 어버이인 것을 아들이 내내 봉양하려 한대도 어버이는 기다리지 않나니, 그러므로 돌아가신 뒤에 소를 잡아 제사 지냄이 차라리 생존해 계실 때 닭, 돼지로 봉양해 드림만 같지 못한 것, 처음에 내가 관리가 되어 녹(祿)이 여섯 말 네 되도 못 되었으나 오히려 기뻐한 것은 그 녹이 많다고 생각되어서가 아니라, 그것으로써 어버이를 봉양할 수 있음을 즐거워했기 때문이다.

어버이께서 돌아가신 후 내가 남쪽 초나라에 가서 높은 벼슬을 받았음에도 오히려 북쪽을 향해 눈물을 흘린 것도 그 벼슬이 천(賤)하다고 생각되어서가 아니라, 그것이 나의 어버이에게는 미칠 수 없음을 슬퍼한 때문이다.

- 증자

한 번 생각에도 선조를 생각하여 선조의 마음에 어긋남이 있는가를 염려하고, 한 번 말할 때도 선조를 생각하여 선조의 덕망에 어긋남이 있는가를 염려하며, 한 번 움직일 때도 선조를 생각하여 선조의 행한 도리에 어긋남이 있는가를 염려하며, 전전긍긍하여 항상 깊은 연못에 다다르듯, 엷은 얼음을 밟아 가는 듯 조심하면 선조의 남긴 교훈의 품위를 떨어뜨리지 않게 되고, 선조들도 역시 훌륭한 자손을 두었다고 이를 것이다.

- 장현광

한 사람의 좋은 아버지가 백 명의 스승보다 더 낫다.

- 조지 허버트

한 사람의 좋은 어머니는 백 명의 교사에 필적한다.

- 요한 헤르바르트

할아버지에게는 토머스, 존, 벤저민, 조사이어, 이렇게 아들 네 명이 있었다. 큰 아버지인 벤저민은 내가 어렸을 때 보스턴에 있는 우리 집에 와서 몇 년 동안 우리 집에 함께 살았는데, 내 이름은 벤저민 큰아버지의 함자를 딴 것으로, 나의 아버지와 그분 사이가 얼마나 각별했는지 알 수 있다.

- 벤저민 프랭클린

할 일이 있고, 사랑할 사람이 있고, 희망이 있다면 행복한 사람이다.

- 칸트

항상 남을 꾸짖는 마음으로 자기를 꾸짖고, 자기를 용서하는 마음으로 남을 용서하라.

- 소학

행복이나 불행은 사람이 불러들인다.

- 좌씨전

행복한 가정은 미리 누리는 천국이다.

- 로버트 브라우닝

행복한 가정은 천국보다 더 이른 천국이다.

- 조지 버나드 쇼

행실은 각자가 자기의 이미지를 보여 주는 거울이다.

- 괴테

행실이 사람을 만든다는 격언이 있다. 그리고 마음이 사람을 만든다는 격언이 있다. 그러나 이 말보다 더 진실한 제3의 격언은 '가정이 인간을 만든다'라는 격언이다.

- 새뮤얼 스마일스

현대의 최대 불행의 하나는 가정이 인간에게 깊은 만족을 주지 못하는 점이다.

- 러셀

혈연관계는 부모가 자식에게 쏟는 사랑이란 점에서 정신은 가능한 한 가장 강력한 유대를 낳지만, 그 관계가 약화되면 사랑의 정도도 약해진다. 또한 혈족만 이런 효과를 나타내는 것은 아니다. 그 밖의 모든 관계도 예외일 수는 없다.

- 데이비드 흄

형제는 수족(手足)과 같고 부부는 의복(衣服)과 같다. 의복이 헤어졌을 경우 다시 새것을 얻을 수 있지만, 수족이 잘리면 잇기가 어렵다.

- 장자

형제는 자연이 안겨 준 혈연이다.

- 플루타르코스

형제들이 집안에서는 서로 다투는 일이 있지만, 외부에서 침략해 오면 일치단결해 외세를 물리친다.

- 시경

형제자매가 있는 사람은 자신이 얼마나 운이 좋은지 몰라. 물론 많이 싸우겠지, 하지만 항상 누군가 곁에 있잖아, 가족이라 부를 수 있는 존재가 곁에 있잖아.

- 트레이 파커

효가 인간사랑과 인간다움에 기초한다면 '흉내라도'(모방), '경쟁으로라도'(비교), '억지로라도'(강제), '그럼에도 불구하고서라도'(도리)의 효의 4도는 실천해 나가야 할 가치이다.

- 강춘근 목사

효는 모든 인간 행실의 근본근원이요(孝源百行), 천자가 행해야 하는 도(道)로서(孝爲天子之道), 협의(俠義)의 효와 광의(廣義)의 효로 구분할 수 있다. 수기수신(修己修身) 단계의 자효(自孝), 경로효친의 친효(親孝), 부화부순의 가효(家孝), 형우제공의 종효(宗孝)를 협의(俠義)의 효로 분류하고, 이웃사랑의 세효(世孝), 국가충성의 국효(國孝), 인류행복의 통효(統孝)를 광의(廣義)의 효로 분류한다.

- 이태성 효도회 이사장

효는 모든 행실의 근본이요, 인간이 사람답게 살아가는 첫걸음이다.

- 백범 김구

효는 인간의 기본 도리이며, 우리 사회의 윤리적 기초가 되어야 한다.

- 김대중

효는 하늘의 이치, 땅의 의(義), 백성의 도(道)이다.

- 증자

효는 훗날이 아니라, 지금 해야 하는 것이다. 효도는 평생 해도 부족하다. 부모를 웃게 해 드리는 것이 효의 시작이다. 부모의 은혜는 금수(禽獸)도 안다.

- 증광현문

효도는 모든 미덕의 근원이자 가장 아름다운 인간애의 표현이다.

- 헨리 데이비드 소로우

효도는 어버이를 섬기는 일에서 시작하여 임금을 섬기는 것이 중간 단계이며, 훌륭한 사람이 되는 것으로 완성된다.

- 소학

효도는 온갖 행실의 근원이 되는데, 한 가지 행실이라도 잘못하는 점이 있으면 효도는 참된 효도가 될 수 없다.

- 퇴계 이황

효도는 우리가 가장 먼저 실천해야 할 가치이자 미덕이다.

- 오프라 윈프리

효도는 인간의 가장 신성한 의무이다.

- 마하트마 간디

효도와 우애라는 것은 인(仁)을 실천하는 근본이 되는 것이다.

- 유자

효도하고서 어질지 않는 사람이 없고, 효도하고서 의롭지 않은 사람이 없다. 효도하고서 예의와 지혜와 신의가 없는 자는 있을 수 없는 것이다.

- 효경

효도하고 순종한 사람은 효도하고 순종한 자식을 낳으며, 오역(불교의 지옥에 갈 만한 큰 죄)한 사람은 오역한 아들을 낳는다. 이를 믿지 못하겠거든 저 처마 끝의 낙수(落水)를 보라. 방울방울 떨어져 내림이 어긋남이 없는 것을.

- 명심보감

효 사상은 인류를 위해서 가장 위대한 사상이다. 효 사상과 경로사상, 그리고 가족제도를 영원히 보존하자. 장차 한국 문화가 인류 문명에 기여할 것이 있다면 그것은 홍익인간 정신에 바탕을 둔 부모를 공경하는 효 사상일 것이다.

- 아놀드 토인비

효에는 3단계가 있다. 부모를 걱정하지 않게 하는 '낮은 단계의 효', 부모를 기쁘게 하는 '높은 단계의 효', 스스로 노력해서 입신양명(立身揚名)하는 '더 높은 단계의 효'이다. 그래서 부모가 조부모에게 하는 '3단계의 효'는 최상의 자녀교육 방식이다.

- 김종두 효학박사

효에는 세 가지가 있으니, "큰 효는 부모를 귀하게 하는 것(尊親)이고, 그다음은 욕되게 하지 않는 것(不辱)이며, 그다음이 잘 봉양(奉養)하는 것이다"라고 말했다. 부모를 봉양하는 것은 효의 시작이며 작은 효다. 밖에서 일을 처리함에 부모의 얼굴에 먹칠을 하지 않는 것은 한 걸음 더 나아간 효도다. 만일 뛰어난 행적으로 부모를 빛나게 하고 세상 사람들의 존경을 받게 한다면 이보다 더 큰 효도가 없다.

- 증자

효의 세 가지 조건: 부모를 공경하는 것, 부모에게 욕되지 않는 행실을 취하는 것, 부모에게 좋은 의복 및 따뜻한 음식을 봉양해 드리는 것.

- 예기

효자가 늙은 부모를 봉양할 때에는, 그 마음을 즐겁게 해 드리고 그 뜻을 어기지 아니하며, 그 보고 듣는 것을 즐겁게 해 드리고 그 잠자는 처소를 편하게 해 드리며, 좋아하는 음식으로써 정성을 다하여 부모를 봉양한다.

- 증자

효자가 부모를 모시는 마음은 마치 소중한 옥(玉)을 붙잡고 있는 것 같고, 가득한 그릇을 받들고 있는 것 같아서 정성스럽고 조심성 있게 하여 이겨 내기 어려운 것처럼 하고 당장 떨어뜨리거나 잃어버리듯이 겁내고 있는 모양을 한다.

- 예기

효자는 부모에게 잘못이 있으면 기운을 낮추고 낯빛을 부드럽게 하여 비록 종아리를 맞아 피가 흐를지라도 공경과 효심을 일으켜 그 부모를 잘못이 없는 곳에 이르게 하고야 만다.

- 이래자

효자는 어버이가 돌아가셔 초상을 치름에 있어 울음으로 슬퍼하고…
아름다운 옷을 입지 아니하며 풍류를 즐기지 아니하며 맛있는 음식을
달게 먹지 아니하나니, 이는 슬퍼하고 서러워하는 정이다.

- 예기

효자는 어버이를 섬김에 있어 살아 계실 때에는 있는 힘을 다하여 공경
하고, 봉양할 때에는 최선을 다하여 즐겁게 해 드리며, 병이 드시면 온
마음으로 근심하고, 돌아가시면 그 슬픔을 다하며, 제사를 지낼 때에는
가장 엄숙한 마음을 다해야만 한다. 이상의 다섯 가지를 갖춘 다음에야
비로소 그 부모님을 잘 섬겼다고 말할 수 있다.

- 공자

효자로서 깊은 사랑이 있는 자는 반드시 얼굴에 화기가 어려 있고 화기
가 어려 있는 자는 반드시 즐거워하는 빛이 있으며 즐거워하는 빛이 있
는 자는 반드시 모습이 나타난다.

- 예기

후손에 대한 사랑은 죽음이 필연적이기 때문에 생긴 것이다. 사람이 지
상에서 영원히 산다면 그는 후손을 돌보려고 하지 않을 것이다.

- 호손

훌륭한 부모의 슬하에 있으면 사랑이 넘치는 체험을 얻을 수 있다. 그것은 먼 훗날 노년이 되더라도 없어지지 않는다.

- 루트비히 판 베토벤

흡족하고 배부르게 젖을 먹은 아이는 어머니가 자기에게 얼마나 소중한 것인가를 이 길을 통하여 알게 된다. 어머니는 어린아이의 마음속에 감사의 본질인 사람의 염(念)을 길러 준다.

- 페스탈로치